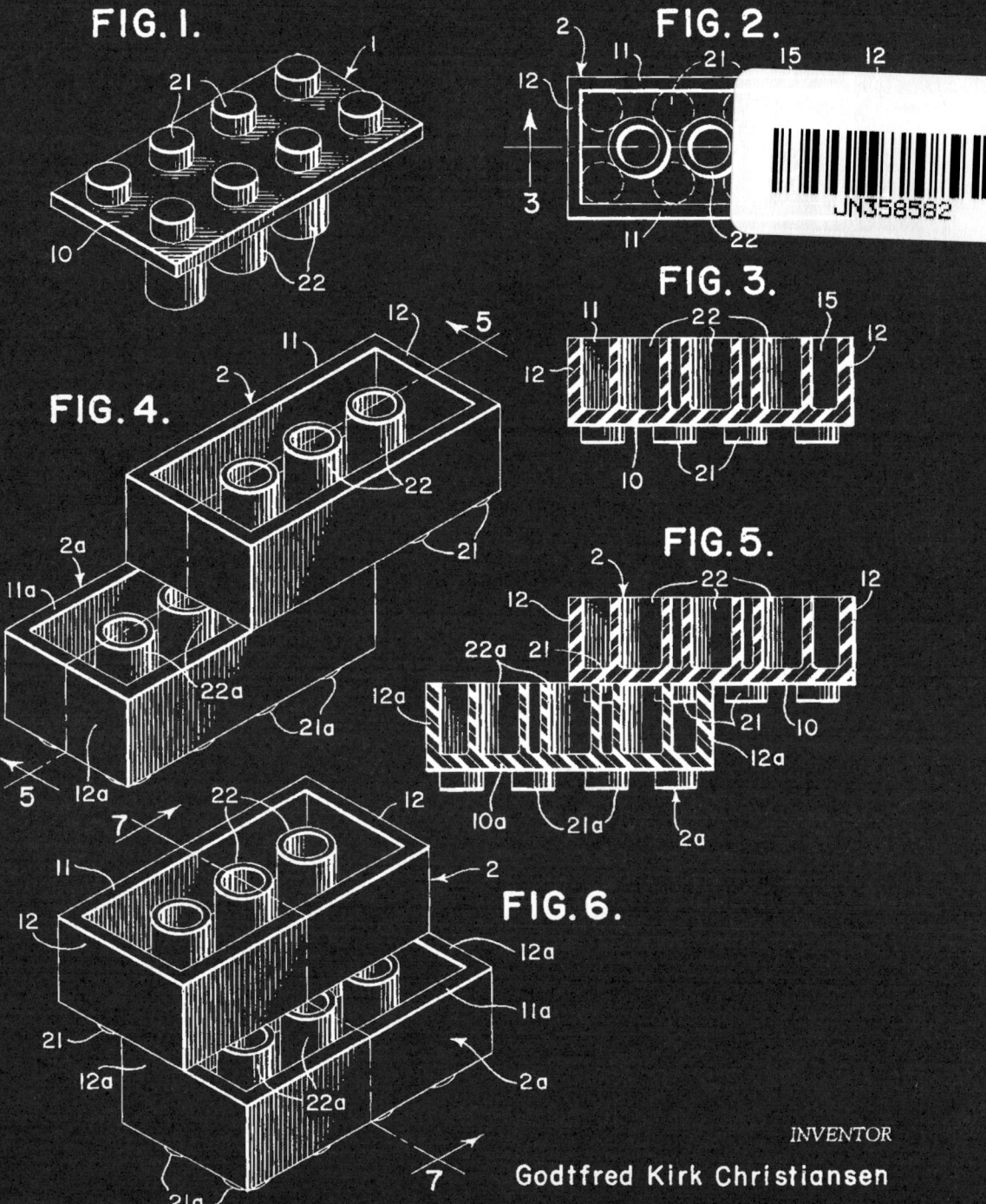

The Cult of LEGO®

존 베이치틀·조 메노 지음 이현경 옮김

The Cult of LEGO
컬트 오브 레고

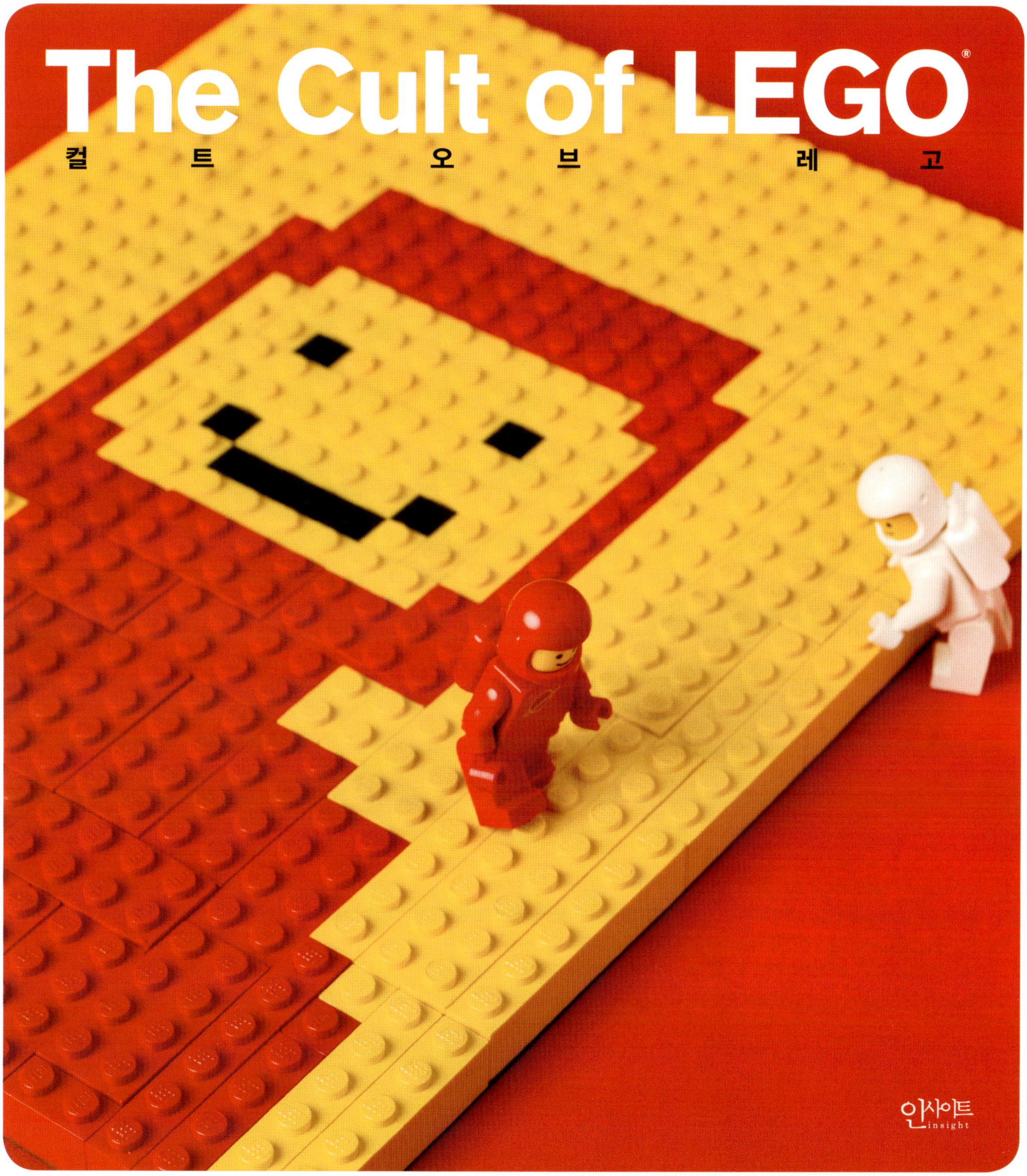

인사이트

The Cult of LEGO
by John Baichtal and Joe Meno

Copyright © 2011 by John Baichtal and Joe Meno
The Cult of LEGO, ISBN 978-1-59327-391-0, published by No Starch Press
Korean-language edition copyright © 2013 by Insight Press. All rights reserved.
The Korean edition was published by arrangement with No Starch Press through Agency-One, Seoul.

이 책의 한국어판 저작권은 에이전시 원을 통해 저작권자와의 독점 계약으로 인사이트에 있습니다.
신저작권법에 의해 한국 내에서 보호를 받는 저작물이므로 무단전재와 무단복제를 금합니다.

컬트 오브 레고

초판 1쇄 발행 2013년 12월 30일 **2쇄 발행** 2014년 10월 24일 **지은이** 존 베이치틀 · 조 메노 **옮긴이** 이현경 **펴낸이** 한기성 **펴낸곳** 인사이트 **편집** 김강석 **본문 디자인** 신병근 **제작 · 관리** 이지연, 박미경 **표지출력** 소다그래픽스 **종이** 월드페이퍼 **인쇄** 현문인쇄 **제본** 영신사 **등록번호** 제10-2313호 **등록일자** 2002년 2월 19일 **주소** 서울시 마포구 서교동 잔다리로 119 석우빌딩 3층 **전화** 02-322-5143 **팩스** 02-3143-5579 **블로그** http://blog.insightbook.co.kr **이메일** insight@insightbook.co.kr **ISBN** 978-89-6626-091-1 책값은 뒤표지에 있습니다. 잘못 만들어진 책은 바꾸어 드립니다. 이 책의 정오표는 http://www.insightbook.co.kr/36582에서 확인하실 수 있습니다. 이 도서의 국립중앙도서관 출판예정도서목록(CIP)은 서지정보유통지원시스템 홈페이지(http://seoji.nl.go.kr)와 국가자료공동목록시스템(http://www.nl.go.kr/kolisnet)에서 이용하실 수 있습니다.(CIP제어번호: CIP2013027308)

이 책을 쓰도록 영감을 준 부모님과 레고를 사랑하는 나의 세 아이들 에일린, 로지, 잭 그리고 무엇보다도 나를 북돋아 준 사랑하는 아내 엘리스에게 이 책을 바친다. – 존

레고 커뮤니티의 회원들과 나의 가족, 친구들에게 이 책을 바친다. – 조

이 책을 쓰도록 영감을 불어넣어 준 모든 레고 팬들에게 감사함을 전합니다.

차례

추천 글 ix   추천 글 xi   들어가는 글 xiii

1 레고의 역사   1
■ 빌룬트: 습지 미라와 레고의 고장 4 ■ 최고만이 최선이다 6 ■ 오늘도 레고 그룹은 변화한다 8 ■ 평범한 브릭일뿐이라고? 15 ■ 가짜 레고 17

2 성인 레고 창작가   19
■ 성인 레고 창작가 AFOLs 24 ■ 여성 창작가 29 ■ 레고 창작가 인터뷰: 페이 로즈 33 ■ 보물 정리하기 38 ■ 기발한 레고 41 ■ 리믹스 레고 47 ■ 간행물과 레고 49 ■ 웹과 레고 54 ■ 레고 팬 용어사전 55

3 미니피겨 마니아   57
■ 서른 살이 된 미니피겨 60 ■ 통계와 기록으로 보는 미니피겨 63 ■ 논란이 된 미니피겨 64 ■ 팝컬처와 미니피겨 66 ■ 버림받은 미니피겨 71 ■ 만화와 기하학을 접목한 큐브듀드 73 ■ 시그피그: 레고 아바타 76 ■ 미니피겨 꾸미기 79 ■ 유명인 미니피겨 81 ■ 미니픽 스케일 90

4 아이콘을 재현한 레고 작품   93
■ 레고 가이 칼 96 ■ 건축물 재현하기 100 ■ 기차 108 ■ 레고로 재현한 명화 114 ■ 영감을 준 영화 124

5 레고로 펼친 상상력　　　　　　　　　　　　131

- 레고그룹이 상상력에 보내는 찬가 134　■ 메카 141　■ 스팀펑크: 순수한 팬 149　■ 아포칼레고 152

6 레고 아트　　　　　　　　　　　　　　　　155

- 올라퍼 엘리아슨의 집단 프로젝트 158　■ 예술이라고 누가 결정하는가? 160　■ 더글라스 쿠플랜드, 시간과 레고를 사유하다 162　■ AME72의 레고 그래피티 164　■ 에고 레오날드 166　■ 네이선 사와야의 디 아트 오브 더 브릭 168　■ 잠재의식을 표현한 작품 172　■ 즈비그녜프 리베라의 레고 집단 수용소 176

7 레고로 하는 스토리텔링　　　　　　　　　　181

- 비네트 184　■ 뒷 이야기 186　■ 만화 190　■ 정치적 레고 195　■ 디오라마 스토리텔링 196　■ 레고 영화 204

8 마이크로/매크로　　　　　　　　　　　　　209

- 마이크로스케일 212　■ 마이크로디오라마 215　■ 마이크로빌딩 협업 218　■ 크게 만들기 222　■ 실물 크기의 레고 233　■ 레고 기록 236

9 디지털 브리키지   241

- 비디오게임 244 ■ 조립 게임 247 ■ CAD 248 ■ 자기만의 브릭 찍어내기 252 ■ 레고 팬을 위한 웹사이트 254 ■ 레고 폰트 256 ■ 레고 유니버스 257

10 레고 로봇: 스마트 모형 제작   261

- 마인드스톰 265 ■ 낙오된 로봇 세트 270 ■ 레고 로봇 프로젝트 273 ■ 퍼스트 레고 리그 282 ■ 시작은 미약하였으나… 286

11 레고 모임   287

- 레고 사용자그룹 292 ■ 성년이 된 레고 컨벤션 294 ■ 컨벤션 활동 298 ■ 브릭에도 파벌이 있다 302

12 진지한 레고   303

- 자폐증 치료 306 ■ 브릭으로 마케팅하기 309 ■ 우주 엘리베이터 프로토타이핑 311 ■ 창공 위의 레고 314 ■ 마천루 모형 318 ■ 인공기관 321 ■ 진지한 놀이 324 앤드류 캐롤의 기계식 컴퓨터 328

나오는 글 331 옮긴이 후기 333 주석 334 찾아보기 339 사진 크레디트 344

추천 글

또 한 명의
레고 팬

아이들은 여전히 레고를 좋아합니다. 저는 8년이 넘게 레고를 취미로 또는 직업적으로 다루고 있지만 눈만 뜨면 레고 가지고 놀자고 성화를 부리는 5살 조카의 레고 사랑을 따라가지는 못합니다. 하지만 레고는 이제 비단 아이들만의 전유물은 아닙니다. 온라인 레고 동호회와 성인 회원수가 꾸준히 증가하는 지금 분위기를 보자면, 다 큰 어른이 레고를 하면 이상하게 보던 시절에서 어른이니까 할 수 있는 시대로 바뀌고 있다고 해도 과언이 아닙니다.

예나 지금이나 레고 가격은 비싸지만 성인이 되어 감당할 수 있게 된 면이 있습니다. 그래서 레고그룹은 실질적인 구매력을 갖고 있는 성인을 배려한 제품의 비중을 꾸준히 높혀오고 있으며 성인을 대상으로 한 마케팅에도 매년 힘을 쏟는 추세입니다.

성인 레고 이용자가 늘어나면서 우리나라에도 자연스럽게 '레고 팬'이라고 부를 수 있는 사람들이 생겨나고 있습니다. 자기가 소중하게 생각하는 것 세 가지를 꼽으라고 했을 때 그중 하나가 레고라면 레고 팬이 될 수 있는 최소한의 자격을 갖추었다 할 수 있을 것입니다. 그리고 레고 제품 번호 몇 개 정도는 줄줄 외울 수 있고, 자신만의 레고 창작품을 만들기 위해 부품 가격보다도 비싼 항공 운송료를 감수하면서까지 레고 부품을 해외에서 공수하는 사람이나 레고 제품의 빈 박스도 버리지 않고 차곡차곡 정리해 두는 사람 혹은 부품이나 제품을 보관하기 위해 방을 따로 마련하고 서랍장이나 장식장을 구입하는 사람 역시 레고 팬이라고 할 수 있습니다.

이 책은 그러한 레고 팬들의 진지한 이야기로 채워져 있습니다. 이 책에 소개된 사람들 중에 레고를 가볍게 즐기는 사람들은 한 명도 없습니다. 그리고 이 책에 소개된 작품 중 규모가 큰 것은 가산을 탕진할 정도의 막대한 금액을 투자해야 만들 수 있는 것들이고, 작은 작품들은 타고난 재능이 없으면 만들 수 없는 작품입니다. 레고 관련 컨벤션이나 캐드 설계, 교육, 의료, 과학 분야와 관련된 활동 역시 레고 팬들의 전문적인 지식과 헌신적인 노력이 없으면 불가능한 것들입니다.

놀라운 것은 이 책이 실상은 그렇게 다소 극단적으로 레고에 빠져 있는 사람들의 생각과 작품, 활동을 담고 있음에도 불구하고 큼직한 사진들과 원색의 밝은 색상 그리고 친근한 레고 미니피겨의 얼굴과 함께 누구든지 편안하게 부담 없이 뒤적일 수 있는 가벼운 잡지책처럼 느껴진다는 것입니다. 무심하게 책장을 넘겨가며 레고로 이런 것도 만드는구나, 이런 일들도 하는구나 하고 간간히 감탄을 하다보면 레고에 대해 전혀 몰랐던 사람이라고 하더라도 레고가 지금까지 자신이 생각했던 것보다 훨씬 넓고 깊은 구석이 있다는 것을 자연스럽고 거부감 없이 깨닫게 됩니다. 마지막 책장을 넘길 때, 아이들은 물론이고 성인들의 마음까지 사로잡는 레고의 신비로운 마력을 조금이나마 느끼게 된다면 당신은 이미 또 한 명의 레고 팬이라고 할 수 있습니다.

나경배
프리랜서 레고 빌더
amida.kr

추천 글

우리가 사는 곳
바로 레고 세상

레고를 가지고 놀아본 사람들이라면 누구나 이런 생각을 해봤을 것이다. 세상을 레고로 만들면 얼마나 좋을까? 선명한 원색으로 알록달록한 세상, 상상하는 대로 끝없이 만들어나가는 세상을 머릿속에 그려보라. 거실 가구가 싫증났다고? 새 거실 가구 세트가 뚝딱 완성된다! 근사한 디너파티를 열 계획이라고? 매일 쓰는 평범한 접시들을 분해해서 고급스럽게 테이블을 세팅하는 거다! 산 지 2년 된 자동차가 지겨워졌다고? 브릭 몇 개 위치를 바꿔서 할리 얼[1]도 울고 갈 멋진 테일 핀을 달아 새로운 느낌을 줄 수도 있다!

존 베이치틀과 조 메노가 쓴 이 멋진 책을 읽으면 내가 방금 얘기한 가상의 시나리오가 완전히 억지만은 아닐을 알게 될 것이다. 많은 레고 창작가들이 어릴 때부터 레고를 가지고 놀면서 다른 시선으로 세상을 보게 됐다고 말한다. 세상을 레고로 보면 사물들은 해체가 가능한 플랫폼이 되고, 레고는 설계나 디자인을 할 때 머릿속의 그림을 그때그때 구현해 볼 수 있는 가장 이상적인 프로토타이핑 도구가 된다. 사람들 중에는 레고로 카메라, 악기, 과학실험 도구도 만들고, 심지어 미키마우스 모양의 팬케이크를 굽는 로봇까지 만드는 사람도 있다(쉿! 일단 디즈니에는 비밀로 하자. 디즈니가 알게 되면 이 레고 로봇을 만든 사람의 집에 쳐들어가 아침식사로 아이들에게 팬케이크 구워주는 걸 방해할지도 모르니까.)

그렇다면 왜 레고 브릭이 장난감뿐만 아니라 중요한 물리적 개발 플랫폼으로도 유용한 것일까? 여러 가지 이유가 있지만 크게 네 가지로 정리해 볼 수 있다.

표준화된 부품

레고 사에서 만든 브릭이면, 생산연도와 상관없이 현존하는 모든 브릭과 호환된다. 1958년에 제작된 빈티지 레고와 캘리포니아 칼스배드에 있는 레고랜드LEGOLAND의 최신 레고와 서로 호환 조립이 가능하다.

부품의 다양성

다양한 조립용품 세트와 테크닉 시리즈가 널리 퍼지면서 레고 팬들은 기어와 바퀴부터 뉴매틱pneumatics^{2}과 마이크로컨트롤러microcontroller에 이르기까지 수백 개의 다양한 종류의 레고 부품을 활용할 수 있게 됐다.

직관적인 사용

아마도 세 살배기 아이들이 레고 브릭을 보면 먼저 입으로 가져갈 것이다. 하지만, 그러고 나서 이내 브릭을 붙였다 떼보려고 한다. 레고는 설명서가 따로 필요 없다.

내구성

친구 중에 중고물품 장터마다 샅샅이 뒤져서 지저분한 중고 레고 브릭을 한 통 가득히 아주 싼 값에 사는 친구가 있다. 그 친구는 그렇게 구한 브릭을 그물망에 담아 식기세척기에 넣고 돌린다. 그러고 나면 꼬질꼬질했던 브릭이 아주 새것처럼 반짝반짝 빛이 난다. 레고 브릭은 오래 되어도 깨끗이 닦아만 주면 오래오래 쓸 수 있다.

이어서 존과 조가 뒤에서 자세히 설명하겠지만 지극히 단순하기 짝이 없는 이 브릭이 이끌어내는 폭발적인 창의성과 다양성이 독자들을 깜짝 놀라게 할 것이다.

자, 그럼 레고와 즐거운 시간을 보내길 바란다!

마크 프라우언펠더 Mark Frauenfelder

잡지 MAKE 편집장

들어가는 글

『컬트 오브 레고』는 하나의 위대한 장난감에 관한 이야기이고 그 장난감을 삶의 일부로 향유하는 어른들에 관한 이야기이다. 레고를 단순한 장난감으로 여기는 사람들이 있다면 다시 한 번 생각해보기 바란다.

쉽게 말해서 이 책은 장난감 레고뿐만 아니라 레고를 사랑하는 어른들의 재기 발랄함에 보내는 찬가다. 이들은 자신들의 레고 완성품을 예술 형식(때로는 말 그대로 예술의 경지까지 도달하는 수준)으로 발전시켜 일반 대중에게 깊은 인상을 남긴다. 레고 컨벤션이 열릴 때마다 어른과 아이들 수만 명이 참가하며, 신문 지면과 유명 TV 프로그램에 레고 창작가들이 등장한다. 이들의 작품은 더 큰 꿈과 기술 속에서 발전한다.

레고의 성공을 설명하기 위해서는 이 장난감을 만드는 회사 이야기를 빼놓을 수 없다. 어떻게 작은 플라스틱 장난감에서 누구나 아는 최고의 브랜드로 거듭날 수 있었을까? 이 책의 1장에서는 이와 관련한 **레고의 역사**를 다룬다. 레고그룹의 기원와 덴마크 빌룬트의 별 볼일 없던 목공소가 성공적인 다국적 기업이 되기까지 창업자가 끝까지 추구했던 가치가 무엇이었는지 짚어볼 것이다.

2장 **성인 레고 창작가**에서 우리는 이 책에서 가장 중요한 질문 하나를 던진다. 장난감 레고가 성인들에게까지 인기를 끄는 비결은 무엇인가? 이 장에서는 레고 팬들이 스스로 레고에 대한 흥미를 잃은 기간이라 명명한 '암흑기'가 무슨 뜻인지 알아보고 성인 레고 창작가를 직접 만나 이들의 관심과 아이디어의 원천을 들어본다.

3장에서는 **미니피겨 마니아**를 다룬다. 전문적으로 레고를 조립하는 창작가라면 레고 작품에 인간미를 불어넣는 방법을 알고 있다. 그 중 손쉬운 방법이 미니피겨를 배치하는 것이다. 레고 세트에서 사람 역할을 하는 이 작고 귀여운 미니피겨는 머리와 몸통을 따로 떼어 맘대로 조립할 수 있다. 3장에서는 바로 이 미니피겨 스케일에 대해 알아본다. 미니피겨 크기를 실제 사람의 크기로 보고 전체 스케일의 비율을 정한다. 레고 팬들은 공식 레고와 제3의 제조업체에서 주문 제작한 부품을 사용하여 자기만의 미니피겨나, 유명 인사나 영화 속 주인공을 닮은 미니피겨를 만들기도 한다.

4장에서는 **아이콘을 재현한 레고 작품**을 살펴본다. 아이들이 레고로 집이나 자동차를 만드는 것도 재현의 시작이라고 볼 수 있지만, 성인 레고 창작가는 이런 수준을 한 단계 끌어올려 극도로 정교하고 섬세한 작품 수준까지 도달한다. 이런 창작가들은 영화 주인공을 모자이크로 만들거나 좋아하는 영화의 명장면을 재현하기도 한다. 특정 건축물을 기리는 의미에서 그 건축물을 재현하기도 하고, 역사적으로 잘 알려진 전함을 그대로 모사하기도 한다.

5장 레고로 펼친 상상력에서는 4장에서 다룬 것과는 달리, 판타지와 공상과학소설에서 영감을 받아 상상 속의 장면을 레고 브릭으로 묘사한 작품을 살펴본다. 5장에서 주로 다루는 테마는 사랑스러운 신 빅토리아 시대 판타지인 스팀펑크steampunk와 아포칼레고ApocaLEGO, 포스트-아포칼레고post-apocalyptic LEGO 모델이다.

6장 레고 아트에서는 레고를 자신의 예술작품에 활용한 유명한 예술가들의 작품을 알아본다. 이들의 레고 아트는 박물관이나 미술관에 전시되기도 하고, 전 세계를 돌며 순회전시회를 열기도 한다. 레고 아트는 독창적 예술성을 그대로 인정받으며, 다른 여느 예술 컬렉션과 동등한 대우를 받는다. 레고로 만들어졌다(거나 레고를 묘사했다)는 이유로 특별한 주목을 받지 않으며, 레고를 작품 소재로 사용했다고 해서 특별히 무시당하지 않는다. 레고 아티스트들에게 레고는 예술작품의 소재에 불과하다.

7장은 레고로 하는 스토리텔링이다. 모든 창작가들은 레고를 가지고 이야기하기를 좋아한다. 7장은 성인 창작가들이 레고로 레고에 대한 이야기를 어떻게 엮어 가는지 알아본다. 이 장에서는 레고 모형, 레고 만화, 심지어 스톱모션 영상도 소개한다. 레고로 만든 디오라마diorama도 여기서 다룬다. 디오라마는 창작가 혼자 또는 여러 명이 수십 개의 에피소드를 담아 만든 거대한 레고 모형이다. 디오라마와는 상반된 개념의 형식으로 최소한의 브릭만 사용하는 비네트vignette는 정해진 틀 안에서 창작가들이 자신만의 상상력과 한계에 도전한다.

8장 **마이크로/매크로**에서는 레고 모형의 크기를 다룬다. 가능한 한 레고 모형을 크게 만들려는 사람들이 있다. 그들 상당수가 사람들에게 깊은 인상을 남기고 싶은 심리에서 그렇게 한다. 아마 레고 브릭 10만 개로 만든 레고 모형을 보고 경탄하지 않을 사람은 없을 것이다. 반대로 어떻게 하면 제일 작고 정교하게 만들까 고민하는 사람들도 있다. 이런 사람들은 가능한 한 적은 수의 브릭을 가지고 상상력을 펼치고자 한다. 주어진 레고 부품을 최대한 활용하여, 작지만 극도로 정교한 모형을 최대한 작게 만드는 것이 이들의 목표다.

플라스틱 브릭이 없는 레고도 진짜 레고라 부를 수 있을까? 9장 **디지털 브리키지**에서는 레고그룹이 제품군을 확장하기로 한 탁월한 결정에 대해 알아본다. 90년대부터 레고 팬들을 위해 레고그룹은 게임과 건물 짓기 프로그램을 새롭게 개발했다. 심지어 멀티플레이어 온라인게임인 레고 유니버스LEGO Universe에서는 플레이어들이 모험을 떠나는 미니피겨가 되어 게임을 즐긴다. 레고 팬들은 레고의 공식 부품과 비공식 부품을 가지고 3D 모형을 제작하는 즐거움을 누릴 수 있으며, 자기가 만든 3D 모형을 3D 프린터를 이용해 출력하기도 한다.

10장 **레고 로봇: 스마트 모형 제작**에서는 9장에 이어 레고의 기술적인 면에 대해 집중적으로 살펴보겠다. 레고그룹은 그동안 고수해온 전통적인 레고 브릭 제품 중심에서 탈피하여 새롭게 로봇 시리즈를 발표했다. 그 중에서 마인드스톰MINDSTORMS은 실제로 판매 1위를 달리는 제품이며 마인드스톰과 관련된 단체가 있어 나름 독자적인 행사를 열기까지 한다. 10장에서는 레고 오토파일럿과 루빅스 큐브를 맞추는 로봇, 수영장에 떠다니는 성가신 곤충들을 박멸하는 기계에 이르기까지 레고그룹의 로봇 트렌드를 집중 조명한다.

11장 **레고 모임**에서는 레고 팬들이 여는 레고 관련 컨벤션의 역사를 시간순으로 소개한다. 성인 레고 창작가가 늘면서 같은 관심사를 지닌 창작가끼리 모이고자 하는 욕구도 함께 늘고 있다. 컨벤션은 이런 성인 창작가들이 모여 기술을 공유하고 단종된 레고 제품에 대한 서로의 아쉬운 마음을 달래는 장으로 자리매김 되었는데, 자신이 만든 레고 모형을 공개하는 장으로도 중요한 역할을 한다. 이러한 컨벤션 전통은 이제 사람들이 자신의 취미를 다른 이들에게 알리는 통로가 되었다. 요즘엔 웬만한 레고 컨벤션마다 '공개 기간 public days'이 있어서, 이 기간 동안 일반인들이 레고 모형을 관람할 수 있게 되었다.

이 책을 쓰면서 레고는 단순한 심심풀이 취미 수준이 아니라 그것을 뛰어넘는다는 생각을 했다. 물론 레고 조립이 그 어떤 취미보다, 애호가들의 충성심을 많이 요구하는 취미인 건 사실이다. 특히 12장 **진지한 레고**에서는 다른 장에서 다룬 것보다 레고의 진지한 면을 더 많이 다뤄보려 한다. 12장에서 소개할 레고 프로젝트는 기발하다거나 재미있어서 소개하는 것이 아니다. 자폐아동들이 서로 도와 레고를 조립하면서 어떻게 사회성을 키우는지, 마케팅 담당자들이 어떻게 자사 제품을 레고 식으로 홍보하는지, 초등학생들이 대기 현상을 배우기 위해 레고로 어떻게 과학실험을 하는지 알아본다. 이런 프로젝트 사례는 다방면에서 레고 장난감이 주는 긍정적인 모습을 생생히 드러낸다.

    레고는 단순히 가지고 노는 장난감 수준을 뛰어넘어 과학과 예술에까지 영향을 끼치며 사람들의 삶을 더욱 풍성하게 만들고 있다. 이 책에서 독자는 레고라는 최고의 발명품이라고 부를만한 이 장난감이 얼마나 탁월한지 알게 될 것이다. 이 탁월한 장난감에 다 큰 사람들이 열정을 불살라 예술의 경지에 이르는 작품으로 만들고 있다.

이제 1장으로 가보자.

레고의 역사

아무도 레고의 엄청난 영향력을 의심하지 못한다. 서구 가정의 75% 이상이 레고를 가지고 있다. 레고그룹 홈페이지에 가보면, 세계적으로 1인당 평균 62개의 레고 브릭을 갖고 있으며 브릭은 53개의 색상으로 2천4백 종이 있다고 한다. 이렇게 구석구석 우리 주변에 널려 있는 레고를 보면서 사람들은 레고로 뭘 만들 수 있을까 하고 생각할지 모르겠다. 그런데 실제로 많은 것이 있다.

지금 이 글을 쓰는 순간에도 유튜브에는 20만 편이 넘는 레고 동영상이 있으며 플리커 사이트에는 백만 장 이상의 사진이 '레고' 태그를 달고 올라와 있다. 레고 부품은 3D 프린터, 오토파일럿, 버키볼을 만드는 데도 사용한다. 건축가들은 레고 브릭으로 설계 모형을 구상하기도 하고 예술가들은 작품 소재로 레고 브릭을 사용한다. 세계 각지에서 열리는 레고 컨벤션에 수십만 레고 팬들이 참석한다.

어떻게 가족 소유의 한 회사에서 만드는 일개 장난감이 이토록 세계적인 장난감이 됐을까? 한번 알아보자.

■ 브릭을 한 웅큼 쥐어보기만 해도 레고 브릭의 다양성을 경험할 수 있다.

■ 레고그룹 본사가 위치한 덴마크 빌룬트

레고그룹이 맨 처음 사업을 일구기 시작한 곳은 덴마크 빌룬트였다. 그리고 이후로도 레고의 한결같은 사업 방식대로 본사를 계속 빌룬트에 두고 있다. 레고 왕국에서 빌룬트가 차지하는 비중이 상당히 커 보이긴 하지만 엄밀히 말해서 빌룬트는 대도시는 아니다. 레고로 빌룬트가 유명해지기 전까지만 해도 이 지역은 토탄 습지 미라로 더 유명한 곳이었다. 말하자면 이 지역 토탄 습지에서 발견된 시체는 이 습지의 특수한 성분 때문에 미라 상태로 보존되었는데, 과학적인 정밀 분석 결과 5천 년이나 되었다는 사실이 밝혀지자 유명세를 타기 시작했던 셈이었다.

2007년 빌룬트는 근처의 소도시와 행정구역이 합쳐지면서 넓이가 333제곱킬로미터인 도시로 태어났으며, 이로써 인구가 2만 6천 명인 도시로 거듭났다. 그 이전에는 거주자가 6천 명에 불과했을 만큼 빌룬트는 작은 동네였다. 뉴욕시 다섯 개 자치구 가운데 가장 사람이 적게 산다는 스태튼 아일랜드 인구가 47만 7천 명에 면적은 빌룬트의 3배라고 하니 빌룬트가 얼마나 작은 동네인지 감이 올 것이다.

사실 한 지역에서 레고만큼의 존재감을 드러내는 장난감 회사는 아예 없다고 해도 무방할 정도다. 빌룬트의 레고랜드는 관광 명소로 덴마크 여행안내 사이트마다 소개하고 있다. 게다가 레고그룹 본사와 레고랜드 덕분에 빌룬트공항은 덴마크에서 두 번째로 붐비는 공항이 됐다. 그러나 빌룬트공항이나 레고랜드를 방문하듯이 바쁘게 돌아가는 레고그룹의 공장도 아무나 쉽게 방문할 수 있으려니 하는 기대는 일찌감치 접는 게 낫다. 레고 본사의 건물이나 시설을 꼭 방문하고 싶다면 먼저 거금을 마련해야 한다. 레고 본사 견학은 상당히 제한적으로 허용되며 9천 크로네, 즉 1,700달러를 지불해야 한다.

덴마크는 나라가 전반적으로 레고 같은 느낌을 선사한다. 레고그룹의 전 직원인 울리크 필레고르와 마이크 둘레이는 함께 쓴 『Forbidden LEGO』(No Starch Press, 2007년 출간)에서 "덴마크는 집집마다 레고 제품 한두 가지 이상씩은 꼭 있다"고 밝힌다. 다음은

빌룬트: 습지 미라와 레고의 고장

이 책에서 발췌한 내용 일부다.

"사실, 레고가 지닌 사상 자체에 덴마크인의 문화와 정신이 한데 담겨 있다. 덴마크 소도시 어디를 가든지, 길거리를 걷다 보면 마치 레고 세상에 있는 것 같은 착각에 빠진다. 창틀부터 레고 특유의 알록달록 원색으로 뒤덮여 담장과 지붕, 출입문에 이르기까지 모든 게 레고로 만든 것처럼 보인다. 때때로 이 건물들이 레고 세트에 있는 모형을 본떠서 지은 것인지, 레고 세트가 이런 건물을 보고 따라 만든 건지 분간하기 어려울 정도다. 모퉁이를 돌면 보이는 정비소가 딸린 주유소만 보더라도, 레고 세트를 보고 주유소를 따라 저렇게 지은 건지, 아니면 그 반대인지 어리둥절해질 것이다."

빌룬트를 레고그룹의 도시라고 한다면 덴마크는 레고그룹의 나라라고 할 수 있다. 앞서 소개한 책의 저자 필레고르는 한 인터뷰에서 "덴마크 사람에게 회사 레고는 일종의 자부심이다. 덴마크인은 거의 누구나 레고가 세계시장에서 선전하기를 바란다. 덴마크인이면, 누구나 어린 시절에 레고를 한 번쯤은 접했으며 레고 브랜드에 확실히 친밀감을 가지고 있다. 또 레고는 가격보다 품질을 우선시하는 덴마크 사람들의 생활방식과도 잘 맞는다"고 했다. 이런 사고방식은 경쟁사 제품보다 비싸지만 수십 년은 더 오래 쓰는 레고 제품의 품질에서 찾을 수 있다.

레고그룹의 창조적인 장난감은 덴마크 문화도 반영한다. 덴마크는 창의적인 나라로, 동화작가 한스 크리스티안 안데르센, 필명 아이작 디네센으로 알려진 카렌 블릭센, 코미디언이자 음악가인 빅터 보가, 철학자 소렌 키엘케고르 같은 걸출한 문화계 인물들을 배출했다. 덴마크의 산업디자인도 세계적으로 유명하며, 1인당 GDP는 미국이나 다른 유럽 국가보다 높다. 이렇게 높은 경제 수준과 훌륭한 디자인에 대한 각별한 애정이 더해져, 덴마크인들은 품질을 우선시하게 되었다.

1 레고의 역사 5

Only the Best Is Good Enough
최고만이 최선이다

오래된 일화 중에 하나인데, 레고그룹의 창립자 올레 키르크 크리스티얀센이 아들 고트프레가 나무로 만든 끄는 장난감에 칠하는 광택제를 지나치게 아낀다는 걸 알게 됐다고 한다. 보통 세 번에 걸쳐 광택제를 바르지만, 고트프레는 비용을 줄이려고 두 번만 칠했던 것이다. 아버지는 아들에게 광택제를 전부 다시 바르라고 지시했다. 이는 레고그룹의 슬로건이 '최고만이 최선이다'이기 때문이었다.

'최고만이 최선이다'라는 슬로건은 기업들이 흔히 내거는 슬로건이다. 기업들마다 소비자 경험을 최우선시 하겠노라 약속하지만 극소수만이 지킨다. 처음에는 진심에서 우러난 약속이었다 해도 시간이 흐르고 현실에 쫓기다 보면 초심은 퇴색하기 마련이다. 기업 입장에서는 제조비용을 절감할 수 있는 해결안을 만들어내기도 하고, 없어도 하등의 문제가 안 되는 공정을 생략할 수도 있다. 소비자 입장에서 더 싼 제품을 마다할 사람이 누가 있으며, 돈 벌기 싫은 CEO가 어디 있겠는가?

레고그룹이 차별화되는 지점은 처음 약속을 끝까지 지킨다는 바로 그 부분에 있다. 어느 모로 보나 레고그룹은 갖가지 압력, 유혹에 굴하지 않고 이윤보다는 제품의 품질을 추구하고 있다. 그렇다면 이유는 뭘까? 어쩌면 레고그룹이 개인 소유의 회사라서 그랬을 수도 있다. 상장회사가 겪는 문제로, 단시일 내에 투자금 회수를 기대하는 투자자를 꼽을 수 있다. 경영진이 공장을 값싼 노동자가 있는 해외로 옮기지 않는다거나, 제조공정을 간소화하지 않으면 주주들의 반발을 사기 쉽다. 이렇게 되면 튼튼하고 아름다운 제품을 만들겠다는 약속은 뒤로 밀릴 수밖에 없게 된다.

■ 레고 본사에 있는 목재 명판에 회사의 슬로건이 덴마크어로 새겨져 있다. "최고만이 최선이다."

저임금 노동력 착취는 레고그룹과는 거리가 멀다. 높은 품질 수준을 유지하기 위해 레고그룹은 모든 핵심 제조공정을 자사에서 자체적으로 수행한다. 레고그룹은 자사 제품의 불량률이 브릭 1백만 개당 18개 수준이며, 거기다 자체 제조공정을 유지하기 위해 필요하면 전문인력을 지속적으로 고용한다. 또, 장난감 안전 기준뿐만 아니라 식품 안전 기준까지도 준수한다고 하니, 품질 수준이 아예 먹어도 되는 수준까지 이른 셈이다!

장난감 품질을 강조하다 보면, 가격이 높아져 그만 고가의 '프리미엄 장난감'으로 전락할 수 있다. 수백 달러짜리 장난감을 한번 생각해 보기 바란다. 어린 시절 생일선물 희망목록에 올리긴 하지만, 실제로 받지 못하리라는 것을 잘 아는 그런 장난감. 어떤 장난감 업체도 자기네 제품이 고가 프리미엄 제품군으로 분류되는 것만큼은 피하고 싶을 것이다.

품질은 기업들에게 언제나 골칫거리였다. 너무 품질만 중시하다 보면, 지나치게 비싼 가격표를 달게 되고, 반대로 가격을 낮추기 위해 애쓰다 보면 싸구려 장난감으로 전락하기 십상이다. 이중 후자의 길을 선택한 회사에게 품질은 두려운 대상이다. 납 성분 페인트와 불량품, 저가 제품을 생산하기 위해 하루 1달러짜리 노동력을 착취한 데 따르는 도덕적 논란에 이르기까지 갖가지 품질 관련 이슈에 시달릴 수 있다.

레고그룹은 외부 압력에 굴하지 않고 꿋꿋이 버티며 빌룬트에 있는 공장을 수십 년간 옮기지 않았다(최근 경쟁이 치열해지자 어쩔 수 없이 멕시코와 동유럽에 공장을 열었다). 그리고 싸고 흔한 재료가 무수히 많지만, 레고그룹은 여전히 값비싼 플라스틱 혼합제로 제품을 생산하고 있다.

그럼에도 레고 가격이 천정부지로 솟지 않는 이유는 뭘까? 답은 레고 장난감이 모듈 형태라는 데 있다. 개별 브릭만 놓고 보면 저렴한 데다, 이런 브릭으로 모양을 조립하는 형태의 장난감이다 보니 소득계층별 구매력에 합당한 가격대의 제품을 내놓을 수 있었던 것이다. 브릭 1,000개가 들어가는 레고 세트는 당연히 비싸겠지만, 브릭 20개로 구성된 제품은 부모들에게 부담 없는 가격대다. 게다가 레고는 한번 사면, 대대로 물려줘도 될 만큼 견고하다. 통에 가득 담긴 레고 브릭이 옆집 아이에게로 전해지기도 하고 심지어 세대 간 이동도 한다.

오늘도 레고그룹은 변화한다

■ 오늘의 레고그룹을 있게 한 오리. 나무로 만든 끄는 장난감으로 레고의 최초 제품이다.

비록 전통에 묶인 가족경영 회사지만 레고그룹은 변화를 수용하는 데 적극적이었다. 이들에게 변화는 생존의 문제였다. 회사 창립자 올레 키르크 크리스티얀센은 주택 건축과 리모델링을 전문으로 하는 목수였다. 대공황의 골이 깊어지면서 주택 건설 경기가 급속도로 얼어붙고, 주택 리모델링 수요도 줄어들었다. 그러자, 크리스티얀센은 업종 변경을 시도한다. 집 대신 장난감을 만들기 시작한 것이다. 그리고 상호명도 레고로 바꿨다. 레고는 덴마크어로 '레그 고트 Leg godt' 즉 '잘 놀다'라는 뜻이다.

원래 크리스티얀센의 회사에서는 여러 가지 잡다한 제품을 만들었다. 다리미판에서 옷걸이, 발판 사다리 따위를 만들었지만 단연 주 종목은 끄는 장난감과 블록 장난감이었다. 최초의 히트작은 1935년에 출시한 오리 모양의 끄는 장난감이었는데 얼마나 인기가 있었는지 나중에 오리를 회사의 창립 심볼로 쓸 정도였다. 회사 창립 75주년 기념 행사에서는 오리를 행사의 로고에 넣고 전 직원에게 오리와 관련된 기념품을 나눠줬다.

1930년대 후반 레고그룹은 직원 수를 두 배 늘려 10명을 고용하는 수준까지 성장하였다. 1940년대 초에 덴마크는 나치에 의해 점령당하지만 크리스티얀센의 사업 성장세는 조금도 수그러들지 않았다. 오히려 1943년에는 직원 수를 40명으로 늘렸다. 1947년, 레고그룹에 큰 변화가 일어난다. 장난감용 플라스틱 소재가 흔해지자, 당시로서는 거

■ (아래 왼쪽) 레고 창립자 올레 키르크 크리스티얀센의 손자이자 현재 레고그룹의 소유주 키엘 키르크 크리스티얀센은 지금도 레고그룹의 창립비전을 레고 팬에게 전파한다.

■ (아래 오른쪽) 레고그룹의 아이디어 하우스에 전시되어 있는 목재 장난감 모음. 이 장난감들은 레고 브릭 탄생 이전의 제품이다.

금인 3만 크로네(5천7백 달러)를 주고 사출 성형기계를 도입한 것이다. 그리고 2년도 안돼서 레고그룹은 대표상품 세 가지를 플라스틱으로 만들었다. 물고기, 선원 그리고 쌓기 블록인데 크리스티얀센은 이 쌓기 블록을 '자동 결합 블록'이라고 불렀다.

1953년 즈음, 플라스틱 브릭 제품이 회사 수익률 부문에서 비중이 커지자 회사는 이 플라스틱 브릭 제품을 대표상품으로 내세웠고 제품명도 레고 브릭이라고 다시 발표했다.

레고그룹은 브릭을 조립했을 때 튼튼하면서도 아이들이 쉽게 브릭을 분리할 수 있는 결합구조를 찾기 위해 실험하고 또 실험했다. 드디어 1958년, 레고 브릭은 오늘날 우리가 아는 브릭의 형태를 갖춘다. 이전의 제품들보다 결합력이 개선된 연결 시스템은 스터드를 끼워 넣을 수 있게 돼 있는 브릭 아래의 원통형 플라스틱 튜브와 이 튜브에 들어가는 브릭 윗면에 올라온 스터드로 이뤄져 있다. 그러나, 안타깝게도 바로 그해 창업자 크리스티얀센은 사망한다.

크리스티얀센의 사망 후에도 레고그룹은 변화의 고삐를 늦추지 않았다. 1960년, 아들 고트프레는 다른 형제 세 명이 보유한 주식을 사들여 회사 전체를 인수하고 목재 장난감 생산은 중단했다. 지속적인 혁신을 한 끝에 1966년, 최초의 전기기차 모형을 발표한다. 그리고 2년 뒤에는 빌룬트에 레고랜드를 세우고, 1969년에는 새로운 버전의 전기기차와 어린아이를 위한 듀플로DUPLO를 출시한다.

1970년대에 들어서면서, 레고그룹 경영진은 더 높은 연령대의 아이들도 좋아할 만한 탄탄한 제품군이 필요하다는 판단을 내린다. 그리고 1977년, 레고 전문가LEGO Expert 시리즈를 발표한다. 이 제품은 레고그룹의 핵심 제품군 가운데 눈에 띄게 진화한 제품이었다. 전문가 시리즈는 스터드와 튜브를 이용하는 전통적인 브릭 결합방식을 탈피하고 더 튼튼하긴 하지만 난이도는 높은 구멍과 핀을 활용한 결합방식을 도입하여 한층 견고한 구조물을 만들 수 있게 했다. 내가 지금 말하는 전문가 시리즈가 뭔지 알아챈 독자도 있을 것이다. 바로 오늘 우리가 익히 아는 테크닉TECHNIC 시리즈다.

21세기가 가까워 오면서 레고그룹은 아이들의 놀이방식에도 급격한 변화가 찾아올 것임을 감지했다. 특히, 컴퓨터 게임을 비롯한 전기나 전자 장난감 쪽으로의 움직임에 주목했다. 언제나 그랬듯이 회사는 새로운 환경에 적응하는 데 집중했다.

1990년대 말, 레고는 레고닷컴LEGO.com을 등록하고 처음으로 영화 관련 라이선스 테마 제품을 발표한다. 바로 대성공을 거둔 스타워즈STARWARS 세트 제품이다. 1998년에는 어린이를 위한 로봇 세트인 마인드스톰MINDSTORM을 출시했다. 2000년대에 들어서면서는 바이오니클BIONICLE을 개발했다. 이 시리즈는 테크닉의 부품과 바이오니클만의 특수 부품을 결합하여, 생체역학적 느낌을 불러일으킨다. 이때 배경 줄거리를 광고나 웹사이트, 만화를 활용하여 알렸다. 바이오니클 시리즈는 세트마다 마스크, 디스크 등 각종 아이템을 제공하여 수집가들의 구미를 자극하기도 했다. 물론 마스크 한 세트만 구하려면 다른 수집가로부터 사거나 다른 것과 교환해야 했다.

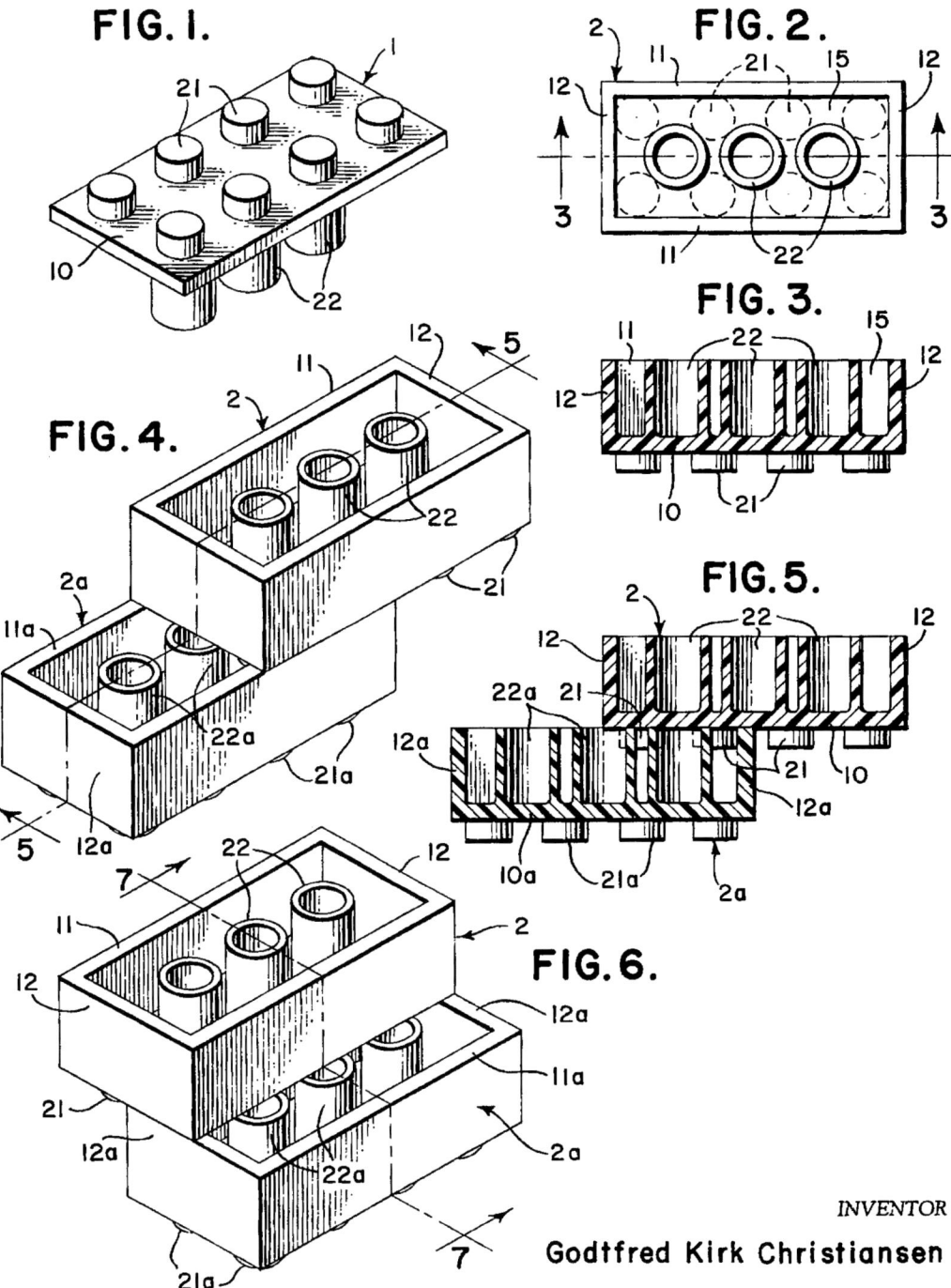

■ (위) 레고 공장의 레고 브릭 생산라인
■ (아래) 레고 공장의 브릭 저장소. 최종 분류작업과 포장을 기다리고 있다.

■ 레고 금형으로 빠르게 브릭을 찍어낼 수 있다.

2005년 레고그룹이 사상 처음으로 적자를 냈다. 생산비용이 늘고 경쟁이 치열해진 결과였다. 요엔 빅 크누드스톨프 레고 CEO는 레고 전문잡지 브릭저널과의 인터뷰에서 "레고는 방향성을 잃었다"고 말했다가 다시 말을 바꿔 "우리에게 더 이상 정체성의 위기는 없다"고 했다.

상황을 숨기기 위해 던진 허튼 소리였을까? 아니면 정말 상황이 호전된 걸까? 어떻게 해석하든 2005년은 레고그룹에게 가장 어려운 해였고 여러 외부 요인이 주 원인으로 작용했음이 분명했다. 그중 하나가 기존 장난감을 제치고 등장한 인터랙티브 비디오게임이었다. 레고그룹도 쟁쟁한 인터랙티브 제품을 늘리는 한편, 틈새상품이었던 레고 로봇을 세계적인 주력상품으로 키웠다. 그러나 한쪽에서는 자사의 핵심 상품인 레고 브릭이 레고 로봇이나 비디오게임에 밀려나지 않도록 조심해야 했다.

레고그룹을 힘들게 한 요인에는 높은 생산비용도 있었다. 그러나 레고그룹은 높은 품질을 포기하지 않고 계속해서 변색이 안되고 견고한 ABS수지를 고집했다. 레고그룹 전 직원 울리크 필레고르는 "장난감을 만들면서 좋은 품질만 고집한다는 게 심한 거 아니냐고 말할 사람도 있겠지만, 나는 레고가 품질을 고집해 왔기 때문에 그동안 잘 버텼다고 본다. 게다가 15년에서 20년 전에 나온 레고와 지금 판매 중인 레고가 호환이 된다는 사실만 보더라도 레고는 정말 대단한 회사다. 레고 브릭이 낡고 오래되었으면 그냥 세탁기에 넣고 돌려서 씻기만 하면 되는 거다!"고 말했다.

그러나, 경쟁이 치열해지면서 품질 기준이 낮아지고 가격도 떨어지는 상황에서는 어떤 회사라도 계속해서 수익을 내기란 어렵다. 21세기 도전에 맞서기 위해, 레고그룹은 수익성 개선을 위한 7개년 계획을 세웠다. 비용 절감을 위해 제조공장을 동유럽과 멕시코로 이전하는 계획은 논란이 됐다. 자사 공장을 국내에만 둔 레고그룹에게 이같은 결정은 큰 결단이 필요했다. 인원감축을 위한 정리해고도 뒤따랐다. 2003년과 2004년 사이에 약 1천 개의 일자리가 날아갔다.

이러한 어려움에도 불구하고(어쩌면 이런 어려움 때문에) 레고그룹은 계속해서 새로운 아이디어를 실험했다. 이때 나온 게 멀티플레이어 온라인게임 레고 유니버스와 주문형 디자인 및 부품 제작 시스템인 레고 팩토리 LEGO Factory다. 레고 팩토리는 레고의 전통적인 판매방식을 자신들만의 온라인상점을 통해 보완한 형태다. 레고 팩토리를 통해 창작가들은 기존 포장된 제품을 구매하지 않고 먼저 온라인 설계 소프트웨어로 직접 모형을 설계해본다. 그리고 다 완성한 설계 모형을 실제로 조립할 때, 이때 필요한 부품을 온라인으로 주문한다.

한편, 레고그룹이 레고 로봇에 쏟는 노력은 최고조에 달했다. 마인드스톰은 공전의 히트를 기록하면서 세계로봇설계대회인 퍼스트 레고 리그 FIRST LEGO League가 확산되면서 수백만에 이르는 십대 아이들을 자극했다. 이와 유사하게 마인드스톰의 사촌격이지만 좀 더 단순한 위두 WeDo를 가지고 초등학생들도 컴퓨터 제어가 가능한 레고를 만날 수 있도록 했다. 하여간 여전히 변화의 DNA가 레고그룹 안에 살아있는 듯 보인다.

평범한 브릭일 뿐이라고?

■ 블레이드 러너의 '스피너', 경찰차 모형으로 영화의 콘셉트 디자이너인 시드 미드에게 헌정한 작품이다.

작은 레고 브릭은 상상력을 표현하는 아주 완벽한 장난감이 됐다. 전문 레고 창작가 네이선 사와야는 인터뷰에서 "나는 레고를 하면서 만들고 싶은 것은 무엇이든 만들며 자랄 수 있었다. 노는 시간 내내 맘껏 상상을 펼쳤다. 록 가수가 되고 싶은 날엔 기타를 만들었고, 우주비행사가 되고 싶은 날은 로켓을 만들었다"고 말했다.

어떤 객관적인 잣대를 들이대더라도 레고그룹은 경쟁만을 위한 경쟁과는 거리를 두었다. 레고그룹은 오랜 기간 묵묵히 자사의 핵심제품군을 아주 다양하게 생산했다. 항상 창립 정신에 충실했으며 그에 맞춰 제품을 시대에 맞게 탈바꿈시키는 데에도 능했다. 그렇다, 비슷한 장난감 제조사인 이렉터 세트 Erector Set와 키넥스 K'NEX도 수백만 달러의 판매 수확을 거뒀다. 하지만 레고는 수십억 달러 어치를 팔아 수많은 경쟁사들을 완전히 따돌렸다. 이같은 성공의 밑바탕에는 고트프레 크리스티얀센이 1963년에 발표한 레고 제품의 10가지 비전이 깔려 있다.

- 무한한 놀이의 가능성
- 여자아이와 남자아이 모두를 위한 장난감
- 모든 연령층을 위한 장난감
- 일년 내내 갖고 노는 장난감
- 건전하고 조용하게 가지고 놀 수 있는 장난감

- 장시간 몰두할 수 있는 장난감
- 성장발달, 상상력, 독창성을 불러일으키는 장난감
- 많으면 많을수록 더 많은 가치를 지니는 장난감
- 추가적인 세트가 준비된 장난감
- 세심한 부분까지 품질을 최우선시하는 장난감

고트프레의 비전을 읽고 있노라면, 모든 부모들이 바라는 꿈의 장난감이 그려진다. 지능에 상관없이, 남아 여아 할 것 없이 조용히 가지고 놀 수 있는 장난감이라니, 더 사면 살수록 가치가 늘어나는 장난감이라니, 이보다 더 좋은 장난감이 어디 있겠는가. 어쨌든 레고그룹은 단 한 가지를 제외하고 이 비전을 수십 년간 고수했다. 사실 레고는 본래 남자아이용 장난감은 아니지만 판매되는 레고 제품을 보면 대놓고 남자아이용처럼 보인다. 예를 들어, 바이오니클 시리즈만 보더라도 평범한 여자 아이들이 사고 싶어할만한 요소는 눈 씻고 찾으려야 찾을 수가 없다.

후임자들은 고트프레의 비전에 충실하면서도 시대의 변화를 따라가는 데에 주저하지 않았다. 레고의 상징으로 여겨지는 스터드 브릭을 뛰어넘는 시도도 불사했는데, 바로 1977년 발표한 테크닉 시리즈이다. 이후 스터드가 없는 제품은 계속 이어진다. 테크닉 부품은 스터드 대신 핀과 구멍이 있는 빔으로 구성되어 있어 더욱 견고하고 이동성이 좋아졌다. 어린이 친화적인 요소가 없어진 대신에 보다 진보된 창작가를 위한 (커스터마이징이 가능한) 새로운 진영이 갖춰진 것이다. 이런 결합 요소는 고트프레가 절대 상상하지 못했을 것이다. 이로써 고트프레가 상상하지 못했던 창작가만의 방식으로 레고를 조립하는 게 가능해졌다.

그러나 이런 모든 변화에도 불구하고 클래식 레고 브릭은 세월이 지나도 변함없는 사랑을 받고 있다. 레고의 열성 팬인 브라이스 맥글론은 이렇게 말했다. "레고는 무한정 재사용이 가능하다. 누구라도 레고만 있으면 무에서 유를 창조해낼 수 있다."

필레고르는 레고를 단 한마디로 압축했다. "레고와 함께라면, 불가능은 없다."

가짜 레고

■ 레고 듀플로 브릭(왼쪽)과 복제품 '메가블록' 브릭. 밝고 견고한 레고 제품과 메가블록의 굵히고 바랜 브릭이 대조적이다.

레고그룹을 둘러싼 여러 가지 문제 외에도 레고그룹이 우려했던 것은 경쟁사들이 판매하는 레고의 싸구려 복제품이었다. 질은 낮았지만 이 복제품들과 레고 정품은 호환이 됐다. 생소하게 들릴 수 있겠지만 레고가 세상에 나온 지 오래되면서 레고의 특허권도 오래전에 만료됐다. 레고그룹은 레고 브릭에 대한 특허권보호 청구소송을 여러 번 했지만 법원은 그때마다 만료된 특허권은 보호받을 수 없다는 판결을 내렸다.

레고의 복제품을 아주 끈질기게 만들어내는 회사인 캐나다의 '메가 브랜드'는 플라스틱 장난감을 만들다 보니 우연히 레고 브릭과도 호환이 되는 제품을 만들게 됐을 뿐이라고 주장한다. 솔직히 메가블록은 색상, 디자인, 내구성 등의 품질 면에서 레고에 비해 한참 뒤떨어진다. 당연히 가격은 싸다. 500피스 메가블록 세트가 20달러인 반면 비슷한 구성의 레고 세트는 50달러다. 많은 소비자들이 품질보다 가격을 더 중시한다.

성인 레고 창작가

거의 모든 성인 레고 창작가가 다음과 같은 통과의례를 거친다. 첫째, 어린 시절 처음 레고를 접하는 시기가 있다. 성탄절에 선물로 받거나 친척이 물려준 레고를 가지고 놀기 시작하면서부터다. 사춘기에 접어들면서 변화가 찾아온다. 멋진 옷, 데이트, 운전면허에 더 열을 올린다. 불행히도 이 시기에는 보잘것없는 작은 플라스틱 레고 브릭이 설 자리가 거의 없다. 고로 이제부터 '암흑기'다.

암흑기는 레고를 가지고 놀기엔 자기가 너무 컸다고 생각한 나머지 더 이상 레고를 하지 않기로 결정한 시기를 일컫는다. 이때 레고는 지하실 창고에 처박히거나 쥐꼬리만 돈에 중고품으로 팔리는 신세가 된다. 일반적으로 집에 레고가 없다는 말은 쉽게 풀어서, 이제 어린애가 아니라는 뜻이다. 성인이 되면 장난감을 몽땅 내다 버리지 않는가? 마찬가지다.

그러나 암흑기에 있던 성인들이 예상 외로 많이 다시 레고로 돌아온다. 처음에는 심심해서, 혹은 어쩌다 자녀의 레고 조립을 돕다가 다시 레고에 빠진다. 어떤 대학생은 우연히 중고품 할인매장에 갔다가 중고 레고와 조우하면서 다시 시작하기도 했다. 성인이 되어도 일단 레고를 다시 하게 되면 마법 같은 일이 생긴다. 똑같은 레고 조립이지만, 축소모형을 제작한다거나 영화의 유명한 장면을 그대로 재현하는 등, 새로운 시도를 하게 된다. 이때부터 막대한 돈을 쏟아 붓기 시작한다. 심지어 은행 잔고가 바닥을 드러내거나 결혼생활까지 위태로워진다. 이렇게 레고를 재발견한 성인에게 지나간 암흑기는 기나긴 자신의 레고 인생에서 볼 때 한숨이 절로 나오는 그저 암울한 시기일 뿐이다.

■ 레고 행사 자원봉사자가 스타워즈의 요다를 만드는 데 여념이 없다.

■ 휘트먼 초콜릿 샘플러 기념 모형. 어른의 상상력에서만 나올 수 있는 작품이다.

암흑기를 거친 성인 레고 팬[AFOL]이라면 누구나 레고에 대한 애정을 어떻게 되찾았는지 각자의 사연이 있다. 성인 레고 창작가 윈델 오스케이는 다음과 같이 털어놨다. "나는 꽤 오랜 암흑기를 거쳐야 했다. 중고등학교 때부터 대학원을 마칠 무렵까지가 암흑기였다." 일평생 전자제품과 레고에 대한 열정으로 살아왔다는 윈델을 다시 레고 앞으로 불러들인 것은 기술적인 필요에 따른 것이었다. "다시 레고를 하게 된 건 당시 만들려던 단순한 기계를 레고로 만들어도 되겠단 생각이 들면서부터에요." 윈델은 곧 온라인 경매 사이트에서 중고 레고를 싸게 살 수 있다는 걸 알아냈고, 이후 어린아이처럼 다시 레고를 조립하기 시작했다. 왜 이런 현상이 벌어지는 걸까? 딸아이에게 바비인형을 사주고, 자기도 같이 바비인형 놀이를 한다는 워킹맘이 있다는 소리는 들어보지 못했을 것이다. 그리고 세계적인 성인 티들리윙크[1] 열풍이 부는 일은 절대 없다. 이런 놀이와 레고의 차별점은 레고는 성인이 된 후에도 결코 만만한 장난감이 아니라는 데 있다. 레고 창작가 브라이스 맥글론은 "레고는 어린 시절 갖고 놀던 장난감이지만, 성인 수준의 난이도를 갖춘 장난감이기도 하다"며, "성인이 되면, 장난감을 가지고 상상하며 놀지 않게 되면서 액션 피겨 같은 장난감은 시들해진다. 그러나 레고는 동심을 잃지 않으면서도 뭔가 새로운 것을 만들게 한다"고 말했다.

이토록 단순한 브릭이 지닌 비밀은 창작가들이 단순한 브릭을 가지고도 다양한 수준의 모형을 만들 수 있다는 데 있다. 수십만 개의 브릭으로 축소모형을 만드는 창작가가 있는가 하면, 마인드스톰으로 멋진 로봇을 조립하거나 레고 브릭만 사용해서 피카소의 걸작을 재현하는 창작가도 있다. 아주 작은 모형만 조립하는 사람들은 도시의 여러 구획을 손바닥만 한 크기로 만들기도 한다. 창작가는 마음대로 모형의 복잡도를 조절할 수 있으며, 바로 이런 점이 다른 일반 모형 조립 제품과 차별화되는 지점이다.

일부 성인들 중에는 어린 시절 살 수 없었던 장난감을 살 수 있게 됐다는 단순한 이유로 레고에 빠지기도 한다. 친구들이 갖고 있던 1,000피스짜리 레고를 부러워했던 아이가 어른이 되어 5,200피스에 500달러나 하는 레고 얼티밋 컬렉터 시리즈LEGO Ultimate Collector인 밀레니엄 팔콘Millennium Falcon을 살 수 있게 된 것이다. 어린시절 이 레고 세트는 소원 목록에나 올라갔을지 모를 제품이었으나 이제 성인이 된 그들에게는 원하기만 하면 가질 수 있는 대상이 되었다.

■ 떠다니는 바위 위에 이국적인 사원을 세우면서 암흑기를 지난 성인들은 다시 레고를 조립하기 시작한다.

성인 레고 창작가 AFOLs

성인 레고 창작가는 도대체 어떤 사람들인가? 이들은 다른 장난감 팬들과 차별하기 위해 스스로를 성인 레고 팬(AFOL: adult fans of LEGO)이라고 부른다. 레고 팬은 가정주부에서 학생, 컴퓨터 공학자, 은퇴자 등에 이르기까지 다양한 사람들로 이뤄져 있다. 대부분 남성이지만 여성도 꽤 있다. 어디나 그렇듯이, 성인 레고 창작가 중에도 사회성이 부족한 괴짜들이 있긴 하다. 이들을 보면 복잡하고도 다양한 사회의 한 구성원임을 알 수 있다. 그러면 이제부터 보통 레고 컨벤션에 가면 흔히 만날 수 있는 사람들을 소개하겠다.

브렌든, 25세
사는 곳: 캘리포니아 샌프란시스코
좋아하는 레고 제품: 6270번 금지된 섬[2]
좋아하는 브릭 색상: 하나만 고르기 어렵지만, 투명한 오렌지 색깔을 좋아한다. 아이스 플래닛에서 그 색깔로 브릭이 나왔을 때 정말 좋았다.
조립하기 좋아하는 시간대: 비록 흰색의 브릭은 직사광선에 닿지 않게 조심해야 하지만 이른 오후 자연 채광 상태에서 조립하는 걸 좋아한다.

마이크, 34세

직업: 초등학교 교사

사는 곳: 테네시 녹스빌

지금 조립 중인 모형: 판타지 지하감옥/동굴과 마이크로스케일 우주선

좋아하는 레고 세트: 최근에 나온 것으로는 7036번 난쟁이들의 광산. 그러나 가장 좋아하는 건 1981년에 나온 6927번 전천후 차량 세트. 이건 지금도 갖고 있다.

좋아하는 브릭 색상: 단종된 옛날 회색[3]

조립하면서 듣는 음악: '러시' 또는 '데스 인 준' 같은 아포칼립틱 포크 음악

스캇, 35세

직업: 전업주부 아빠

사는 곳: 워싱턴 커크랜드

좋아하는 브릭 색상: 무광처리된 차분한 금색

좋아하는 레고 시리즈: 레고 시티 시리즈

조립하면서 듣는 음악: 블루그래스[4]

네이션, 31세

직업: 작가/일러스트레이터

사는 곳: 유타 프로보

좋아하는 레고 제품: 6951번 로봇 커맨드 센터. 1985년도 크리스마스 선물로 받은 레고로, 내가 처음으로 가진 대형 세트였다. 구성부품이 정말 잘 돼 있어서 다양하게 조립해볼 수 있다. 게다가 흑인 우주비행사도 같이 들어있다.

좋아하는 브릭 색상: 오렌지

조립하면서 듣는 음악: 음악을 듣지 않는다. 오히려 영화를 틀어놓는 걸 좋아한다. 미야자키 하야오의 《마녀배달부 키키》를 틀어 놓고 6195번 아쿠아존 넵튠 디스커버리 랩(해저탐사기지)를 조립했던 추억이 있다.[5]

리노, 36세
직업: 얼마 전까지만 해도 코니시대학의 인문학부에서 장학금 지원 담당자로 근무했으나 최근 예술 분야에서 의뢰가 들어오면서 상업 예술가로 전업을 모색 중이다. 지금까지는 살만하다.
사는 곳: 워싱턴 시애틀
좋아하는 레고 제품: 일단 오래된 레드 바론의 전설적인 비행기 세트, 내가 '핫로드'[6]라고 부르는 부품이 있는 세트
좋아하는 브릭 색상: 뭔가 좀 녹슨 듯한, 무슨 색이라고 말해야 할진 모르겠다. 다른 레고 팬에게 물어보시길…….
조립하면서 듣는 음악: 주로 톰 웨이츠

융크스틸 히오, 46세
직업: 은퇴한 물류 관리자
사는 곳: 네덜란드 브레다
지금 조립 중인 모형: 주로 대형 모형을 조립한다!
좋아하는 레고 제품: 8880번 수퍼카[7]
좋아하는 레고 시리즈: 레고 테크닉이 최고다.
조립하면서 듣는 음악: 댄스, 다운비트 음악

죠즈, 28세
직업: 선임 정보 책임자
사는 곳: 호주 시드니
지금 조립 중인 모형: 직접 디자인한 사원 모형. 나만의 '평화 유지군'이 접선하는 장소로 활용할 예정이다.
좋아하는 레고 제품: 10185번 그린 그로서 세트[8]
좋아하는 브릭 색상: 레몬색
좋아하는 레고 시리즈: 엑소포스, 캐슬, 스페이스, 알파팀, 에이전트, 해적 시리즈의 미니피겨를 좋아한다. 미니피겨는 레고 모형과 작품에 공간감을 불어넣어 준다.
조립하면서 듣는 음악: 빌리 조엘, 미 퍼스트, 그랜드 마스터 플래시, 런 디엠씨, 더 플러드, 위저, 스테레오포닉스, 크리덴스 클리어워터 리바이벌

스펜서, 19세

직업: 컴퓨터 기술자

사는 곳: 캘리포니아 샌 루이 오비스포

지금 작업 중인 것: 영화 베어울프에 나오는 헤롯을 기반으로 나만의 레고 미드 홀을 만들고 있다.

좋아하는 레고 제품: 7672번 로그 섀도우[9]

좋아하는 브릭 색상: 짙은 회색

조립하면서 듣는 음악: 다양한 일렉트로닉 음악, 특히 하드스타일 일렉트로닉

가지고 있는 레고 브릭 수: 30갤론 정도. 일일이 세어 본 적 없다.

에리카, 25세

직업: 정보 디자이너

사는 곳: 오하이오 신시내티

좋아하는 브릭 색상: 검정

좋아하는 레고 시리즈: 레고 시티 시리즈

조립하면서 듣는 음악: 남동생과 《UHF》나 《콘 에어》 같은 영화음악을 틀어 놓는다.

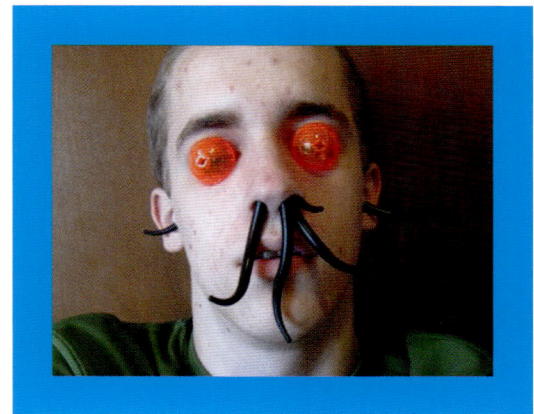

이안, 23세

직업: 학생/웨이터

사는 곳: 워싱턴

지금 작업 중인 것: 개구리 과학자 실험실, 음료 자판기, 메카 모델, BSG 바이퍼 전투기[10]

좋아하는 레고 제품: 1382번, 8560번, 6437번 등의 제품

좋아하는 브릭 색상: 짙은 오렌지와 일반 오렌지색을 정말 좋아한다. 검정도 좋아하고 오래전에 나왔던 짙은 회색도 좋아한다. 요즘 나오는 레고 세트의 회색은 정말 이상하다.

조립하면서 듣는 음악: 조용한 상태에서 조립하는 걸 좋아하지만 조립 중인 레고와 어울릴 것 같으면 《아이언 맨》이나 《트랜스포머》 사운드 트랙을 틀어놓는다.

네이션, 32세
직업: 전업주부 아빠이자 파트타임 교회 건물 관리인
사는 곳: 캐나다 브리티시 컬럼비아, 아보츠포드
지금 작업 중인 것: 최근에는 자동차를 주로 조립했고 이 외에도 이것저것 많이 조립했다. 스페이스에서 캐슬, 기차 타운 시리즈들과 조형물[11]이나 모자이크 등 이것저것 조립하길 좋아한다.
좋아하는 레고 제품: 레고 창립 50주년 기념 타운 플랜 세트
가장 조립하기 좋아하는 시간대: 아장아장 걷는 아기를 돌보면서 조립할 시간을 확보하는 게 쉽지 않다. 그래서 한 번에 장시간 조립은 못하고 여기서 몇 분 저기서 몇 분 하는 식으로 조립한다.

J.W. 25세
사는 곳: 유타 컨스
좋아하는 레고 제품: 6563번 게이터 랜딩[12] 휴가 때 가져간 적이 있는데 일단 좁은 공간에서 적당히 시간을 보내기에 아주 좋았기 때문이다. 또 조립하면서 적당한 변화도 가미할 수 있다.
좋아하는 브릭 색상: 기본 녹색. 몇 년간 레고에서 이런 색상의 브릭을 생산하지 않아서 좀 답답했다.

오크레 젤리, 14살이 되어 가는 41세
직업: 소프트웨어 엔지니어
사는 곳: 워싱턴 시애틀
좋아하는 브릭 색상: 마젠타(마젠타를 좋아하긴 하지만 레고에서 나오는 9가지 종류의 마젠타 색상 중에 정확히 어떤 색인지는 나도 모른다.)
조립하면서 듣는 음악: 인터넷에서 흘러나오는 일렉트로닉 연주 음악 아무거나 좋다.
가장 조립하기 좋아하는 시간대: 아이들이 레고 조립할 때. 온 가족이 거실에 레고 브릭을 쏟아 놓고 주말 내내 레고 조립을 하는 걸 제일 좋아한다. 뭔가를 함께하는 가족이 진정한 가족이다. 단, 먹고 난 후 빈 피자 상자를 버리기 전에 브릭이 혹시 끼어 들어가는지 확인할 것.

■ 제니퍼 클라크의 뉴홀랜드 LS160 스키드 스티어 로더 모형[13]

여성 창작가

창작가 이름을 나열해 놓은 것을 훑어보면 레고 팬 커뮤니티에서 여성의 비중이 적다고 느낄 수 있다. 그러나 수적인 면에서 여성이 열세이긴 하지만 독창성 측면에서는 그 반대다. 다 큰 여자들도 레고를 한다고? 두 말하면 잔소리!

애초에 레고그룹은 남아와 여아 모두가 좋아할만한 제품을 염두에 두었다. 시장 크기를 두 배로 늘리겠다는 시도로 보면 괜찮은 비즈니스 감각의 산물일 수도 있고, 아니면 스칸디나비아 성 평등주의의 자연스런 발로일 수도 있다. 그러나 본래 의도와는 달리 레고그룹 창립자 일가는 레고로 여심을 사로잡는 데 실패했다.

적어도 레고에 대한 애정 때문에 팬모임이나 온라인 포럼을 참여하는 사람들 수만 놓고 봤을 때, 확실히 성인 창작가들 틈에서 여성은 소수집단이다. 일례로 레고그룹과 NXT 팬 간의 중간 역할을 하는 마인드스톰 커뮤니티 파트너 그룹은 남자가 29명, 여자는 달랑 1명으로 이뤄져 있다.

남성팬과 여성팬의 차이점 가운데 가장 수수께끼 같은 것으로 저마다 다른 레고

2 성인 레고 창작가

■ 주로 바이오니클 모형을 탄복할 정도로 만드는 브리안 슬레지는 여성 레고 창작가에 대한 편견에 맞선다.

조립 동기를 꼽을 수 있다. 외부인의 시각에서 보면, 남성 레고 창작가는 당연히 누가 더 크고 육중한 모형을 만들었는지 겨루고 뽐낼 거고, 그러면서 여성 창작가들이 만든 현실감 있는 소박한 모형은 얕잡아 볼 거라고 추측하기 쉽다. 그러나 실제는 생각보다 상당히 복잡하고 흥미롭다.

제니퍼 클라크는 기술적인 필요 때문에 레고를 시작했다. "당시 로봇 관련 일을 하던 중이었고, 동료와 나는 마인드스톰의 인텔리전트 브릭을 알게 됐다. 단순한 메커니즘을 프로토타이핑 하는 데 유용하겠다는 생각이 들었다. 그래서 실제로 가능할지 시험해 보기로 했다. 그러던 와중에 8448번 수퍼카 세트를 우연히 보고 크리스마스 선물로 제격이라고 생각했다. 그런데 바로 그 제품이 레고에 대한 관심에 불을 지폈다."

클라크의 남다른 재능은 그녀가 만든 제품에서 드러난다. 디테일이 살아있는 건설장비 모형이 꼭 진짜 같다. 클라크가 만든 로더, 크레인, 불도저는 여러 컨벤션에서 많은 주목을 받았다. 컴퓨터공학 전공자인 클라크는 독학으로 배운 기계와 전자공학 기초원리가 모형을 사실적으로 만드는 데 큰 도움이 됐다며 "기계적으로 작동원리는 다르다 해도 모형이 작동할 때만큼은 실물처럼 움직여야 한다. 한눈에 봐도 어떤 기계인지 알 수 있도록 모형이 시각적으로 잘 표현되는 걸 좋아한다. 심지어 제품명이나 모델 번호까지 그대로 넣는다"고 했다. 처음에는 실물에 가깝게 만드는 게 주 목적이었지만 클라크는 거기서 만족하지 않았다. "정말 뭔가를 제대로 해내는 걸 만들고 싶다. 이 모든 게 레고 테크닉 덕분에 가능해졌다."

어떤 여성 창작가들은 소녀 취향의 레고 제품을 피하기보다는 하나의 시험대로 여긴다. 이본느 도일은 벨빌 시리즈의 브릭과 피겨를 이용해 병원의 특징을 섬세하게 살린 모형을 만들어 정교하고 여성스러운 스타일로 작품을 완성했다. 파스텔 색조와 절제미를 갖춘 병원 모형을 통해 이본느는 남성 취향 중심의 더 크고 더 강하고, 더 복잡한 모형에 강펀치를 날렸다.

■ 소녀 취향을 드러내는 데 인형의 집만한 게 있을까? 이본느 도일은 자신의 병원 프로젝트에서 레고그룹 인형의 집이라 할 벨빌[14] 시리즈로 정교하고 여성스런 분위기의 모형을 만들었다.

레고 창작가 인터뷰: 페이 로즈

■ 페이 로즈의 개구리 모형은 개구리처럼 팔짝팔짝 뛰는데 고무 손가락 골무의 마찰력을 이용했다.

팬들은 저마다 관심사가 다르다. 작가이자 교육자인 페이 로즈의 관심사는 크게 동물 모형과 어린이 교육용 로봇 제작, 이 두 가지로 나뉜다. 로즈는 마인드스톰 커뮤니티 파트너(이하 MCP) 위원회에서 유일한 여성 연락 담당자로 레고 로봇팬과 레고그룹을 잇는 역할을 맡고 있다.

여성이라는 점 때문에 레고 프로젝트를 대하는 방식에 있어 남성 창작가와 다르다고 여기는가?

나는 NXT를 활용해서 아이들, 특히 여자아이들이 한 살이라도 어릴 때 엔지니어링에 흥미를 갖도록 하는 데 관심이 더 많다. 보통 여자아이들은 기계 장치에 도통 관심이 없다. 하다못해 공룡이나 로봇을 좋아하는 남자아이들도 관심을 가지는 동물 모형에도 별로 관심이 없다. 내가 가장 행복을 느낄 때는 내가 만든 모형을 보고 자기 딸이 로봇에 관심을 갖게 됐다는 아빠의 글을 볼 때다. 한편 내가 NXT에 접근하게 된 것은 오히려 미적인 측면 때문이다. 레고그

■ 많은 레고 팬이 레고 부품 이외의 요소를 모형에 활용하면 대역죄라 여긴다. 그런데 로즈는 멋진 스컹크 꼬리로 그런 규율을 깼다.

룹이 MCP 회원들에게 블록을 보내면 왜 보냈든지 간에 남자회원들은 새로운 모형을 만들 수 있게 됐다며 몹시 들뜨지만 나는 일단 상자를 보고, "새로 나온 색깔이군! 멋진데!"라고 감탄한다.

여성 창작가로서 남성의 선입견이나 편견을 겪은 적이 있는가?

여자라고 누가 나를 함부로 대한다고 느껴본 적은 없다. 물론 자존심 대결이나 과시욕 같은 게 레고 커뮤니티 안에 팽배해 있다. 내 경우 과학 분야의 전문성이 부족하다는 이유로 살짝 무시당한 적은 있다. 아마 자신감이 부족했다면 불쾌했겠지만, 나는 전혀 개의치 않았다.

영감을 주는 여성 창작가가 있다면?

말도 안 된다고 생각할지 모르지만, 아는 여성 창작가가 한 명도 없다. 어쩌면 그래서 더욱 어린 여자아이들에게 로봇을 소개하는 일에 열을 올리는지도 모르겠다. 사회화를 거치는 과정에서 여자아이들이 과학에 흥미를 잃기 전에 로봇에 관심을 갖도록 힘쓰고 있다.

여자아이보다 남자아이 위주로 레고그룹이 제품을 만든다고 생각하는가? 그런 점에서 NXT는 어떤가?

레고그룹 공식 쇼핑몰의 제품 카탈로그[15]를 본 적이 있는가? 52쪽짜리 카탈로그가 '남자용' 제품으로 가득 채워져 있다. 이런 거 하나만 봐도 회사가 누구를 상대로 마케팅하는지 보인다.

그렇다면 성인 여성은 어떤가?

남성과 여성이 NXT에 빠지는 동기는 각자 다른 데서 온다. NXT가 훌륭한 교육도구가 아니었다면 나는 NXT에 별 관심이 없었을 것이다. 남성들이 로봇에 더 적극적인 것처럼 보인다. 여성들 중에도 로봇에 관여하는 사람들이 있지만, 이들은 전면에 등장하지 않고 뒤에서 어린 학생들이 좀 더 수학과 기술에 관심과 열의를 갖도록 하는 데 주력하고 있다. 지금 생각해 보니 NXT에만 푹 빠져 있는 여성은 본 적이 없다. 반면에 그런 남자들은 많이 알고 있다. 물론 퍼스트 레고 리그First LEGO League(이하 FLL)에서, 여성 지도자와 교사로서 헌신적으로 참여하는 분들이 있지만, 이들이 한 가지에만 매달리거나 푹 빠지는 법은 없다.

장난감 하나에 250달러를 쓴다는 게 상당한 부담일 텐데. 스스로를 어떻게 설득하는가?

처음 NXT가 제품으로 출시되기도 전에 남편 릭이 (아들과 함께하기 위해) NXT에 입문하더니만 NXT 스텝 블로그STEP Blog 일원으로 초대까지 받았다. 블로그 회원들이 NXT 관련 책에 실을 모형을 제작하기로 했을 무렵 남편이 내게 도와달라고 했다. 남편은 기계와 친한 사람이 아닌데다, 프로그래밍 경험이 전무했기 때문이었다. 뭐가 고장 나면 고치는 사람은 주로 나다. 나는 문제 푸는 것을 즐긴다. 여기서 문제란 단순한 수수께끼나 심심풀이 퍼즐 같은 게 아니라 현실적인 문제를 뜻한다. 또, 천성적으로 호기심이 많아서 다양하게 많이 배운다. 결국 지금은 비영리기관들을 위해 웹사이트도 구축하고 뉴스레터도 발행한다. 한마디로, 딱히 전문 분야는 없지만 웬만한 것은 조금씩 할 줄 안다고 보면 된다.

그럼 주제를 바꿔보겠다. 창작가들이 영화의 명장면을 레고로 재현하거나 모나리자를 브릭으로 만드는 이유는 뭐라고 생각하나? 혹시 이런 작업도 해본 적이 있나?

예술가들에게 레고 브릭은 하나의 창작수단일 뿐이다. 나는 동물 로봇을 만드는 사람으로 잘 알려져 있고, 내게는 동물 로봇들이 나의 작품이다. 나는 창조적인 과정에 주로 흥미를 느낀다. 로봇을 만들고 프로그래밍하는 게 좋다. 다른 사람의 디자인대로 만든 적은 거의 없다. 물론 멋진 작품을 보면, 대단하다고 여기며 배우기도 한다. 학교는 NXT를 활용해서 미술과 과학, 수학을 통합적으로 가르칠 수 있다. 그동안 미술교육은 낙오학생방지법안 No Child Left Behind Act 때문에 설 자리를 잃었다. 내 말은 창의성을 발휘해서 여러 가지 문제를 한꺼번에 해결하자는 말이다.

본업은 무엇인가?

6년 전에 장로교회 목사와 결혼했다. 당시 한 단과대학에서 다양한 업무를 맡고 있었다. 10년 전에 이미 파킨슨병 진단을 받았기 때문에 남편 릭의 교회와 가까운 곳으로 이사하면서부터 프리랜서로 활동할 수 있는 기술(웹 디자인, 원고 작성, 전자 출판)을 배워,

비영리조직을 돕는 데 활용하고 있다. 2월에 오클라호마로 이사한 후부터는 지역 학교에서 로봇을 가르치는 일을 주로 하고 있다. 이런 시골 공립학교에서는 기술교육이 드물거나 아예 없기 때문이다. 적어도 로봇에 관한 부분은 가르치는 곳이 없다.

NXT를 통해 가르치는 것 가운데 아이들에게 살아가면서 도움이 될 만한 것이 있다면 무엇인가?

내가 만든 모형을 아들이 조립하기 좋아한다며 한 아버지가 편지를 보냈다. 자기 아들이 "이제는 문제나 어려움을 실패가 아닌 극복해야 할 대상으로 보게 됐다"고 썼다. 내가 보기엔 너무나 많은 사람들이 실패에 맞설 준비가 안 되어 있다. 실패에 맞선다는 건 실패를 끈기와 창의력을 발휘해서 이겨낼 수 있는 대상으로 바라보는 태도다.

앞으로 하고자 하는 것은 무엇인가? 기술이 늘면 해보고 싶은 것은?

교사들이 NXT-G 프로그래밍을 가르칠 때 쓸 만한 교재와 NXT Zoo에 있는 로봇을 활용한 활동 교재를 만들 계획이다.

로즈는 『The LEGO MINDSTROMS NXT Zoo』(No Starch Press, 2008)의 저자다.

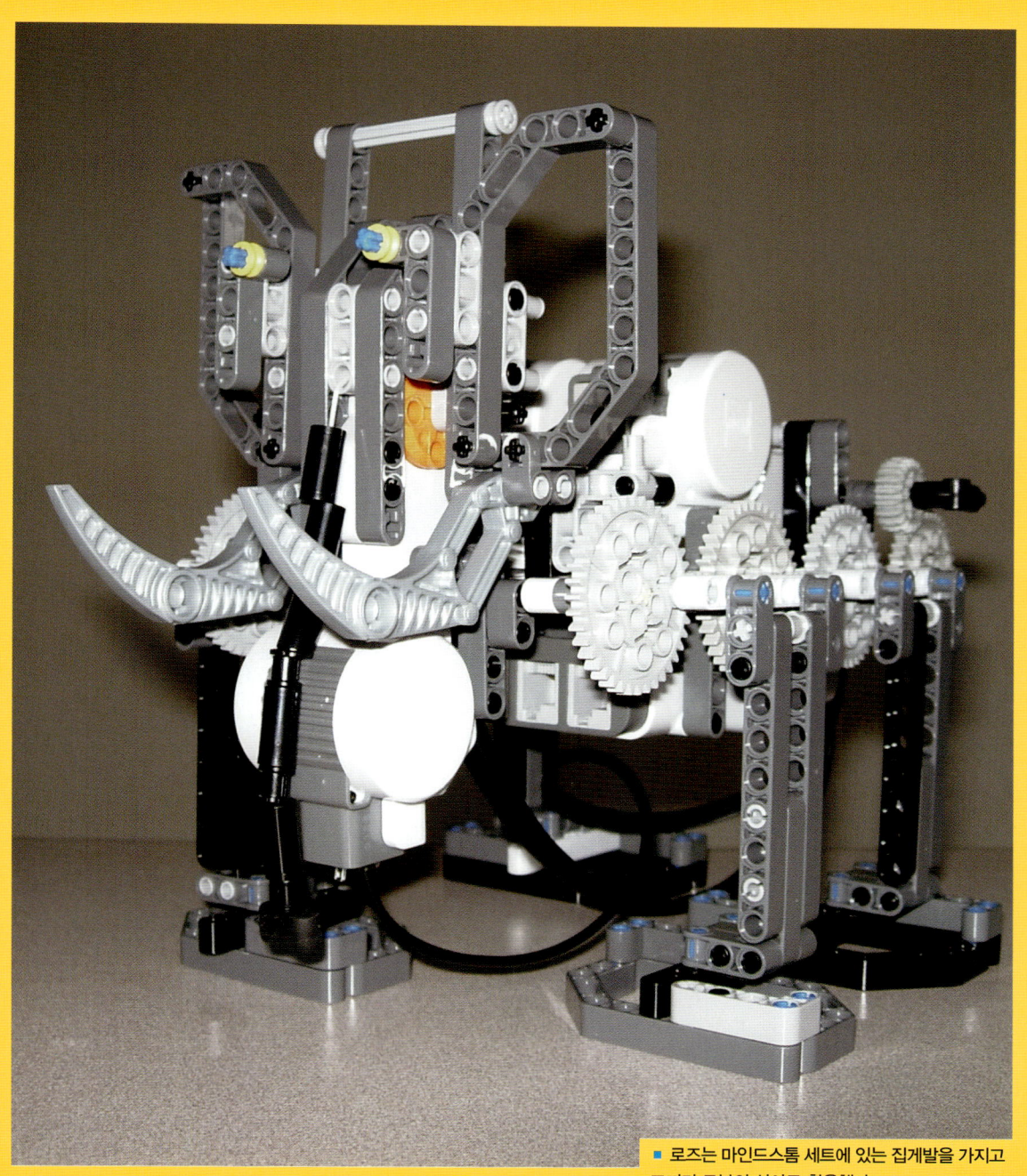

■ 로즈는 마인드스톰 세트에 있는 집게발을 가지고 코끼리 로봇의 상아로 활용했다.

보물 정리하기

■ 보통 처음에는 한 통에 레고 브릭을 보관하다가, 그 다음에는 여러 통으로 늘린다. 사진의 데이빗 맥닐리는 그런대로 주로 색상별로 정리해 놨다.

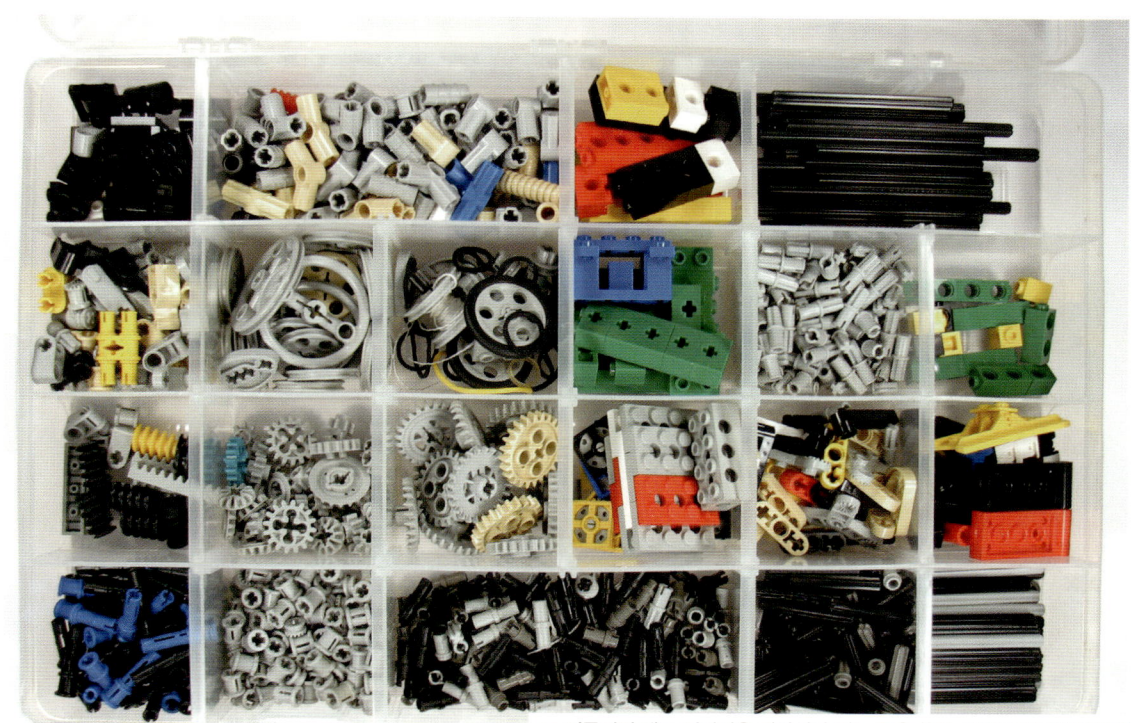

■ 전통적인 레고 정리법은 칸막이가 있는 통을 쓴다. 정말 이게 최선일까?

말 그대로 1톤 분량의 브릭을 가지고 있으면 나름의 정리 방법이 있어야 한다. 2천 달러어치 레고를 가진 사람이 레고를 어떻게 정리할지 고민하는 거에 비하면, 2천 달러짜리 TV를 사서 어디에 둘지 고민하는 건 고민거리도 아니다. 레고에 빠지면 부품이 급속도로 쌓이게 되어 보관이 쉽지 않게 된다. 플라스틱 보관함 몇 개만 있으면 대부분 아이들의 레고는 정리가 되지만, 맘껏 레고를 살 수 있는 성인 창작가에게 이런 방법은 절대 통하지 않는다. 2×2 사이즈의 베이지색 플레이트 한 개를 찾기 위해 보관상자 하나를 뒤지는 것과 보관상자 열 개를 뒤지는 것은 완전히 다르다. 이내 효율적인 정리 방법을 고민하지 않을 수 없을 것이다.

요즘 레고방(개인 레고 작업실) 만들기 현상에 주목해보자. 겉보기엔 전혀 새로운 해결책은 아니다. 자녀가 독립한 가정에서 아이들 방을 손님방으로 꾸미거나 서재를 작업실과 수집품 진열 공간으로 만들기도 하는데, 하물며 레고방을 만들지 못할 이유가 없지 않은가? 20년 이상 레고를 조립해온 매트 암스트롱의 집에는 엄청난 양의 브릭이 방 한칸을 통째로 차지하고 있다. 방에 가보면 121리터짜리 쓰레기통, 플라스틱 목욕통, 책장, 심지어 어린이용 간이 수영장에 브릭들이 차고 넘친다. 암스트롱은 자신의 플리커 사이트에서 공개적으로 밝혔다. "절대 엄마 집에서 살고 있는 게 아님."

일부 직업적으로 레고를 다루는 사람들은 레고방을 레고 조립 스튜디오로 한 단계 진화시킨다. 네이선 사와야는 자신의 정리 스타일을 다음과 같이 설명했다. "브릭은 모두 모양과 색상별로 나눠서 크고 투명한 통에 담아 스튜디오 선반에 일렬로 정리한다. 색색의 브릭이 줄줄이 들어선 스튜디오 안으로 들어오면 마치 무지개 속으로 걸어 들어오는 것 같다."

■ 온갖 방법을 동원해도 안 되면, 방 하나를 통째로 써라. 매트 암스트롱의 레고방에는 브릭이 가득 담긴 어린이 간이 수영장도 있다.

창작가마다 자기만의 브릭 정리법이 있다. 레고 팬인 난난 장은 자신의 정리법을 이렇게 말했다. "투명하고 얇으면서 폭이 넓은 서랍장에 크게 색상별로 구분해 넣은 다음, 같은 색상 안에서는 모양별로 구분한다. 조립할 때는 원하는 색깔 부품 서랍장에 가서 조립 중인 모형에 잘 맞을 만한 모양을 찾는다."

윈델 오스케이는 다른 식으로 브릭을 정리한다. 레고의 스터드를 활용해서 비슷한 브릭들끼리 끼워 놓고 쓴다고 설명했다. "가지고 있는 2×3 사이즈 브릭은 모두 하나로 끼워진 상태로 정리한다. 빼기 쉬운 모양으로 붙여 놓고 원하는 색깔이나 필요한 만큼을 한눈에 찾기 쉽게 정리한다."

■ 끼워서 쌓는 브릭이니, 끼워 놓는다!

기발한 레고

■ 하드드라이브 케이스

레고 브릭을 잔뜩 가지고 있다 보면 간혹 불편할 수도 있지만 반대로, 아주 요긴할 때가 있다. 다음 작품의 재료로 손쉽게 쓸 수 있기 때문이다. 설령 창작을 위해 만드는 건 아니라 하더라도.

아이팟 거치대나 컴퓨터 케이스에 원하는 장치가 없다고 투덜거린 적이 있는가? 일반 사람들은 대부분 자신이 할 수 있는 게 거의 없는 현실을 받아들이고, 대수롭지 않은 듯 넘어간다. 그러나 다수의 레고 팬들은 손 안에 있는 재료로 나만의 물건을 만들 수 있다는 사실을 안다. (당연히 그 재료는 레고 브릭이다.)

다음에서 소개할 작품들은 누구나 아는 진리, 즉 '필요와 레고 브릭은 발명의 어머니'라는 사실을 여실히 보여준다.

하드드라이브 케이스

만든이: 세르게이 브린과 래리 페이지

이야기는 1996년으로 거슬러 올라간다. 당시 구글 창업자 두 사람은 가난한 스탠포드 대학원생이었다. 자

■ 기타 히어로 컨트롤러

기들 최초의 서버인 하드드라이브를 보호할 새시가 필요했던 이들은 레고를 재료로 쓰기로 했다. 아이러니하게도 예리한 사람이면, 이들이 사용한 재료가 레고 브릭이 아닌 싸구려 레고 유사품인 메가블록임을 단박에 알 수 있다. 이 억만장자들이 초창기에는 진품 레고 브릭을 사기엔 주머니가 너무 가벼워 메가블록을 사들였다는 후문이다! (새시 원본은 스탠포드대학 박물관에 전시되어 있다.)

기타 히어로 컨트롤러[16]

만든이: 데이빗 맥닐리

웹사이트: http://www.mocpages.com/home.php/5230

데이빗 맥닐리는 기타 히어로 게임 컨트롤러의 회로를 활용해 자신이 원했던 스타일의 일렉 기타를 만들었다. 자신의 플리커 사이트에 다음과 같이 만든 과정을 설명했다. "원래 있던 컨트롤러를 분해한 후, 전자보드와 특수부품들을 끄집어낸 다음, 내가 만든 레고 새시 안에 넣었다. 이 모형은 B.C. 리치 월록의 기타(개인적으로 익스플로러 모델 다음으로 좋아하는 기타)를 모델로 했다. 레고 기타 컨트롤러는 진짜 컨트롤러처럼 작동한다. 스트럼바에서 기타 버튼에 이르기까지 모든 부품이 (기타 줄을 다시 끼워야 하는 웨미 바만 제외하고) 잘 돌아간다."

핀홀 카메라[17]

만든이: 에이드리안 한프트

웹사이트: http://www.foundphotography.com

에이드리안 한프트의 레고 핀홀 카메라는 도전정신의 산물이다. 보통 핀홀 카메라는 판지 상자나 오트밀 통을 이용해서 만든 까닭에 보통 카메라가 지닌 기계적 특성엔 훨씬 못 미친다. 하지만 한프트는 테크닉 시리즈의 기어를 써서 부족한 부분을 보완할 수 있었다. "레고 카메라를 만들 때 몇 가지 목표가 있었다. 첫째 필름 감기 장치가 반드시 한 방향으로 돌아가도록 할 것. 둘째, 빨간색 창에 필름 카운터가 보이게 추가할 것. 마지막으로, 가능하면 뷰파인더를 추가할 것 등이었다."

컴퓨터 본체 케이스

만든이: 윈스턴 쵸우

윈스턴 쵸우는 직접 조립할 컴퓨터 본체에 쓸 아주 독특한 케이스를 만들고 싶었다. 그는 특정 레고 세트에만 들어있는 경첩이나 사다리 부품을 이용해서 시스템 브릭으로 만든 새시를 보완했다. 마침내 CPU 933MHz와 비디오/오디오 포트, 8배속 DVD 드라이브와 메모리 슬롯, CPU 팬을 장착한 컴퓨터를 완성했다. 쵸우는 자신의 블로그에서 이렇게 썼다. "예상보다 완성하는 데 시간이 많이 걸렸고, 컴퓨터 무게도 이 정도는 되어야지 생각했던 것보다 훨씬 무거웠다. 사람들이 이 케이스를 보고 레고로 더 훌륭하게 PC

■ 핀홀 카메라

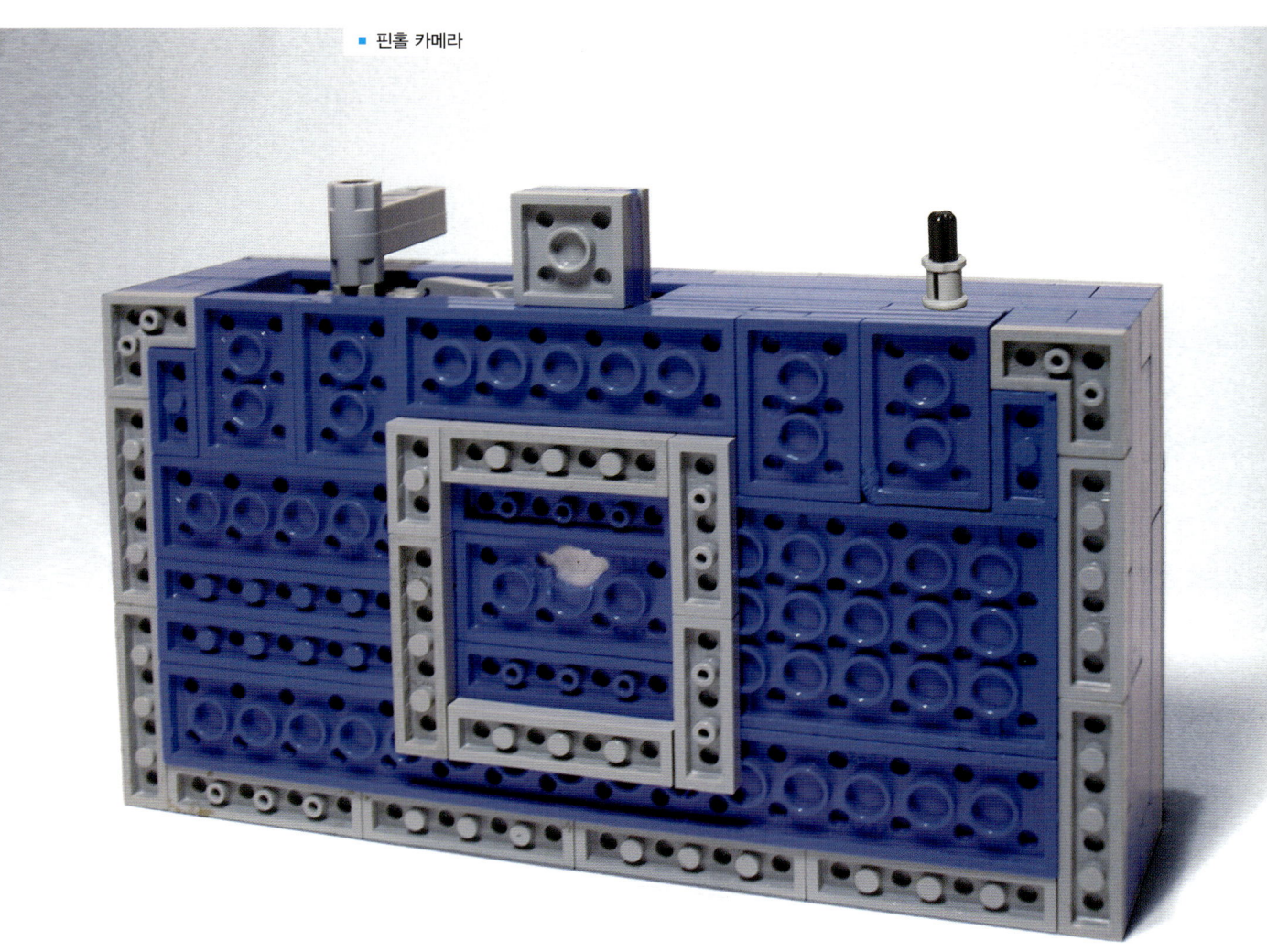

■ 컴퓨터 본체 케이스

나 맥 컴퓨터를 만들게 됐으면 좋겠다. 1세대 iMac의 메인보드를 들어내서 LCD 창이 있는 레고 케이스에 집어넣는 것도 괜찮다고 본다. 문제는 돈이다." 쵸우는 아쉬웠던 점으로, 자신의 본체 케이스를 완전히 검정색으로 만들 수 있을 만큼 검은색 브릭이 충분하지 않았던 걸 꼽았다.

북엔드

만든이: 마크 파머

쓰임새 있는 물건을 만들어낸다고 꼭 복잡할 필요는 없다. 필요에 의해 만든 물건이 오히려 단순할 때도 있다. 파머는 "북엔드가 필요했고 곧바로 아이디어를 실행해 옮겨 봤다. 분명히 더 멋진 패턴 같은 게 있을 거다. 북엔드 바닥에 미끄럼방지 처리가 필요할 것 같다"고 말했다.

■ 북엔드

회로기판 지지대

만든이: 윈델 H. 오스케이

웹사이트: http://www.evilmadscientist.com

아주 우연히 레고가 요긴하게 쓰일 때가 있다. 오스케이는 이것저것 만들다가 회로기판을 격리할 무언가가 필요했다. 오스케이가 활용한 레고 부품은 사용하기 쉬운데다가, 눈에 거슬리지도 않으면서 비전도체였으며, 결정적으로 크기도 딱 맞았다!

■ 회로기판 지지대

공기정화용 양치류 화분

만든이: 밥 큐퍼스

웹사이트: http://www.thebobblog.com

"오늘 점심을 먹고 스미스 앤 허킨[18]을 구경하다가 작은 에어 플랜트를 봤다. 고작 식물은 5달러나 될까 말까인데, 화분을 포함하니 가격이 150달러였다. 도둑놈들이다 싶어, 최고의 소재로 나만의 화분을 직접 만들기로 했다. 바로 레고다."

아이팟 거치대

만든이: 사만다

사만다는 원래 쓰던 아이팟 터치용 거치대가 있었지만 더 예쁜 게 있었으면 좋겠다고 생각했다. 사만다는 "솔직히 그때 좀 식상해진 상태였는데, 그때 레고가 바로 옆에 있었다"고 실토했다. 사만다가 레고로 만든 거치대에는 아이팟과 니콘 D40 카메라 리모콘을 놓을 수 있는 공간까지 있다.

XO 뷰파인더

만든이: 마이크 리

웹사이트: http://curiouslee.typepad.com/weblog

아마추어 사진가 마이크 리가 '아이 한 명당 노트북 한 대(이하 OLPC)' 프로젝트에서 보급하는 XO 컴퓨터를 카메라로 사용하려고 만지작거리고 있었다. "이 OLPC의 XO-1[19]에 내장된 카메라는 컴퓨터 화면의 방향으로만 향하게 되어 있다. 카메라와 스크린을 피사체 쪽으로 향하고 컴퓨터 화면 옆에 있는 게임용 버튼 중 '0'을 누르면 사진이 찍힌다. 그러나 뷰파인더가 없으니 구도 잡기가 어려워서 레고 브릭 7개를 가지고 뷰파인더를 만들어 USB 포트에 끼웠다."('아이 한 명당 노트북 한 대 One Laptop Per Child'는 전 세계의 빈곤국가 어린이들에게 교육용 노트북과 소프트웨어를 보급하여 교육 기회와 학습 효과를 늘리기 위해 세운 비영리 단체다.)

■ 에어 플랜트 화분

■ 아이팟 거치대

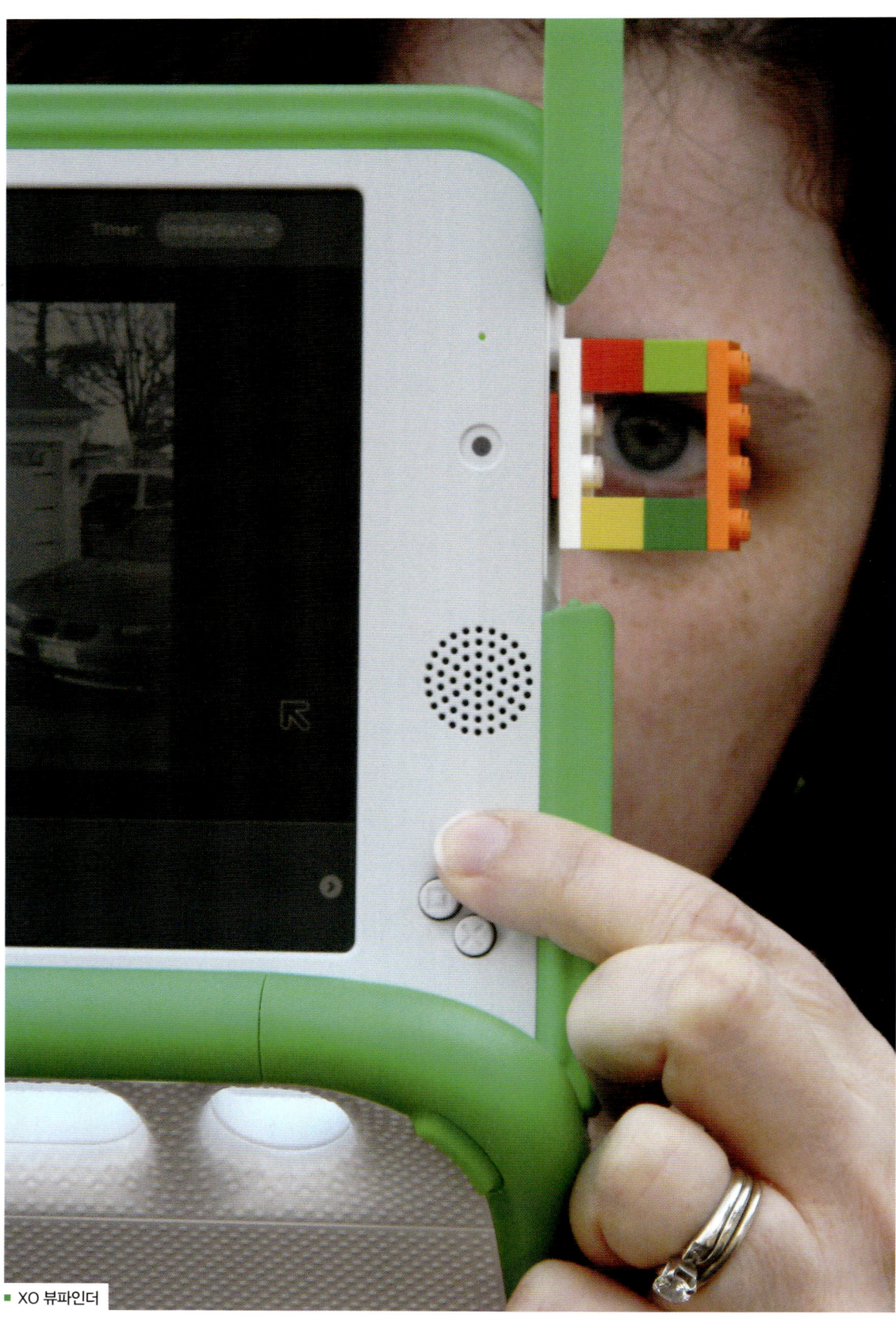

■ XO 뷰파인더

리믹스 레고

■ 공식 제품에서 원하는 것을 찾지 못한 레고 팬들이 서드파티 제조업체를 찾는다. 브릭암스는 레고그룹이 의도적으로 외면하는 부문인 현대식 무기를 제작한다.

성인 레고 팬이라면, 한 사람이 제아무리 브릭을 많이 산다 하더라도 레고그룹은 아무거나 만들 수도 없거니와 만들지도 않을 것임을 인정해야 한다. 비즈니스 관점에서 레고그룹은 팬들의 비위를 모두 맞출 수 없다. 그러다 보니 서드파티[20] 회사들이 그 틈새를 채운다.

제프 버드는 브릭저널에서 이렇게 말했다. "구매한 스타워즈 타이 파이터 세트에 들어있는 스톰트루퍼 미니피겨의 총이 진짜 같지 않다는 걸 깨달았다. 그래서 어느 날 플라스틱 몇 조각을 붙여서 완전히 새롭게 만들려고 하는데 불현듯 트루퍼 총의 기본 디자인이 뇌리를 스쳤다. 다른 총들도 아예 처음부터 트루퍼에게 어울리는 모양으로 만들기 시작했다."

그때 이후 몇 년도 안돼서 제프 버드의 회사, 리틀 아모리 토이즈(http://www.minifigcustomizationnetwork.com/manufacturer/little_armory)는 각종 미니피겨의 무기를 제작하고 해외 주문도 받는 회사로 성장했다.

플라스틱 금형 작업없이 오로지 데칼(도안) 작업만 해서 창작가들이 브릭과 미니피겨를 별도로 커스터마이즈 할 수 있도록 하는 회사도 있다. 기본적으로 미니피겨는 얼굴이나 옷의 디테일 말고는 아무런 개성이 없다. 어떤 창작가들은 레고그룹의 한정된 디자인을 극복하기 위해 자신만의 데칼과 스티커 제작법을 터득하기도 한다. 방법이야 다른 데칼이나 스티커처럼 접착제를 바른 투명한 판에 레이저 프린터로 인쇄해서 만든다.

대부분의 서드파티들이 주로 레고의 미니피겨에 집중하는 것처럼 보이지만 일부는 레고 세트에 없

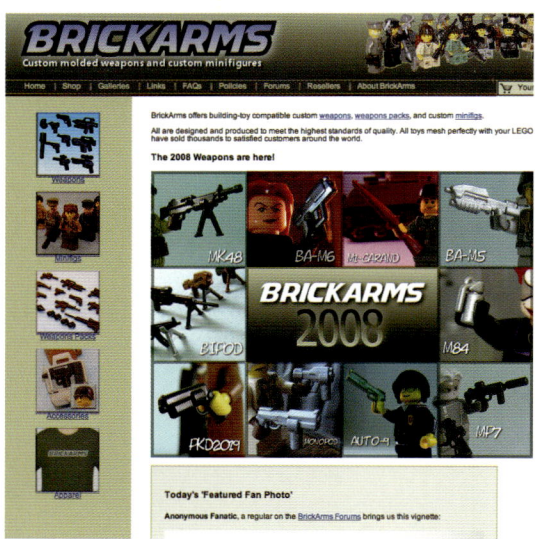

는 브릭을 주문 제작하기도 한다. 그중 라이프라이츠 (http://www.lifelites.com)는 조명에 필요한 전원 공급용 9볼트짜리 배터리 팩뿐만 아니라 조명이 들어오는 브릭도 제작한다. 이 회사 창업자는 롭 헨드릭스와 스튜어트 과르니에리크인데, 한 사람은 마이크로칩 프로그래밍 전문가고, 또 한 사람은 LED를 레고 모형에 설치하는 전문가다. 이 회사의 이라이트 제품은 가로등, 선로 레이아웃, 자동차 등에 알맞은 조명 순서를 사전에 프로그램된 형태로 제공한다. 이 세트에는 LED 케이블 8개와 스위치 2개가 들어있으며 표준 레고 배터리 팩이나 라이프라이츠의 전원과도 호환이 된다.

레고 세트 판매 형식을 취하는 회사도 있다. 브릭을 벌크로 구매해서 모형을 설계하고 단계별 조립 설명서를 만들어 포장 판매하는 형태다. 예를 들어, 2003년에 태어난 미 모델스(http://www.me-models.com)는 자신의 목표를 "여러분의 취미에 작게나마 시대성을 불어넣고자 고품질 레고에 1980년대 레고 스타일을 가미하는 것"이라고 한다. 실제로 이 회사의 모형은 향수를 자극하는 폭스바겐 버스, 빈티지 레스토랑, 오래된 주유소로 구성되어 있다.

레고그룹은 일견, 고객의 입맛을 일일이 맞추진 못하지만, 기꺼이 소규모 업체들이 간섭받지 않고 이런 서비스를 하도록 내버려 두는 듯하다.

- ■ (위쪽) 라이프라이츠는 조명이 들어오는 레고 브릭을 판매한다.
- ■ (중간) 브릭암스
- ■ (아래쪽) 빅 벤 브릭스는 기차 모형 팬에게 액세서리를 판매한다.

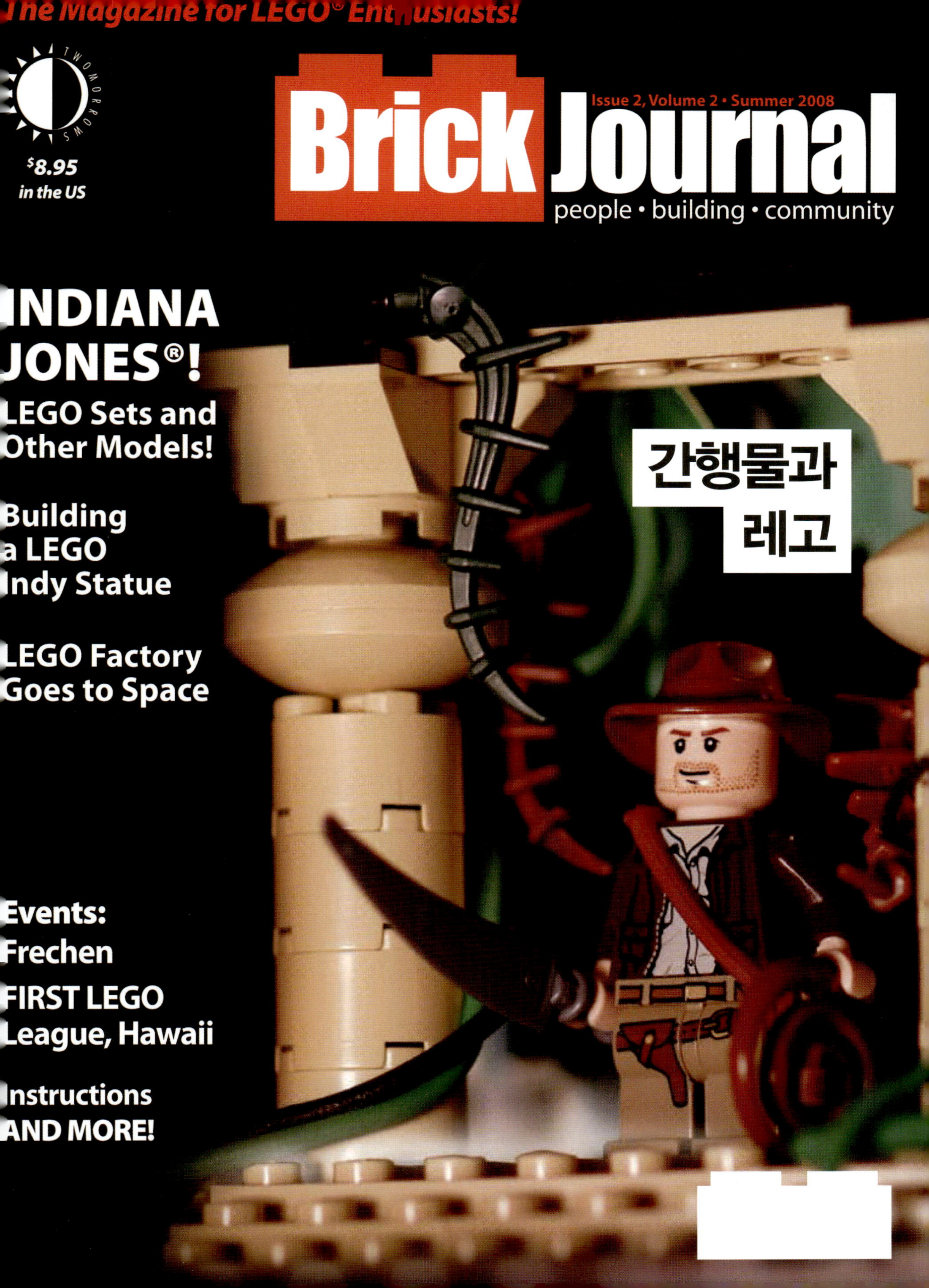

The Magazine for LEGO® Enthusiasts!

$8.95
in the US

Issue 2, Volume 2 • Summer 2008

people • building • community

INDIANA JONES®!
LEGO Sets and Other Models!

Building a LEGO Indy Statue

LEGO Factory Goes to Space

간행물과
레고

Events: Frechen

FIRST LEGO League, Hawaii

Instructions AND MORE!

성인 레고 팬들이 자기들을 위한 간행물을 발간한다는 것은 일개 여가활동이 당당히 하위문화로 자리를 잡았다는 신호다. 여타의 취미모임처럼 성인 창작가들 사이에도 자기네끼리 통하는 농담이나 주장, 혹은 그룹원만 이해할 수 있는 게 있다. 어떤 만화에서는 분간하기 힘든 레고 브릭의 색상 변화를 농담으로 다루기도 하고 어떤 잡지에서는 유명한 창작가의 인터뷰나 모형 조립 테크닉을 싣는다. 다음은 대표적인 매체 두 가지다.

브릭저널 BrickJournal

2005년, 성인 레고 커뮤니티를 다루는 간행물을 내자는 뜻이 모여 브릭저널의 창간으로 이어졌다. 원래 뉴스레터 형식으로 발행하려 했으나 기삿거리가 세계 각지에서 날아오는 등 범위가 확대되자 즉각 형태를 잡지로 바꿨다. 창간호는 2005년 여름에 온라인 잡지로 발간됐으며, 64쪽에 걸쳐 커뮤니티 일원의 소식은 물론 각종 행사, 조립 관련 기사를 다뤘다.

　　　창간호를 필두로 브릭저널은 레고 팬과 일반 독자를 아우르는 잡지로 자리매김했다. 무료 온라인 잡지였지만 매호가 발행될 때마다 수천 건의 다운로드를 기록하면서 슬래시닷[21]과 보잉보잉[22]의 주목을 받으며 단숨에 큰 인기를 얻었다. 브릭저널은 레고 조립에서 국제적 행사에 이르기까지 기사의 소재 범위를 확대했다. 그리고 레고그룹의 협조하에 매년 레고그룹 CEO를 인터뷰하는 한편, 레고그룹 직원이나 세트 디자이너와도 인터뷰를 한다. 이제 브릭저널은 레고그룹 임직원들이 읽고, 레고그룹의 자체 아카이브이자 박물관인 레고 아이디어 하우스에서도 구독하는 잡지가 됐다.

2007년부터 브릭저널은 인쇄 잡지로 발간되기 시작해서 이제는 신문가판대, 레고 상점, 레고랜드 등지에서 만날 수 있다. 브릭저널은 심지어 기사 소재 범위를 기업용 레고 플레이LEGO Play, 퍼스트 레고 리그First LEGO League에까지 확대했다. 브릭저널은 창간호부터 내세운 '성인 레고 커뮤니티를 홍보하고 창작 의욕을 고취시키며 커뮤니티 가입을 장려한다'와 같은 임무를 성장의 매 단계마다 한결같이 지키고 있다.

AFOL

레고 팬들만의 독특한 이야기를 어떻게 전달할 것인가? 캐나다 출신의 만화가 그렉 하이랜드는 만화 AFOLs를 그리기로 했다. 이 만화는 성인 팬 여러 명이 겪는 이야기를 다룬다. 하이랜드는 레고를 주제로 한 만화답게 미니피겨 모습을 한 등장인물들이 레고 창작가만이 공감하는 세세한 에피소드를 그린다. 대표적으로 스피드 레고 조립 대회, 키엘드 키르크 크리스티얀센 레고그룹 회장과 만난 이야기, 레고 부품을 복수로 표현할 때 LEGOs[23]로 말하는 레고 초보의 말실수에 안절부절 못하는 이야기 등이 있다.

브릭저널 창간호부터 이 만화가 연재됐으며, 인간적인 냄새가 물씬 풍기는 미니피겨로 레고그룹까지 매료시켰다. 브릭페스트 2004 팬모임에서 레고그룹은 하이랜드가 그린 17쪽짜리 만화책을 팬들에게 배포했다. 브릭저널 연재만화 AFOLs과 같은 제목의 이 만화책도 성인 레고 창작가와 이들의 남다른 버릇을 다룬다. 레고 창작가의 유별난 취미에 어쩔 줄 몰라 하는 일반 성인 외, 레고 사용자그룹, 레고 컨벤션, 레고 유사품 등과 관련한 에피소드가 들어있다. 하이랜드의 일러스트는 스폰지 밥 네모바지 세트나 여러 배트맨 시리즈 세트 상자에도 사용되었다.

브릭저널이나 AFOLs 같은 만화책을 통해서만 레고 창작가들이 정보나 유머를 공유하는 것은 아니다. 레일브릭스와 히스파브릭[24] 같은 매체에서는 레고 팬 커뮤니티의 다양성을 더욱 세밀하게 다룬다. 한 잡지에서만 다루기엔 역부족일 만큼 레고 현상은 크고 넓다.

- (위쪽) 레고 브릭의 그레이/블레이[25]
- (아래) 전형적인 레고 팬이 레고의 경쟁사인 메가블록을 방문해 분노를 표출한다는 내용의 만화로 그렉 하이랜드가 그렸다.

   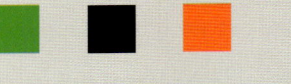

웹과 레고

오늘날 인터넷은 거의 모든 사람들의 삶에 조금씩 영향을 미치는 것 같다. 그러나 레고 팬에게 인터넷은 흩어져 있는 팬들을 연결하는 생명선 역할을 한다. 개인적으로 아는 성인 레고 팬이 없다 해도 인터넷에서는 쉽사리 만날 수 있다.

사람들이 많이 찾는 레고 팬 사이트 중에 브릭 셸프(www.brickshelf.com)라는 이미지 호스팅 사이트가 있다. 이곳에서 창작가는 자신이 만든 모형의 사진을 올리고 또 다른 창작가의 사진을 보고 영감을 받기도 한다. 이 사이트에만 사진 3백만 장 정도가 올라와 있지만 글을 올리는 기능은 없어서 사진에 캡션이나 설명은 없다. 아이러니하게도 결함에 가까운 이런 요소 때문에 브릭 셸프가 전 세계적인 팬 커뮤니티의 중심축이 됐다. 결국 멋진 모형 사진에는 언어 장벽이 없기 때문이다.

브릭 셸프가 성공적이긴 했지만, 토론방이나 자유게시판 형태의 텍스트 기반 소통은 꼭 필요했다. 러그넷www.lugnet.com은 모든 레고 사용자그룹LUGs을 연결한다는 사명을 선언하고 원활한 소통을 돕기 위해 주로 텍스트 소통방식에 의존한다. 이와 유사한 목페이지스닷컴www.MOCpages.com은 브릭 셸프의 이미지 호스팅 서비스에, 댓글을 달거나 토론할 수 있는 서비스를 접목했다.

저마다 특별한 관심 주제를 다루는 레고 관련 웹사이트는 수없이 많다. 브릭 영화 마니아들이 만든 레고 세트의 부품과 미니피겨를 활용한 스톱모션 영상, 아주 작은 모형만 다루는 마이크로 창작가와 레고 기차팬에 이르기까지 레고의 하위 그룹들마다 웹사이트가 있다.

레고 팬 용어사전

하위문화마다 대부분 자기들끼리 쓰는 독특한 약어와 은어가 있다. 레고 팬에게도 마찬가지다. 이 책을 쓰면서 의도적으로 이런 용어는 피하려고 했다. 선뜻 용어를 일일이 설명해주는 골수팬을 찾기는 쉽지 않다. 다음은 레고 팬이라면 흔히 접할 대표적인 용어다.

ABS: 아크릴로니트릴 부타디엔 스티렌Acrylonitrile buta diene styrene 레고 부품에 쓰이는 고품질의 플라스틱 소재, ABS 수지라고도 한다.

AFFOL Adult Female Fan of LEGO: 성인 여성 레고 팬, 브릭 저널의 고정 코너 명칭이며, 전반적으로 희소한 성인 여성 레고 팬을 소개한다.

AFOL Adult Fan of LEGO: 성인 레고 팬

CC Classic Castle: 레고그룹에서 발매한 성 제품 중 지금까지도 그 가치를 높게 평가받고 있는 초기 제품군[26]

CS Classic Space: 레고그룹에서 발매한 스페이스 제품 중 지금까지도 그 가치를 높게 평가 받고 있는 초기 제품군이다.

GKC Godtfred Kirk Christiansen: 레고그룹의 2대 회장. 레고그룹이 세계적인 성공을 거둘 수 있도록 비전을 제시한 인물이다.

KFOL Kid Fan of LEGO: 레고 어린이 팬

KKK Kjeld Kirk Kristiansen: 레고그룹 소유주이자 전 회장

LIC LEGO Imagination Center: 레고 상상 센터, 레고 단독 매장으로 레고 브랜드 매장으로 미국 올란도, 애너하임, 미국 최대의 쇼핑몰인 몰 오브 아메리카에 있다.

LUG LEGO User Group: 레고 사용자그룹

MF: 미니피겨, 레고에서 사람을 나타내는 부품 또는 2007년에 레고 수집가용 시리즈로 출시했던 레고 스타워즈 세트의 밀레니엄 팔콘 Millennium Falcon의 약어이다.

MOC My Own Creation: 매장에서 판매하는 기성 제품과 구별되는 개인 창작품이다.

NLF Non-LEGO Friend: 레고를 하지 않는 친구

NLS Non-LEGO Spouse: 레고를 하지 않는 배우자

NLSO Non-LEGO Significant Other: 레고에 관심 없는 아주 가까운 사람

OKC Ole Kirk Christiansen: 레고그룹 창업자 올레 키르크 크리스티얀센

PaB Pick-a-Brick: 창작가들이 브릭을 개별적으로 구매할 수 있는 레고 소매점

PCS Pre-Classic Space: 레고 팬인 크리스 기든스와 마크 샌들린이 클래식 스페이스 테마의 프리퀄로 만든 테마이다.

Pins: 다양한 크기의 작은 핀으로 테크닉 부품을 연결하는 데 쓰인다.

S@H Shop at Home: 레고그룹 온라인 쇼핑몰

SHIP Seriously Huge Investment of Parts: 아주 드물게 큰 모형을 일컫는 말로 하나의 모형을 완성하기 위해 필요한 부품을 사는 데 엄청난 돈을 썼다는

데서 온 말이다.

SNOT Studes Not On Top: 스터드가 위로 향하는 전통적인 조립 패러다임을 완전히 바꿔버린 조립 테크닉이다.[27]

TFOL Teen Fan Of LEGO: 10대 레고 팬

TLG The LEGO Group: 레고그룹, 이전에는 TLC, 즉 The LEGO Company였다.

UCS Ultimate Collector Series: 성인과 전문 수집가용 세트로 부품 수가 많고 복잡한 구조를 가진 시리즈이다.

그리블스 Greebles: 공상과학 모형에 사실감을 불어넣기 위해 장식적인 목적으로 사용하는 기계 장치 느낌이 나는 부품.

나노스케일 Nanoscale: 조립할 때 가장 작은 축소비율로, 건물 한 층을 플레이트 한 개 두께로 나타내고, 사람은 1×1 사이즈의 둥근 플레이트로 표현한다.

듀플로 브릭 DUPLO brick: 보통 레고 브릭의 두 배 크기인 브릭으로, 소재와 색깔도 모두 같으며 일반 브릭과도 호환된다. 취학 전 연령을 대상으로 만든 제품이다.

디오라마 Diorama: 대형 모형, 대개 미니피겨 스케일(축척)로 만들어진다. 건물, 차량, 사람이 등장하는 특정 상황을 재현한다.[28]

마이크로스케일 Microscale: 미니피겨 스케일(축척)보다 작은 스케일을 말한다. 1×1 원형 브릭 또는 1×1 원형 브릭에 1×1 원형 플레이트를 한 개 얹어서 사람을 표현한다.

모자이크 Mosaic: 레고 부품으로 평면 회화를 그린 것. 레고 부품 하나가 컴퓨터 그래픽에서 픽셀 한 개와 같다.

미니픽 스케일 Minifig scale: 보통 축소비율이 1:30으로 레고 미니피겨를 기준으로 한 축소비율. 마천루 같은 큰 대상을 미니픽 스케일로 만들면, 터무니없이 커지는 경향이 있다.[29]

버프 BURP, Big Ugly Rock Piece: 크고 못생긴 바위 덩어리. 레고에서 미리 만들어져 나오는 바위를 말한다.

브릭 Brick: 레고 블록, 또는 부품

블레이 Bley: 최근 출시된 푸른빛을 띠는 회색을 폄하해서 지칭하는 용어이다.

비네트 Vig, vignette: 6×6 또는 8×8 사이즈의 플레이트 위에 만드는 작은 크기의 디오라마를 일컫는다. 레고로 특정한 사람, 상황 등을 분명히 보여주는 작은 모형으로 최소한의 브릭과 부품으로 만든다.

빔 Beam: 테크닉 부품 중 핀을 꽂는 구멍이 여러 개 뚫린 기다란 막대 모양의 부품으로 대들보나 기둥 역할을 한다.

스터드 Stud: 브릭과 플레이트 상단에 볼록 튀어나온 부분

시그피그 Sig-fig: 성인 레고 팬이 온라인 커뮤니티에서 자신을 나타내는 미니피겨로서 일종의 아바타이다.

시스템 System: 전통적인 레고 브릭, 플레이트, 기타 부품을 뜻하는 말로 바이오니클, 테크닉, 듀플로 등과 대비할 때 쓰는 용어이다.

암흑기 Dark Age: 성인 레고 팬이 살면서 레고를 중단했던 시기

엘리먼트 Element: 레고 부품을 통칭하여 이르는 말. 브릭과 기타 모든 형태의 레고 부품을 가리킨다.

크랩 CRAPP, Crummy Ramp And Pit Plate: 별로 인기가 없는 부품을 지칭한다.

플레이트 Plates: 레고 부품의 종류. 브릭에 비해 얇다. 플레이트 3개를 합친 두께와 브릭 한 개의 두께가 같다.

미니피겨 마니아

레고 미니피겨에는 뭔가 특별한 게 있다. 일견, 어떻게 공장에서 찍어내는 플라스틱 장난감에 인간적인 요소를 집어넣을 것인가에 대한 고민을 쉽고 상식적으로 해결한 듯하다.

전해오는 얘기로, 자기가 만든 모형이 마음이 들지 않았던 레고 디자이너가 있었다. 아름답긴 했지만 뭔가, 아주 중요한 뭔가가 빠져 있었던 것이다. 바로 사람이었다. 그래서 그 디자이너는 브릭을 놓고 최초의 레고 사람이 나올 때까지 여러 가지 방법으로 조립했고, 그렇게 태어난 레고 사람의 프로토타입은 여러 해가 지난 후, 미니피겨로 재탄생했다. 미니피겨 얼굴은 특이한 데가 있다. 장난감치고는 지나치다 싶을 만큼 무뚝뚝해 보인다. 멋지고 세련된 인상의 바비나 브라츠 인형과 놓고 보면, 레고 미니피겨는 우스꽝스러운 쪽에 가깝다. "미니피겨를 세워놓으면, 뻣뻣해 보이고, 앉혀 놓으면 스누피 만화 캐릭터를 앉혀 놓은 모양처럼 다리만 앞으로 불쑥 나온다. 미니피겨가 나라면 짜증날 것 같다"고 미니피겨 팬 톰 베켓이 말했다.

어쨌든 미니피겨는 레고 세트에 들어있는 부품 중에서 가장 눈에 띄는 아이템으로 별 특징 없는 외관과 달리 상당한 인기를 끌고 있다. 수많은 사람들이 엄청난 양의 미니피겨를 수집한다. 어떤 사람들은 컨벤션에서 뽐내기 위해 미니피겨 부대를 만들기도 하고 어떤 사람들은 미니피겨 외관을 바꾸기 위해 직접 얼굴과 옷을 디자인하고 주문제작 업체들에게 레고 호환 부속품을 주문하는 등 엄청나게 공을 들인다. 레고 애호가들에게 사람 모습을 묘사하는 데 있어 미니피겨만한 게 없다.

■ 앤드류 비크래프트는 다양한 부품으로 칭기즈 칸의 느낌을 잘 살렸다.

서른 살이 된 미니피겨

2008년, 레고그룹은 미니피겨의 서른 번째 생일을 맞아 축하행사를 열었다. 사실, 미니피겨가 태어난 해에 대해서는 논쟁의 여지가 있다. 팔 다리를 각기 움직일 수 있는 오늘날의 미니피겨보다 몇 년 앞서서 팔 다리가 고정된 미니피겨가 있었기 때문이다. 어쨌든 미니피겨 30주년 기념행사는 마케팅 차원을 뛰어넘어 특별한 의미를 지녔다. 팬 블로그 더 브라더스 브릭(http://www.brothers-brick.com)의 공동 편집자 앤드류 비크래프트는 "레고 미니피겨는 기본 브릭에 버금가는 상징성을 지니며, 레고 시스템의 스터드만큼이나 중요한 요소"라고 말했다. 미니피겨는 레고 모형에서 사람 역할을 하며, 모형 축소비율의 기준이 되기도 하고, 심지어 그 자체로 예술작품이 되기도 한다. 미니피겨가 태어나지 않았다면 결코 지금 우리가 보는 레고는 없었을 것이다.

■ 방대한 레고 미니피겨 샘플이 플로리다에 있는 레고 매장을 장식하고 있다.

통계와 기록으로 보는 미니피겨

미니피겨의 역사가 상당히 오래되다 보니 당연히 미니피겨 관련 기록과 통계도 아주 많다.

40억 개 이상의 미니피겨가 생산됐고 1초마다 4개씩 팔려나간 셈으로 1년에 평균 1억 2천2백만 개가 팔린다.

최초의 미니피겨는 경찰이었다. 지금까지 41종의 경찰 미니피겨가 104개 세트 상품에 포함돼 판매된다.

1978년부터 4천 종 이상의 미니피겨가 출시됐다. 미세한 색상 차이를 포함해서, 머리 디자인만 450개. 수학자들이 계산해보니 미니피겨 부품으로 각기 다른 미니피겨 1,000조 개를 만들 수 있다고 한다.

얼굴에 최초로 코가 그려진 미니피겨는 와일드웨스트 세트의 아메리카 원주민 미니피겨였다.

최초의 여자 미니피겨는 간호사였으며, 미니피겨의 남녀 성비는 18:1이다.

특유의 가식적인 미소를 띤 미니피겨 얼굴은 1989년이 되어서야 바뀌었으며, 그 첫 번째 주인공 미니피겨는 해적 시리즈의 해적 피겨로 해적 안대와 후크 손을 달고 나온다.

2003년부터 노란색 일변도의 미니피겨 피부색이 다양한 색상으로 나오기 시작한다.

누드 미니피겨를 만드는 유일한 방법은 레고 스페이스 시리즈에 있는 우주비행사 미니피겨의 몸과 다리를 떼서 조립하는 것이다.

논란이 된 미니피겨

■ 이 미니피겨는 본래 레고스포츠 시리즈에 들어있던 것으로 영화 《스티브 지소와의 해저 생활The Life Aquatic with Steve Zissou》에 나오는 인물, 펠 도스 산토스[1]를 재현하는 데 이용됐다. 비록 다양한 표정의 미니피겨가 있었지만, 여기 웃고 있는 흑인 혼혈 같은 미니피겨는 여러 사람의 분노를 사기도 했다.

미니피겨가 많은 사랑을 받긴 했지만 논란에 휩싸일 때도 있었다. 원래 레고그룹은 인종과 성별에 대해서는 창작가들의 상상력에 맡길 요량으로 일부러 얼굴은 별다른 특징 없이 모두 비슷하게 만들고, 복장만 가지고 그 미니피겨가 어떤 역할을 하는지 정도만 구별할 수 있게 했다. 최초의 남자 미니피겨가 경찰이었고 여자 미니피겨가 간호사였다는 사실만 보더라도 그렇다.

미니피겨의 공통된 특징 중 하나는 겉에서 봤을 때 '인종 중립적인' 노란색이다. 이런 원칙은 레고스포츠의 농구 테마가 출시되던 해인 2003년까지만 유효했다. 현존하는 NBA 선수를 모델로 한 미니피겨를 만들면서 실제로는 닮지 않은 미니피겨를 아이들에게 받아들이도록 한다는 게 사업상 손해라고 회사는 판단했던 것이다. 게다가 사람들은 노란색의 미니피겨를 사실상 백인으로 인식했다. 앤드류 비크래프트는 "노란색이 인종 중립적인 색깔이라는 데 찬성할 수 없다. 노란색은 밝은 피부를 나타낸다. 그런 점에서 닌자와 와일드웨스트 테마가 나왔을 때 무척 반가웠다. 두 테마에 모두 다른 인종의 미니피겨가 들어있기 때문"이라고 말했다.

여기에 베켓도 동의한다. "노란색의 미니피겨가 흑인보다는 백인에 더 가깝다는 생각을 레고그룹은 인정하고 싶지 않았던 것 같다. 살색 미니피겨는 정말 말이 안 된다. 실제로 미니피겨는 다양성이 없다. 영화를 테마로 한 세트만 보더라도 흑인은 여자만큼이나 드물다."

문제는 라이선스 제품의 미니피겨에만 살색 미니피겨를 넣기로 한 레고그룹의 결정에 있다. 그렇다면 스타워즈나 배트맨, 해리 포터에 흑인 여자가 등장하지 않는 게 정말 레고그룹의 잘못일까? 비크래프트가 칭찬한 와일드웨스트와 닌자 테마의 미니피겨도 모두 노란색 얼굴에 인종적으로 정형화된 이미지로 표현했다. 와일드웨스트에서 아메리카 원주민 피겨 얼굴에는 전쟁에 나갈 때 칠하는 물감이 칠해져 있고, 닌자 미니피겨의 눈꼬리는 다들 살짝 올라가 있다. 결국 아무런 특징 없는 얼굴이 사실은 인종 중립적인 게 아니라 백인이란 인식을 더욱 강화하는 셈이다.

성별을 놓고 보면, 남녀 미니피겨 모두 2차 성징의 특징이 없다. 남자와 여자 미니피겨 몸이 모두 같다. 그래서 레고그룹은 머리 모양, 얼굴 생김새, 몸통에 찍어 넣은 신체 윤곽으로 성별을 나타낸다. 립스틱과 긴 속눈썹을 갖고 있는 거 빼고는 여자 경찰관 미니피겨나 남자 경찰관이나 똑같다. 나중에 나온 여자 미니피겨는 몸매를 굴곡지게 했다지만, 그나마 상반신에 그림으로만 나타냈을 뿐이었다. 그러나 기본적으로 보는 이의 관점에 따라 미니피겨는 무성인 존재 아니면 남성이다.

미니피겨가 문화의 산물이라고 말하는 사람도 있다. 레고가 탄생한 덴마크는 단일민족국가나 다름없는 나라다. 따라서 초창기 미니피겨 디자이너들은 미니피겨의 색을 밝은 살색이 아니라 노란색으로 결정한 것을 두고 스스로 급진적이라고 여겼을지도 모른다. 최근 들어 레고그룹이 세계 각지에서 직원을 채용하면서, 진정한 포용성을 갖추게 된 것 같다.

아무튼 정치적으로 올바른 입장만 취하는 것은 절대 끝나지 않을 승산 없는 게임을 지속하는 것과 같다. 정치적 올바름만 추구한다고 하면 고도비만인 미니피겨나 팔다리가 없는 미니피겨도 있어야 하는 거 아닌가? 결국, 레고그룹은 일관성을 유지하는 쪽을 택했다. 라이선스 테마의 미니피겨는 실제 인물과 비슷하게 가는 한편 본래 미니피겨는 노란색으로 가기로 한 것이다. 그래도 누군가가 계속 노란색 미니피겨를 백인이나 남성과 동일시하는 한 논쟁은 쉽사리 가라앉지 않을 것이다.

팝컬처와 미니피겨

THE SIMPSONS

레고의 열성팬들이 오랫동안 미니피겨를 아껴왔지만, 일반대중도 이 사랑스러운 플라스틱 피겨를 좋아했다. 주로 이들은 레고 세트를 말할 때 시스템 브릭을 제외하고는 미니피겨를 가장 먼저 떠올린다. 미니피겨가 계속해서 주류 문화에 불쑥불쑥 등장한다고 놀라는 사람은 없을 것이다.

심슨 가족 오프닝

레고 애니메이션 콘셉트의 영화는 꽤 오래전부터 많이 제작됐다. 스톱모션 영화에 배우들 대신에 미니피겨가 출연하는 영상을 떠올리면 된다. 에스토니아 출신의 열네 살짜리 꼬마감독, 울마스 살루가 만화영화 《심슨 가족》의 오프닝을 미니피겨와 시스템 브릭을 가지고 찍어서 영화 제작 콘테스트에서 상금으로 40달러를 받았다. 이 비디오는 본인이 알아채기도 전에 입소문을 타고 블로그와 웹사이트에 수도 없이 게재됐다. 원 동영상을 유튜브(http://tinyurl.com/bz5e3f)에서 감상할 수 있다.

그래피티

레고의 상징인 미니피겨는 전 세계의 담벼락에 그려진 그래피티에도 등장한다. 인간이긴 하지만 인간미가 제거된 인간을 미니피겨로 표현했다. 사회 비판에 미니피겨가 등장하면, 국경을 불문하고 사람들은 미니피겨가 인간을 상징한다고 여긴다.

에그타이머

레고그룹이 미니피겨 열풍에 편승하여 레고 브릭과 아무런 상관도 없는 제품을 내놓았다. 미니피겨 머리 모양을 한 이 에그타이머[2]는 다양한 모델로 출시되어 클래식 미니피겨를 연상시킨다.

거대한 미니피겨

네덜란드 해변에서 수영하던 사람들이 해안가에 뭔가가 떠있는 것을 발견했다. 가슴에 '네가 진짜 너야No real than you are'라고 새겨진 2.4 미터짜리 미니피겨였다. 이 미니피겨는 근처 매점 앞으로 옮겨졌고, 곧이어 전 세계 언론이 이 사건을 앞다투어 기사로 냈다. 나중에 이 피겨는 레고 미니피겨를 소재로 그림을 그리는 에고 레오날드라고 자기를 소개한 네덜란드 화가가 기획한 이벤트였음이 밝혀졌다. 라틴어로 '자아'를 뜻하는 Ego가 이름인 이 화가는 자신의 자아가 마치 미니피겨인 양, 인터뷰도 실제 그렇게 한다. 위 사진은 레오날드의 작품이 전시된 암스테르담 작업실 입구를 지키고 있는 모습이다. (이 부분에 대해서는 6장에서 더 자세히 소개한다.)

미니피겨 케이크

레고를 테마로 한 생일은 그래도 흔한 편이다. 그렇다면 레고를 테마로 한 결혼은 어떨까? 두 사람의 레고 팬이 만나 결혼할 때 신랑 신부를 미니피겨 커플로 꾸미는 것보다 더 좋은 방법이 있을까?

할로윈 분장

할로윈이면 으레 미니피겨 분장이 등장한다. 통상 큰 원통형의 머리를 많이 강조하지만, 미니피겨 특유의 상자 모양을 한 팔과 다리는 아무도 신경 쓰지 않는다. 보통 할로윈 의상은 되는 대로 만드는 편이지만, 많은 사람들이 아주 공들인 분장과 의상으로 미니피겨에 대한 애정을 드러내기도 한다. 독창적인 미니피겨 분장 아이디어로 노란 양말을 써서 뭐든 붙잡을 태세인 미니피겨 손 모양을 표현한 것을 꼽을 수 있겠다.

버림받은 피겨

■ 이본느 도일은 벨빌과 테크닉 피겨를 솜씨좋게 활용하여 병원 모형을 완성했다. 물론 이러한 피겨는 인정을 덜 받게 마련인데, 이러한 작업도 일반적이라기보다는 예외적인 작업이 된다.

미니피겨가 그렇게 완벽하다면 왜 사람들이 자꾸 미니피겨를 고치고 또 고치겠는가? 언제나 그랬듯이 레고그룹은 성공에 안주하지 않았다. 레고는 끊임없이 사람 모습을 표현하기 위해 새로운 방법을 모색하고 다른 형태의 피겨를 오랜 기간 실험했다. 그러나 사람을 나타내는 데 지금의 미니피겨를 능가하는 모형을 만드는 데는 실패했다.

미니피겨에 겨뤘으나 패배하고만 여섯 개의 모형이 있다. 테크닉 시리즈의 맥시피그maxifigs(미니피겨 보다 사이즈가 큼), 갈리도어Galidor와 잭 스톤Jack Stone의 맥시피그, 홈메이커Homemaker와 벨빌Belville 피겨, 레고랜드에 설치된 모형의 일부인 미니랜드 피겨miniland figures가 바로 실패한 도전자들이다.

테크닉 피겨

테크닉의 모형은 부품 자체가 커서 그런지, 완성품의 크기가 시스템 레고에 비해 훨씬 크다. 그래서 기어박스와 마인드스톰의 전자부품을 사용하려면 이런 부품에 맞게 축소비율로 조립해야 한다. 레고그룹은 이런 점을 고려해서 레고 테크닉에 어울릴만한 좀 더 큰 사이즈의 피겨를 개발했지만 미니피겨만큼 인기를 끌지 못했다. (테크닉 피겨에서 여성 피겨가 없다는 것은 정말 의외다.)

갈리도어, 잭 스톤, 기사들의 왕국

실패한 시리즈 제품의 피겨로 실패자 명단에 올랐다. 주로 다른 장난감 업체의 액션 피겨와 비교되곤 하는

그저 그런 맥시피겨로 남아 있다. 일부 이 피겨를 아끼는 창작가가 간혹 자기 모형에 갖다 놓는 경우가 있지만, 어쨌든 대부분 실패작으로 기억된다.

홈메이커와 벨빌 시리즈 피겨

홈메이커와 벨빌 시리즈는 주로 가족, 집, 동네 상점을 만드는 세트로 구성되어 있고 고전적인 인형의 집 냄새를 풍긴다. 주로 살림살이와 관련된 소시지, 칠면조, 사발 같은 아이템들이긴 하지만, 상대적으로 성공을 거두지 못한 시리즈가 늘 그렇듯 벨빌 시리즈에도 흥미로운 부품이 많다. 벨빌만의 스타일을 높이 평가한 나머지 레고그룹이 벨빌 시리즈의 피겨를 그대로 미니피겨로 가져가기를 바란 사람들도 있었다. 그러나 벨빌이 맥시피겨 스케일로 가게 된 이유가 미니픽 스케일의 핑크 레고Pink LEGO라고도 불리는 파라디사Paradisa 시리즈가 인기를 끌지 못했기 때문이라는 추측도 있다.

핑크 레고는 레고그룹의 소녀 취향 테마에 대한 어정쩡한 시도를 폄하하는 용어로, 자연스러워 보이는 남자아이 중심의 시리즈를 사랑하는 팬들은 이런 핑크 레고를 좀 생뚱맞은 시도로 여겼다. 물론 레고그룹이 꾸준히 맥시피겨를 내놓는 것도 의아하긴 마찬가지지만, 뭐 나쁠 거는 없다.

미니랜드 피겨

미니랜드 피겨 카테고리가 따로 있는 건 이 피겨들이 레고랜드의 미니랜드에 있기 때문이다. 미니랜드의 피겨들은 피겨 전용 부품을 사용하지 않고 개별적인 부품을 조합하여 제작하다 보니 제작이 엄청나게 어렵다. 따라서 일반 창작가들은 미니랜드 피겨 조립을 피하는 편이지만 전문가들은 미니랜드 피겨를 정교하게 제작하는 걸 최고의 기술로 친다.

만화와 기하학을 접목한 큐브듀드

■ 앵거스 맥레인의 사랑스러운 큐브듀드CubeDude는 발표하자마자 인기를 끌었다.

픽사의 애니메이터로 일하던 앵거스 맥레인은 텔레비전에서 〈지 아이 조〉를 보다가 등장인물 중에서 스네이크 아이를 미니랜드 피겨로 만들어보고 싶었다. 공간 부족으로 일단은 작게 만들기로 했지만, 완성작은 미니피겨보다는 살짝 컸다. 브릭을 가지고 여러 번 시도한 끝에 큐브듀드만의 특징을 오롯이 살린 피겨를 완성했다. 바로 정육면체의 모서리 단면이 얼굴인(정육면체 머리를 가진) 피겨다. 맥레인은 인터넷 공개에 앞서 여섯 개의 캐릭터를 큐브듀드로 만들었고, 이 캐릭터들은 공개하자마자 선풍적인 인기를 끌었다. 맥레인의 모형이 알려진 이후 수많은 레고 팬들이 직접 큐브듀드를 만들려고 했지만 아무도 맥레인을 따라잡지는 못했다. 지금까지 맥레인은 텔레비전이나 영화에 나오는 유명인 위주로 100개가 넘는 큐브듀드를 만들었다.

■ 헤더는 야구방망이 하나로 미니어처 세계인 샤노니아를 평정한다.

시그피그: 레고 아바타

레고를 좋아하는 사람이 레고 미니피겨에 자신의 개성을 담아 인터넷 커뮤니티에서 아바타로 쓰는 건 당연한 일이다. 아바타로 미니피겨를 쓴다는 건 자신이 레고 팬임을 드러내는 방식이기도 하다.

    어떤 창작가는 특이한 의상을 입히거나 광선검을 휘두르는 식의 판타지 요소를 가미하기도 한다. 별다른 장식 없이 단색의 조각상으로 초현실주의를 표현하는 사람도 있다. 물론 기본 레고 부품이 수적으로 한정되다 보니, 주문제작 부품이나 서드파티 제품, 다른 독특한 부품을 활용한 시그피그sig-fig로 자신을 표현하고 싶어 한다.

    엉뚱하게도 레고그룹 임원들은 미니피겨를 명함 대용으로 쓰기도 한다. 미니피겨

- (왼쪽) 레고그룹 임원의 표준 명함.
- (오른쪽) 앤드류 비크래프트의 시그피그는 레고 조립을 제일 좋아하는 사람임을 보여준다.

의 셔츠 앞판에 이름이 있고, 뒤에는 이메일 주소와 전화번호가 있다. 이때 미니피겨는 해당 직원의 머리 모양이나 수염 등 비슷한 외모로 꾸민다.

    어떤 창작가는 시그피그를 아바타 차원을 넘어 스토리텔링에 활용하기도 한다. 헤더 브라텐은 팬 컨벤션에서 자신의 시그피그가 다른 창작가의 모형들 사이를 탐험하는 모습을 사진으로 찍기도 하고, 심지어 동료 창작가 리노 마틴스의 덥수룩한 수염에 매달아 놓기까지 했다. 헤더는 "예술가와 레고 창작가를 통틀어 리노는 최고다"라고 자신의 플리커 페이지에 글을 올리며, "게다가 나의 이상한 부탁을 들어줄 정도로 멋지다"고 했다.

- (위) 미니픽 스케일의 타이타닉 모형에 올라탄 헤더는 원하든 원치 않든 세상의 여왕이 된다.
- (아래) 동질감을 느끼는 헤더. 그런데 진압경찰이 좋은가?

미니피겨 꾸미기

■ 아만다 볼드윈의 공주 미니피겨. 그녀가 직접 디자인한 독특한 자태를 뽐내고 있다.

미니피겨 팬들은 어느 순간 피할 수 없는 난관에 부딪히곤 한다. 처음에는 레고에서 판매하는 공식 미니피겨 액세서리에 흡족해 하지만 얼마 안가 막상 자기가 원하는 게 없다는 사실을 깨닫는다. 그게 피겨 의상의 문양이든 입맛에 맞게 바꾼 머리 모양이나 도구든 간에 창작가들은 언제나 자기만의 개성을 미니피겨에 담기 위해 고심한다. 그러다 직접 원하는 부속품을 만들기엔 기술이 부족하다는 판단이 서면, 수없이 많은 서드파티 회사를 찾곤 한다.

브릭포지(www.brickforge.com)는 최고의 미니피겨 커스터마이저 커뮤니티다. 2002년에 세워진 이 회사는 미니피겨용 무기류를 제작해 인터넷에서 판다. 레고그룹의 공식 미니피겨 액세서리가 마음에 안 들 때 찾아볼 만한 서드파티 회사들이 많이 있다. 특히 브릭포지와 유사 업체들은 레고 제품의 틈새를 노려 공략한다. 예를 들어, 바그다드 해병대는 레고그룹에서 앞으로도 만들지 않을 제품이다. 그러나 브릭암스(www.brickArms.com)에서 현대식 무기를 구하면 얼마든지 자기만의 세트를 구성할 수 있다.

브릭암스는 2006년에 윌 채프만이 세운 회사

로, 제2차 세계대전에 쓰인 무기를 미니피겨에 쓰고 싶어하는 아들 때문에 시작했다. 당연히 이런 아이템을 레고그룹은 판매하지 않았고, 채프만 자신이 직접 만들어야 했다. 몇 년도 지나지 않아 45종의 무기, 무기 세트, 중세, 공상과학, 현대식 무기를 포함한 커스텀[3] 미니피겨를 주문제작하는 데까지 사업을 확장했다.

자기만의 미니피겨를 만들기엔 주머니가 가벼운 이들을 위한 방법도 있다. 기본 미니피겨에 데칼을 만들어 붙이는 방법으로 즉각 커스터마이즈 할 수 있다. 물론 아무나 데칼을 인쇄할 수 없지만 투명한 플라스틱 라벨지에 컬러 프린터로 인쇄하면 된다. 레고 전문점에서 산 것처럼 깔끔하진 않아도 쓸 만하다.

아만다 볼드윈은 플리커에 자기만의 노하우를 설명하는 코너가 있다. 윈도용 무료 프로그램인 페인트닷넷 Paint.NET을 활용해서 어떻게 캐슬 디자인을 만들었는지 보여준다. 볼드윈은 기사의 방패 문장, 공주 드레스, 중세시대의 의상 등을 이런 식으로 제작해서 그녀만의 독특한 개성을 캐슬 모형에 불어 넣었다.

그러나 누구나 이런 방식을 좋아하는 건 아니다. 레고그룹의 높은 품질 수준에 익숙해져 버린 창작가들이 이런 아마추어 제품에 지나친 기대를 건다. 하지만 어떻게 자기 집 뒷마당에서 만든 데칼과 레고 세트에 들어있는 세련된 제품과 같겠는가? 기준이 까다로운 사람들 중에는 이런 아마추어들의 노력에 코웃음을 칠 사람이 있을진 몰라도 자기만의 개성을 담기 위해 품질을 기꺼이 포기하는 사람들도 많다.

최근 들어 기술은 레고그룹이 자사 직원들을 위해 미니피겨 명함을 찍어내듯이 미니피겨 자체에 인쇄하는 수준까지 발전했다. 미니피겨뿐만 아니라 타일과 브릭의 인쇄 품질 자체도 레고그룹이 공장에서 인쇄한 브릭과 맞먹게 되면서, 팬들의 모형에 이들이 등장하기 시작했다.

■ 미니피겨 부속품을 판매하는 직원 2명의 회사 브릭포지에서 만든 플라스틱 무기류

■ 알버트 아인슈타인

유명인 미니피겨

공식 및 비공식적으로 얻을 수 있는 미니피겨 부품이 늘어나듯이, 이들 부품을 써서 유명인사의 피겨를 만들려는 욕구도 늘었다. 톰 베켓은 "어린이의 세계와 어른의 세계를 나란히 맞춰 보고 싶은 욕구 때문이라고 생각한다. 다양한 나의 취미가 어디서 어떻게 연결되는지 볼 수 있는 방법 중 하나다. 심지어 나는 정치와 음악계 인물과 영화와 공상 과학물의 주인공을 미니피겨로 만들어본 적도 있다"고 말했다.

픽션의 인물들

소설이나 영화 속 주인공을 소재로 한 미니피겨 제작은 특별한 도전이다. 인물의 전형성에 머물지 않고 원작의 생생함을 미니피겨에도 담을 수 있을까? 가죽으로 만든 우산 말고 달리 어떻게 로빈슨 크루소의 특징을 살릴 수 있을까?

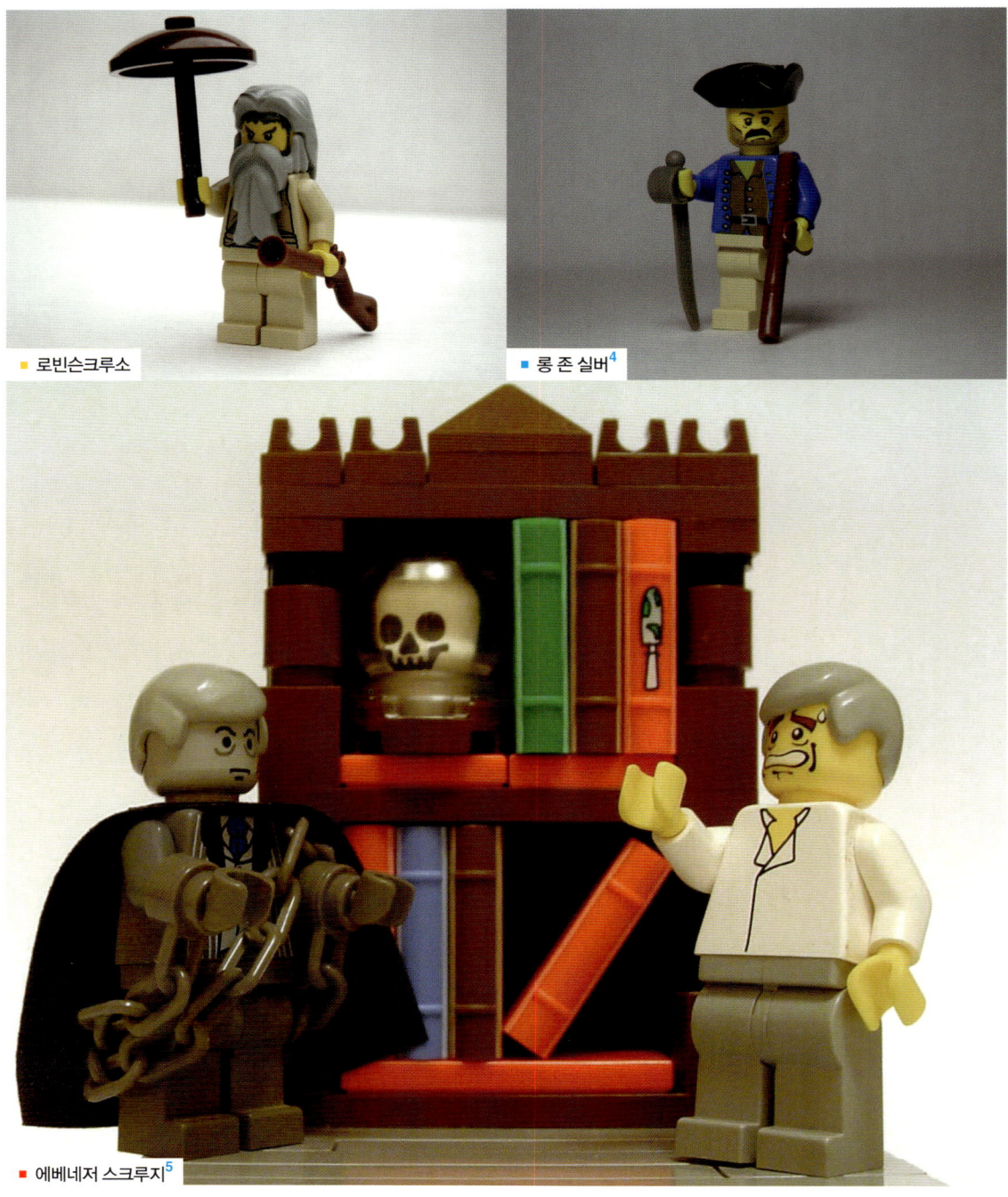

- 로빈슨크루소
- 롱 존 실버[4]
- 에베네저 스크루지[5]

- 블레이드 러너의 릭 데커
- 피노키오
- 잭 더 리퍼
- 하이디
- 에이허브 선장[6]
- TV 시리즈 《24》의 주인공 잭 바우어
- 영화 《펄프픽션》의 빈센트 베가와 줄스 윈스필드

리더들

정치인 미니피겨를 만드는 것은, 일견 쉬워 보이지만 사실은 그렇지 않다. 어떻게 흥미로운 이야기를 담을 것인가? 톰 베켓의 딕 체니 비네트는 딕 체니가 사냥 중에 오발로 친구를 부상케 한 사건을 풍자했다.

- 피델 카스트로와 체 게바라
- 프랜시스 드레이크 경[7]
- 아시시의 성 프란체스코
- 딕 체니 미국 전 부통령
- 마오쩌둥
- 텐진 갸초, 달라이라마[8]
- 마틴 루터 목사
- 로사 파크스[9]

■ 모한다스 간디

■ 시애틀 추장[10]

■ 아메리칸 인디언 출신 인권 운동가 위노나 라듀크

■ 조지 워싱턴

■ 언론인이자 사회운동가 도로시 데이

■ 노르웨이 출신 탐험가 붉은 에이리크

작가들

작가나 다른 예술가의 경우에는 정치인이나 배우들처럼 이들의 얼굴이 잘 알려지지 않는다는 데 어려움이 있다. 따라서 어떻게 이들을 알아볼 수 있게 만드느냐가 관건이다. 에드워드 커밍스[11]가 어떻게 생겼는지 아는가? 한 가지 해결책으로 비네트로 특정 상황을 포착하는 방법이 있다. 베켓이 만든 소크라테스는 자크 루이 다비드의 유명한 회화 〈소크라테스의 죽음〉에 등장하는 소크라테스처럼 한 손에 독배를 들고 있다.

■ 사진작가 안셀 아담스

■ 빈센트 반 고흐

■ 어니스트 헤밍웨이

■ 버지니아 울프

■ 제프리 초서

■ 소크라테스

한 가지에만 미친 사람들

너드야말로 우리 시대의 위대한 사상가들이 아닌가? 레고 너드가 미니피겨 너드를 좋아하는 건 어찌 보면 당연하다.

■ 찰스 다윈

■ 아마존닷컴의 CEO 제프 베조스

■ 렌즈의 대가 칼 자이스

■ 발명가 알프레드 노벨

■ 컴퓨터 해커 리처드 스톨만

연기자와 연주자들

배우와 연주자들은 익히 잘 알려진 사람들이다. 이런 점 때문에 미니피겨로 자주 재현된다.

- 브루스 리
- 화이트 스트라이프스[12]
- 찰리 채플린
- 마이클 잭슨
- 브리트니 스피어스
- 클린트 이스트우드

■ 아담 앤트[13]

■ 팻보이 슬림[14]

■ 스콧 조플린[15] ■ 지미 헨드릭스 ■볼프강 아마데우스 모차르트

■ 빌리지피플[16]

미니픽 스케일

■ 육중한 대형 HMS 후드[17]함은 데크에 오르는 미니피겨가 없어도 그 크기를 짐작할 수 있다.

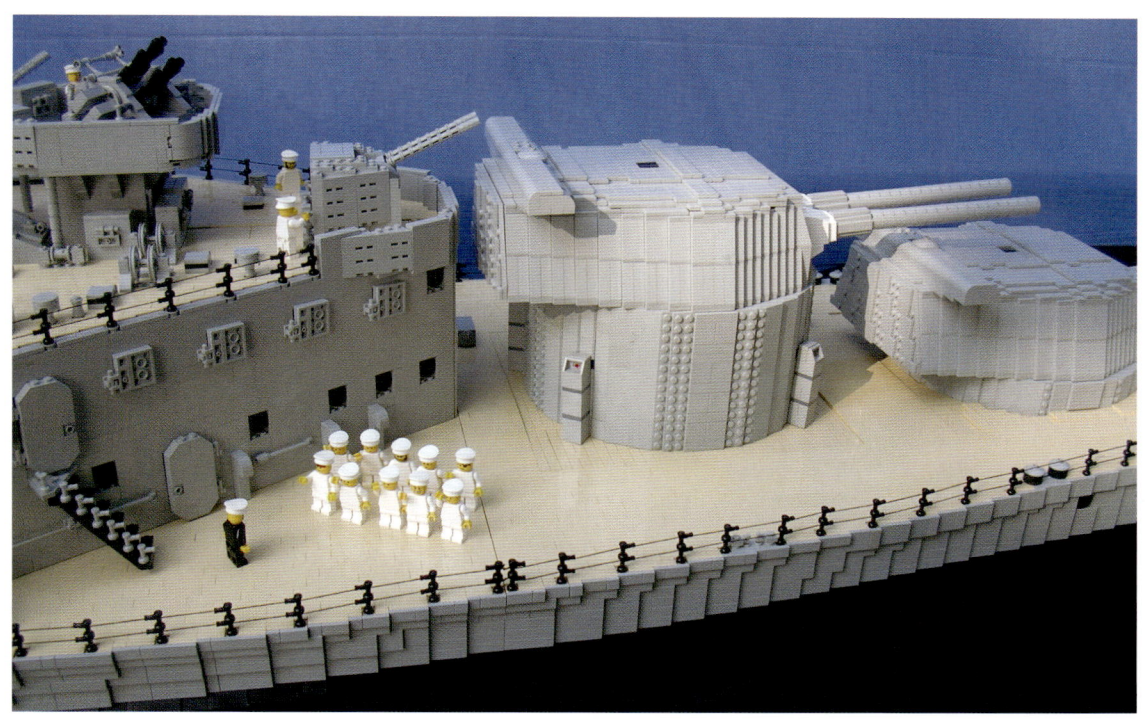

지금까지 레고 미니피겨가 팬들에게 얼마나 중요한지 알아봤다. 따라서 미니피겨를 실제 사람 크기라고 가정하고 모형을 제작하는 미니픽 스케일 모형이 그토록 많이 제작됐다는 것은 어찌 보면 당연한 일이다. 사실 레고그룹은 제품 모형 설계 시 미니피겨를 기준으로 스케일을 결정한다. 레고그룹의 레고 스페이스와 시티 같은 클래식 제품이 모두 이 미니픽 스케일이다.

미니픽 스케일은 모형 조립을 재미있고 쉽게 느끼도록 만드는 기본 장치라 할 수 있다. 그러나 어떤 때는 거실 전체를 차지할 정도로 엄청나게 큰 모형을 제작할 때도 쓴다. 4층짜리 건물을 미니픽 스케일로 제작한다고 하면 상당한 시간과 비용이 드는 작업이 될 것이다. 《스타 트렉》에 등장하는 스타십 엔터프라이즈호나 시어스타워를 미니픽 스케일로 만들었을 때의 어마어마한 너비와 규모를 상상해보라. 말 그대로 상상으로 끝날 수도 있다. 아직까지 그 어느 누구도 스타십 엔터프라이즈호와 시어즈 타워를 완전히 미니픽 스케일로 제작한 적이 없으니까. 유명한 건축 구조물을 축소 제작하려는 시도는 계속 있었다. 그러나 대부분 축약되거나 생략된 채로 재현됐다. 최종 완성 모형을 보면, 원래 구조물의 느낌은 살려냈지만 규모는 살리지 못했다.

그렇다면 정확히 미니픽 스케일이란 무엇인가? 미니피겨의 평균 키는 사람의 평균키가 180센티미터라고 가정했을 때 3.8센티미터로 줄인 것이다. 즉 1:44 비율을 뜻한다. 그래서 축소비율이 1:30에서 1:48 사이인 모형을 클래식 미니픽 스케일의 범주로 친다.

그러나 언제나 그랬듯이 여기에는 해석의 여지가 있다. 어떤 창작가는 클래식 스케일로 1:30 비율을 고수하지만 거대한 구조물을 제작할 때는 이 비율을 안 지키기도 한다. 예를 들어 레고 보트 모형으로는 세계 최대로 알려진 말 호킹의 항공모함 모형인 해리 S. 트루먼 호는 1:68 비율로 축소해서 제작된 것으로 전투기 안에 미니피겨가 타고 있다.

어떤 미니픽 스케일 모형은 규모가 어마어마해서 엄청난 인내와 치밀한 계획을 요한다. 에드 디멘트의 HMS 후드호는 십만 개의 브릭이 사용되고, 자그마치 1만5천 달러가 들었으며 제작에 7개월이 걸렸다. 길이가 6미터에 육박하기 때문에 보관하려면 모형을 여러 개로 분리해야 할 정도다. 디멘트는 브라더스 브릭에서 "모두 네 개의 회전 포탑이 파워 평션[18] 모터로 회전하고 오르내린다. 앞으로 최소 2년은 가만히 놔둘 생각이다"라고 말했다.

제2차 세계대전의 전함은 분명히 대형 구조물이긴 하지만 그렇다고 (역사나 픽션에 등장한) 인간이 만든 구조물 가운데 최대는 아니다. 그러니 만리장성의 1:44 축소판이나 스타워즈에 나오는 데쓰 스타는 과연 얼마만큼 클지 궁금하다. 실제로 누가 직접 만들기 전까지는 알 수 없지만, 최소한 추측은 해볼 수 있다.

다음은 좀 엉뚱하긴 하지만 미니픽 스케일로 다음의 구조물을 제작한다고 했을 때 상상해볼 수 있는 크기다. 물론 누구도 만들지는 못할 것 같다.

엠파이어스테이트 빌딩
크기: 높이 1,470피트(448미터), 첨탑 안테나 길이 포함
미니픽 스케일: 높이 33피트(10.2미터)

스타십 엔터프라이즈 NCC-1701-D
크기: 길이 203피트(642미터), 너비 1,532피트(467미터), 폭 2,000피트(610미터) 규모의 접시 모양
미니픽 스케일: 길이 48피트(14.6미터), 너비 35피트(10.7미터)

바빌론 5 우주 스테이션[19]
크기: 길이 27,887피트(8,500 미터) 또는 5.25마일
미니픽 스케일: 길이 633피트(193미터)

래리 니븐의 링월드[20]
크기: 가장 좁은 곳의 너비만 997,000마일
미니픽 스케일: 농담은 이제 그만!

위 구조물 중에 한 가지라도 지으려면 브릭이 몇 개나 필요할까? 만일 디멘트가 제작한 후드처럼 단순한 전함 하나에 십만 개의 브릭이 필요했다면 이 말도 안 되게 큰 모형을 지으려면 도대체 필요한 브릭 수가 몇 개나 될까?

몇 개가 들어가든, 브릭이 많이 들어갔다고 좋은 구조물이라 할 수는 없다. 가장 크고 유명한 레고 모형으로 알려진 작품들이 대단한 건 브릭 수뿐만 아니라 디테일이 정교하게 살아있기 때문이다. 따지고 보면, 미니피겨와 미니픽 스케일에 대한 팬들의 집착은 이들의 최종 목표인, 최고의 모형 제작과 비교해보면 부차적인 문제다.

아이콘을 재현한 레고 작품

레고 팬 헨리 림이 레고로 하프시코드를 만들어야겠다고 생각했을 때, 그가 의도했던 건 단순히 똑같이 생긴 모형이 아니었다. 림은 실제로 연주가 가능한, 정말 어느 모로 보나, 진짜 하프시코드에 가까운 작품을 만들고 싶었다.

먼저 하프시코드의 기본구조를 설계해야 했다. UCLA의 음악도서관이 일터인 림은 갖가지 자료를 찾아가며 자신이 상상한 하프시코드 사이즈와 비율을 계산했다. 그러나 사실 거기까지는 쉬운 편에 속했다. 림은 레고로 제작될 하프시코드에서 실제 하프시코드 소리가 나길 원했다. 림은 인터뷰에서 "친구 로버트 포틸로와 의논했다. 악기 보존 전문가인 그 친구는 내가 사운드보드를 만들기 전에 각 음에 따른 현의 길이를 계산했다"고 밝혔다.

림이 제작한 레고 하프시코드는 무게가 약 68킬로그램에 약 10만 개의 레고 부품이 들어갔다. 하프시코드의 외양과 음향을 개선하기 위해서 레고 스터드가 밖으로 드러난 거의 대부분을 평평한 플레이트로 덮었다.

하프시코드 프로젝트는 건물이나 예술작품 또는 기타 문화유산처럼 유명한 상징물을 재현하고자 하는 레고 창작가들의 욕구를 실현한 대표적 사례 중 하나다. 비록 이들이 사용하고자 하는 표현수단이 '사실성'과는 거리가 먼 장난감 브릭이긴 하지만, 림 같은 사람들처럼 레고로 뭔가를 재현하려는 이들에게 사실성과 정확성은 모형 제작에 있어서 그 무엇보다도 중요하다.

어떤 창작가들은 레고 브릭으로 예술가의 창작품을 재현한다. 피카소에 헌정하기 위해 피카소의 명작들을 재현하기도 하고, 브릭과 미니피겨로 음반의 앨범자켓을 재현하기도 한다. 어떤 창작가들은 역사적으로 유명한 사건을 미니피겨를 써서 비네트 작품으로 재현하거나, 아주 작은 레고 부품으로 세밀한 지도를 만들기도 한다.

레고가 제품으로 출시한 영화 라이선스 제품에 대한 애정의 표시로 스타워즈에서부터 일부 극소수 팬들에게나 알려진 컬트 영화의 한 장면과 주인공을 레고로 재현하는 팬들도 있다. 그러나 이같은 창작가들이 다른 이들과 확연히 다른 점이 무엇을 어떻게 재현하느냐에 있다고 보긴 어렵다. 유명한 건물이나 탈 것을 재현한다는 사실보다도 자기들이 좋아하고 아끼는 플라스틱 브릭을 가지고 뭔가를 만들면서 즐거운 시간을 보낸다는 사실이 더 큰 의미를 갖기 때문이다.

■ 헨리 림의 레고로 만든 실물 크기의 하프시코드

레고 가이
칼

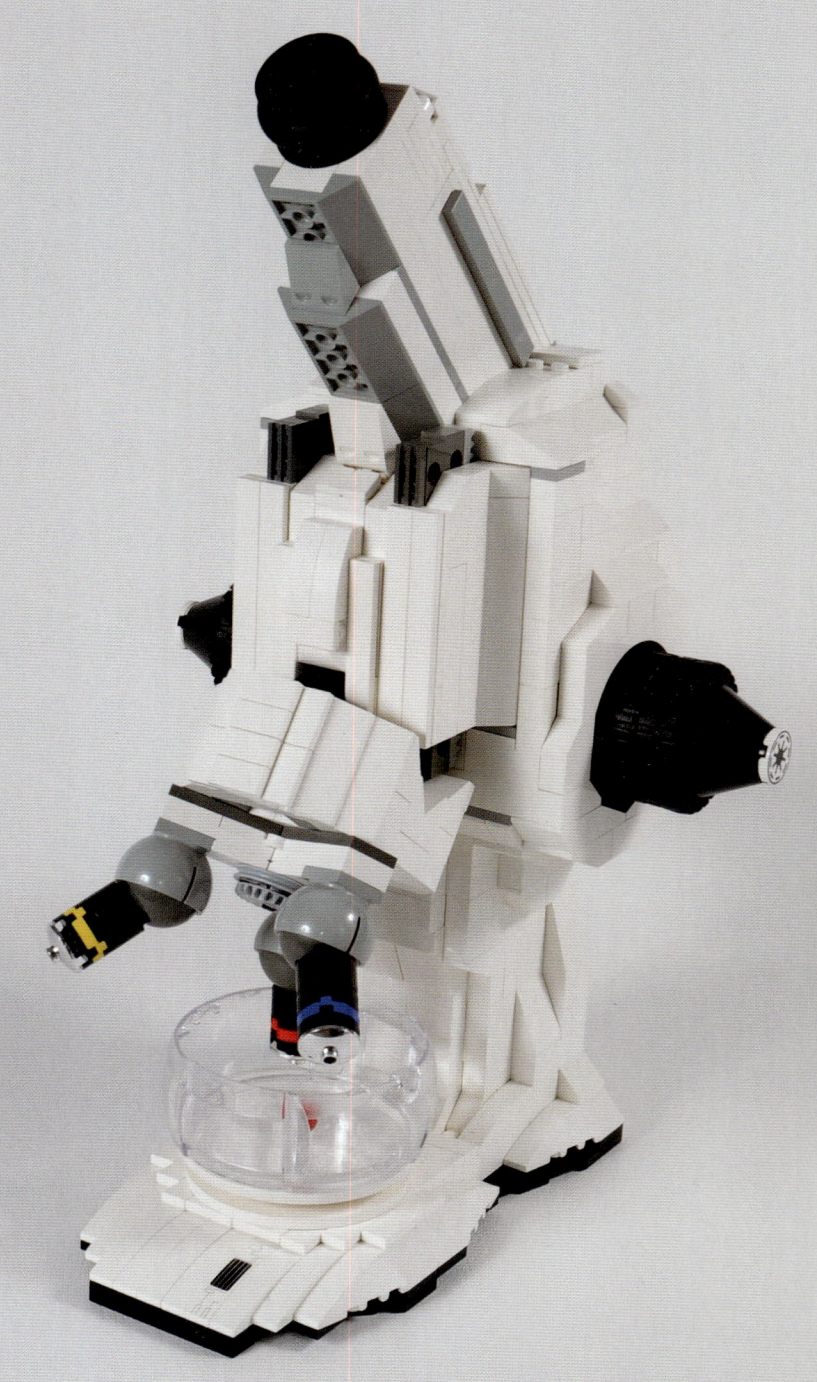

칼 메리암은 "내가 조립하기 좋아하는 모형들은 현실을 투영하는 사물이다"고 밝히면서 "내가 만든 걸 보고 사람들이 곧바로 레고로 만든 건지 못 알아볼 때 은근히 기분이 좋다. 한번은 내가 만든 작품을 전시하려고 준비 중이었는데 같이 일하던 친구가 뭔가를 적으려고 내 통에서 펜을 꺼내간 적이 있었다. 좀 이따가 그 친구가 돌아와 자기가 레고로 만든 펜을 진짜로 착각했다며, 멋쩍게 웃으며 돌아오더니 다시 레고로 만든 마커를 집어 들고 사라졌다"고 말했다.

메리암도 레고를 무척 아끼긴 하지만, 레고는 오리지널 대상의 진실성을 살리는 수단으로만 머문다. 메리암은 다음과 같이 말했다. "이미 사람들의 내면에 자리하고 있는 실제 삶을 드러낼 수 있는 사물을 재현하려고 하는 편이다. 그래서 목표는 언제나 상징물을 직접 참조해서 사실에 가깝게 만드는 데 있다. 일단 사람들이 보고 웃어넘기려다 다시금 진지하게 작품을 살펴 볼 수 있게 하는 게 필요하다. 관람객에게 그런 순간이 많이 생기면 생길수록 좋다."

보통 실제 사물을 재현하는 다른 창작가와 마찬가지로 메리암도 실제 작업에 들어가기 전에 철저하게 인터넷으로 재현 대상을 샅샅이 조사한다. "뭘 만들어야겠다고 결정하고 나면, 밥 먹을 때든, 운전할 때든, 일할 때든 언제고 만들고자 하는 대상물에 골몰한다"며, "정말로, 중요한 일을 하지 않을 때면 내가 만들려는 작품 생각만 한다. 단, 여기서 내가 말하는 '중요한 일'은 바로 레고로 조립할 때를 말한다."

메리암은 모형을 조립할 때 제일 어려운 부분부터 시작한다. "거기서부터 시행착오가 일어나고 힘들어 하고, 울기도 하며 좌절감도 맛본다"며 "스스로 만족할 때까지, 아니면 시간이 모자랄 때까지 같은 아이템을 세 번이고 다섯 번이고 만든다"고 말했다.

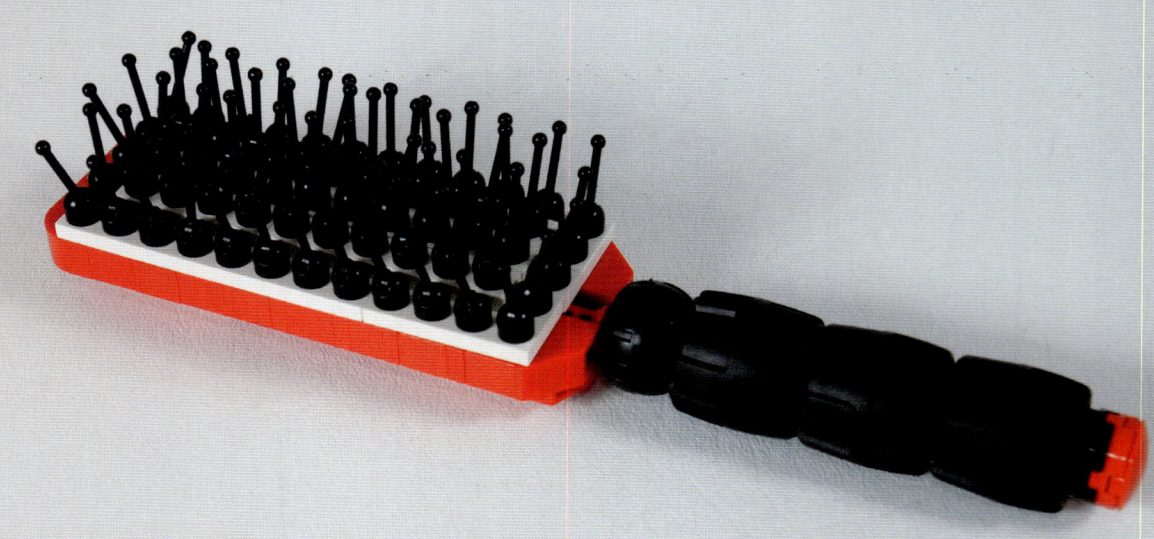

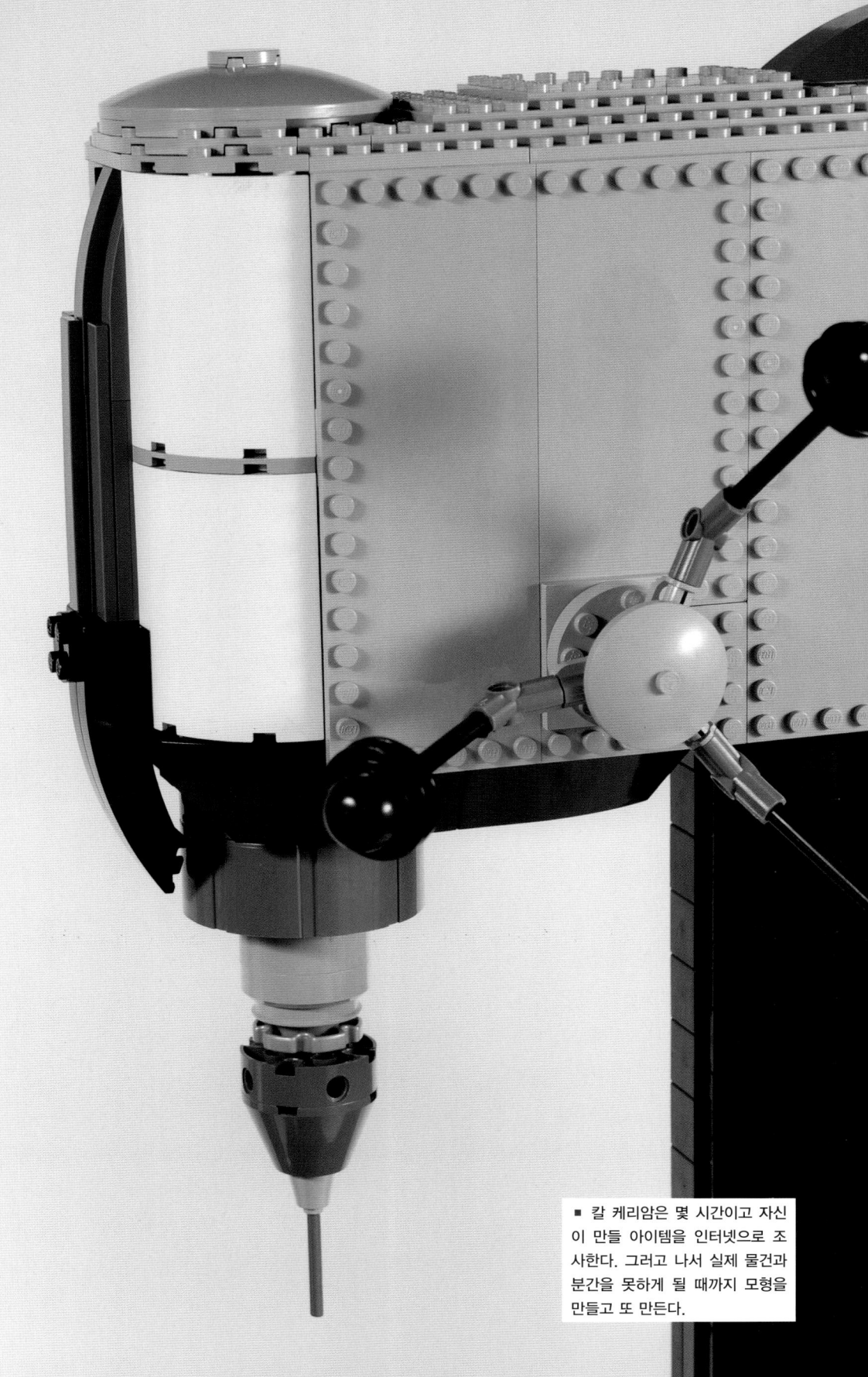

■ 칼 케리암은 몇 시간이고 자신이 만들 아이템을 인터넷으로 조사한다. 그리고 나서 실제 물건과 분간을 못하게 될 때까지 모형을 만들고 또 만든다.

건축물 재현하기

■ 션 케니는 양키 스타디움의 1:150 축소모형을 만드는 데 3년이 걸렸으며 들어간 브릭이 4만5천 개에 이른다. 이 스타디움에는 아주 작은 야구선수들과 팬들도 있다.

스스로 뭔가를 짓는 레고 창작가로서, 건축에 상당한 열정을 품고 있는 레고 팬이 많다. 때로는 이런 열정에 이끌려 시어스타워나 엠파이어스테이트 빌딩처럼 유명한 건물을 직접 재현하기에까지 이른다.

하지만 이들은 시작하자마자 자기들이 얼마나 어려운 프로젝트를 시작했는지 깨닫는다. 상상 속의 구조물을 만들 때는 아무도 비율이 잘못됐다거나 원래 건물과 어디가 다르다는 식의 트집을 잡을 수 없다. 비교 대상이 없기 때문이다. 그러나 유명한 구조물을 재현하려면 이런 세세한 비교 평가와 맞닥뜨리는 것은 거의 필연이다. 제 아무리 심혈을 기울여 모형을 설계해도 시각적으로 실제 구조물과 가장 비슷하게 만들려면 브릭 하나를 고르더라도 아주 신경 써서 세심하게 골라야 한다. 어려움의 절정은 돈 문제다. 언제든지 필요한 때 수천 개가 넘는 레고 브릭을 손에 넣으려면 항상 돈이 모자란다.

■ 아서 구직의 바위 사원 모형은 이 성지 특유의 분위기를 잘 살려냈다.

바위 사원

클리블랜드 고등학교 수학교사 아서 구직은 자신의 모형 조립방식을 수학 퍼즐에 비유한다. 구직은 "오로지 창의력과 상상력으로만 풀 수 있는 말도 안 되게 복잡한, 답이 없는 수학문제를 푸는 것과 같다"며 "3차원 형태의 원소로 이뤄진 유한집합이 주어지고 그걸 가지고 자기가 실제로 보고 있는 대상과 똑같이 만들어내야 하는 숙제가 주어진다"고 말했다.

그의 바위 사원 모형 작품에서 구직은 디테일을 세세하게 모두 포착하진 않았지만 본래 이 사원의 이슬람식 모자이크 양식에 담긴 어떤 정신세계를 잘 포착했다. 구직은 사원의 복잡한 모자이크를 다양한 색의 레고 브릭으로 층층이 쌓아서 구현했으며, 바깥쪽에 난 문 구멍을 통해서 안쪽의 색이 보이도록 신경을 썼다. 스노트SNOT라고 불리우는 조립기법을 활용하면서 심지어는 작품 표면을 매끄러운 부품으로 덮어서 스터드를 모두 감추었다.[1]

빌라 사보이

유명한 건축물을 재현하고자 하는 창작가들 중에는 책을 보다가 영감을 얻기도 하고 참고자료를 얻기도 한다. 크로아티아 출신의 건축학도 마티야 그르구리치는 르 코르뷔지에의 빌라 사보이를 모형으로 짓고 싶었다. 어느날 보게 된 르 코르뷔지에 작품집에 빌라 사보이에 대한 정보가 자세히 수록되어 있는 걸 알게 된 그는 이 정도면, 오리지널 건축물의 사이즈와 색상에 대한 자료가 충분해서, 이 유명한 건축물의 축소모형을 제작할 수 있겠다고 확신했다.

레고 팬 사이트인 목페이지스(www.mocpages.com)에 자신이 만든 작품사진을 올리면서 그르구리치는 문화적 상징물을 재현하는 작업이 왜 더욱 매력적인지 알게 됐다. 바로 사람들이 주목한다는 사실이었다. 그르구리치의 사진은 조회 수가 처음 몇 주만에 1만 회 이상을 기록했다. 레고 자체에는 크게 관심이 없는 사람들도 이 유명한 건물의 축소모형에는 아주 큰 관심을 보인 것이다.

■ 마티야 그르구리치는 르 코르뷔지에의 책에서 빌라 사보이를 보자마자 이 스위스 건축가의 작품을 레고로 만들어야겠다고 마음먹었다.

알랜 베드포드가 자신의 두 번째 CN 타워 모형 앞에서 포즈를 취하고 있다.

CN 타워

2003년 가을 알랜 베드포드는 토론토의 CN 타워를 레고 브릭으로 만들어 발표했다. 그의 최우선 목표는 오리지널에 최대한 가깝게 만드는 데 있었다. 그래서 그는 인터넷을 뒤져서 이 타워의 비율이나 크기 정보를 구했고 이와 똑같은 비율의 CN 타워를 만들었다. 이듬해 토론토에서 작품을 선보이자 사람들은 뜨거운 반응을 보였지만 정작 본인은 뭔가 마음에 들지 않았다. 실제 타워와는 모양은 똑같았지만 베드포드는 그게 마음에 안 들었던 거다. 그래서 다시 만들기 시작했다.

베드포드는 인터뷰에서 "다시 만들면서, 의식적으로 축소비율의 정확성에 절대로 연연해 하지 말자고 다짐했다"고 말했다. 대신에 실제 타워보다 아름답게 만드는 쪽으로 더 많은 공을 들였다. 현재 그의 CN 타워 모형은 높이가 약 10피트이고 5천 개의 브릭이 들어갔다. 이 작품은 토론토의 취미쇼와 2006 브릭월드 행사에 전시됐다.

평화의 조각: 레고로 만든 세계문화유산

대가라고 불러도 무방한 레고 창작가인 가즈요시 나오에의 '평화의 조각들' 전시회에서 그는 세계문화유산 26개를 레고로 재현했다. 여기에는 빅벤, 피사의 사탑, 콜로세움, 자유의 여신상이 포함되어 있다. 야후 재팬 키즈사이트와 레고그룹, 일본 대형 백화점 체인 파르코의 후원으로 열린 이 전시회는 국가들 간의 문화적 이해 증진에 힘을 쏟는 유엔 산하 기구인 유네스코를 위한 기금 모금 차원에서 열린 행사였다.

이 전시회는 2003년 일본 시부야에 있는 파르코 백화점에서 처음으로 열렸으며 이어서 일본 전역에 퍼져 있는 파르코 백화점 분점에서 여러 해에 걸쳐 순회전시를 개최했다. 2008년에 열린 두 번째 전시회는 일본의 열 개 도시를 돌며 일년 내내 관람객을 받았다. 평화의 조각들 전시가 세계적인 이목을 끌게 된 것은 처음 전시회를 개최한 후, 이 전시회의 공식 블로그 방문횟수가 8천만 회 이상을 기록하면서부터였다.

■ '평화의 조각들' 전시회에서는 아테네의 아크로폴리스, 이스터 섬의 조각상, 성 바실리 대성당을 배경으로 한 스와얌부나트 사원, 대 피라미드, 프랑스 몽셸미셸과 바르셀로나에 있는 사그라다 파밀리아 성당 등이 선보인다.

■ 아크로폴리스

■ 이스터 섬

■ 스와얌부나트 사원[2]

■ 대 피라미드[3]

■ 몽셸미셸 Mont Saint-Michel

■ **사그라다 파밀리아** Sagrada Familia

■ 기차의 일부에 지나지 않는 엔진까지도 거의 집착에 가까울 정도로 디테일을 살린 멋진 레딩 사의 기관차 모형

기차

레고 제품 카탈로그나 레고그룹의 홈페이지를 자세히 살펴보면 뭔가 빠져 있다. 바로 레고 기차다. 처음부터 기차 모형을 좋아하는 이용자를 위해 나온 제품군이 레고 기차 시리즈다. 하지만 가장 방대한 제품군인 도시 시리즈의 후미진 구석자리로 밀려나면서, 기차 시리즈가 자주 카탈로그에서 빠지게 되어 관심에서 멀어졌다.

그러나 이렇게 제품에 대한 홍보가 부족했음에도 불구하고 레고 기차를 사랑하는 팬들은 존재했다. 레고 기차 애호가들은 그들만의 남다른 관심도와 견해로 무장한 나머지, 레고 창작가들 가운데서도 유별난 하위 그룹에 속한다. 무엇보다도 정교함과 디테일에 집착한다는 점이 가장 큰 특징일 것이다. 레고 기차 창작가들은 일반 기차 모형 애호가들과 마찬가지로 진짜 같은 느낌을 가장 중요하게 여긴다. 레고의 팬 매거진 '레일브릭스' 편집자인 제라미 스펄전은 "기차 모형을 조립하기에 앞서 내가 가장 중요하게 여기는 부분이 바로 사실성이다. 각종 설계도와 도면을 최대한 수집해서 가장 정확한 비율로 모형을 만들고자 한다"고 말했다.

이 같은 정확성에 대한 집착 때문에 레고 기차팬들은 스스로를 난감한 상황에 빠뜨리곤 한다. 레고 애호가이기에 레고로 기차를 만들어야 하는데, 자신의 모형이 레고 스터드로 가득할 수밖에 없다는 현실 때문이다. '사실적인 정확성'을 가장 중요한게 여기는 입장에서 스터드로 덥힌 기차는 실제 모습과는 거리가 멀기에 레고 기차 창작가들은 진퇴양난에 빠진 격이라 할 수 있다. 레고 작품은 레고 이외의 부품을 사용해선 결코 안 된다는 레고 순혈주의자[4]인 이들에게 '사실적인 정확성'은 실로 괴로움 그 자체이다.

하지만 레고가 가져오는 한계를 극복하는 것도 레고 조립이 가져다주는 즐거움 중에 하나다. 때로는 기차의 외관을 좀더 사실적으로 표현하기 위해서 스노트 기법을 사용하거나 표면을 매끈한 부품으로 덮기도 한다. 레고로 조립한 기차 모형이 일반 기차 모형보다도 얼마나 사실에 가깝던지, 컨벤션에 온 사람들이 기차가 배치된 주변 레이아웃만 레고로 만들고 기차 자체는 S 게이지나 O 게이지[5] 기차 모형을 가져다 놨다고 착각할 정도다.

한편 해체할 수 있다는 점은 레고가 지닌 장점이기도 하다. 스필전은 "해체가 가능하다는 점은 정말 장점 중에 장점이다. 레고 창작가들은 자신의 실력이 늘거나, 새로운 기술을 접했다거나, 레고에서 새로운 부품이 나왔다고 하면 계속해서 만들었던 모형을 부수고 다시 조립해본다"고 말했다. 대부분의 경우, 쉽게 바꾸는 게 가능한 기차 주변 환경과 기차 모형으로 사실감이 부족한 레고의 약점을 보완하곤 한다.

    레고 기차팬들은 레고그룹이 제품군을 새롭게 디자인해서 내놓을 때마다 문제 상황에 놓인다. 레고그룹은 1966년에 처음으로 기차 시스템을 출시했다. 이때만 해도 독일의 기차 도이체 반을 모델로 한 12볼트 시리즈였다. 전통적인 기차 팬들까지도 레고 팬으로 흡수하는데 일조한 현실적인 전략이었다. 1980년, 레고그룹은 궤도 수정, 신호, 건널목 차단 문 등을 전기로 조절할 수 있도록 통제 시스템을 전면 개편했다. 그리고 1991년에는 가장 급격한 변화를 단행했다. 전통적인 모형 기차와 유사하게끔, 전압 체계를 9볼트로 바꾸고 선로에 금속 레일을 깔아 기차와 다른 전기 부품이 전원을 공급받을 수 있게 한 것이다.

    레고 기차팬들은 오랜 기간 기차 모형에만 몰두해온 전통을 중시하는 사람들이다. 그러니 거의 모든 것을 쏟아 부어 만든 엄청난 크기의 기차 레이아웃[6]과 호환되는 제품 생산이 중단된다고 했을 때 얼마나 실망스러울지는 상상하나마나다. 레고 모터와 제어기를 강제로 사용해야 하는 상황에서 레고 기차 창작가들은 표준이 다시 바뀔 때까지는 표준을 어쩔 수 없이 지켜야 하는 상황에 놓인다.

    이런 상황을 보여주는 가장 대표적인 최근 사례가 레고 기차 제품에 무선제어 전원공급시스템을 도입한 사례였다. 2006년 레고그룹은 선로를 통해 전기를

■ 제라미 스펄전의 산업용 기차 레이아웃은 둥근 곡식 저장고에서 선로 사이로 듬성듬성 올라온 잡초에 이르기까지 극도의 정교함과 디테일을 뽐내고 있다.

■ 북적거리는 도시보다 더 복잡한 게 있을까? 스펄전의 도시 레이아웃은 '도시'하면 떠올릴 사람들과 사물을 아주 잘 묘사했다. 여기에는 소방차, 자전거 타는 아이들, 교통순경, 그리고 기차가 포함된다.

공급하는 방식을 포기하고 대신 무선으로 조종하는 배터리 전원 방식으로 바꾸기로 결정했다. 스펄전은 "많은 성인 팬들이 9볼트 시스템에 많은 돈을 쏟아부었다"고 말했다. 결국 이 사람들은 새롭게 나온 기차 시리즈를 사기 위해 아끼던 기차 모형을 중고시장이나 인터넷장터에 내놓아야 할 것이다. 새롭게 출시된 기차 모형 세트는 기존의 레이아웃과는 호환도 되지 않을 터였다. 이게 한 기업이 충성 고객에게 할 짓인가? 레고그룹은 이길 수 없는 싸움에 휘말리게 됐다. 제품에 변화를 가져온 비즈니스 논리를 무시할 것인가, 아니면 수적으로 많지는 않지만 상대적으로 큰 목소리를 지닌 고객을 무시할 것인가. 이에 대해 스펄전은 "레고그룹이 이런 결정을 내린 것은 장난감 시장에서 지속적으로 경쟁력을 유지해야 했기 때문이다. 누가 내게 이들의 결정을 좋아하느냐라고 묻는다면, 내 대답은 '아니오'다. 그러나 레고그룹 입장에서 이해가 가는 결정"이라고 말했다.

　　이것을 계기로 레고그룹은 제품개발에 성인 팬들의 의견을 참고하게 됐다. 이후 레고그룹은 성인 기차 창작가의 핵심 인물들과 향후 출시될 제품에 대해 의견을 주고받으며 새 제품을 출시하기 전에 이들을 참여시켜 테스트하도록 했다. 스펄전은 "다음에 나올 기차 시리즈는 이들과 회사의 관계가 녹아든 결과물이 될 것이다. 향후에는 좋은 일들만 있으리라 믿는다"고 말했다.

레고로 재현한 명화

■ 아서 구직은 살바도르 달리의 〈기억의 지속The Persistence of Memory〉에 헌정하는 레고 작품에서 정사각형 플레이트 위에 원형 플레이트를 결합하는 방식으로 모자이크를 만들었다.

기차 창작가들이 지나간 시대의 산업 인프라를 충실히 재현하는 동안, 혼신의 힘을 다해 명화에만 집중하는 창작가도 있었다. 그럴 만도 하다. 피카소의 〈게르니카〉를 사랑한다면 나만의 게르니카를 레고로 못 만들 이유가 없지 않은가? 플라스틱 조각으로 재현해본들 원작에 담긴 작가의 천재성이 되살아날 리 만무하지만 적어도 포부와 의지가 있어야 시도할 수 있는 작업이다.

제대로만 한다면 결과물은 눈길을 제대로 끌 수 있다. 설령 레고 팬이 레고를 아끼는 정도까지는 아닐지라도 명작에 대해 문화적 이해가 있다면, 누구나 원작을 재현한 레고 작품의 예술적 기교만큼은 충분히 만끽할 수 있다. 그러나 이렇게 명화를 재현하는 것에 대해 그리 대수롭지 않게 여기는 레고 팬들도 일부 있다. 이들은 레고로 재현한 명화는 이미 대중의 사랑을 받고 있는 명작의 후광을 입는 것일 뿐 새롭고 독창적인 작품을 만든 건 아니라고 주장한다. 그렇지만 이런 회의론자들도 원작의 느낌을 되살리기 위해서는 특별한 기술이 필요하다는 사실만큼은 잘 안다.

이제부터 명작을 재현한 사례를 소개하겠다.

에셔의 착시현상

에셔는 수학자는 아니었지만 테슬레이션tesselations이라 불리는 기하학적 형태와 규칙적인 패턴에 천착한 인물이었다. 이 사람의 작품에 매료된 무수한 레고 팬 가운데 헨리 림은 에셔의 걸작 여러 점을 레고 브릭으로 재현했다. 심지어 홍콩과학박물관에서 에셔 특별전을 위해 림에게 레고 모형 제작을 의뢰했을 정도다.

대부분의 레고 모형은 미니픽 스케일로 제작된다. 미니픽 스케일은 미니피겨가 실제 사람 크기라는 가정 하에 만든 모형을 뜻한다. 그러나 림은 더 큰 축소비율로 모형을 제작하기로 했고, 이에 따라 미니피겨를 쓰는 대신 브릭으로 별도의 피겨를 만들어 작품에 배치했다. 어떤 면에서 미니피겨보다 따로 제작한 피겨를 통해 에셔 그림 속의 아무런 특징 없는 사람의 느낌을 더 잘 표현했다. 정체불명의 성별도 모호한 사람들이 림의 '상대성 이론' 속에 튜닉만 걸치고 등장해 있다. 도통 개성이라고는 눈 씻고도 찾아 볼 수 없으니, 오히려 미니피겨가 개성 있게 보일 정도다.

림이 가장 어려워했던 부분은 현실에 존재하지 않는 상황을 만들어내야 하는 부분이었다. 에셔처럼 착시 현상을 2차원의 평면에 그리는 것과 입체적인 3차원으로 만들어 내는 것은 완전히 달랐다. 예를 들어 에셔의 〈폭포〉 작품을 보자. 말이 폭포일 뿐이지, 물은 폭포가 시작되는 지점에 도달하기도 전에 송수로를 따라 지그재그로 거꾸로 흐른다. 림은 하는 수없이 관람객이 작품을 감상할 때 착시를 일으킬 수 있는 가장 좋은 위치에 작품을 배치함으로써 문제를 해결했다. 특정 각도에서 작품을 봤을 때, 생기는 착시현상을 노린 것이다. 그러나 박물관 관람객들은 이 작품을 중심으로 빙 돌아가면서 감상하기 때문에 착시현상의 비밀이 쉽게 간파된다.

■ 에셔의 〈상승과 하강 Ascending and descending〉을 표현한 작품이다. 건물의 상단을 무리 지어 가는 아무런 특징 없는 사람들의 모습은 오히려 미니피겨가 개성 있게 보이게 한다.

■ 헨리 림은 네덜란드 판화가 M.C.에셔의 가장 유명한 착시 현상을 재현한다. 에셔는 2차원적 평면에 그린 그림으로 보는 이들을 미궁에 빠뜨리는 호사를 누렸지만, 림은 불가능을 가능토록 하기 위해 시선의 각도에 의존해야 했다.

■ 이 이탈리아 대가에게 레고가 있었다면 그는 무엇을 만들었을까? 아마도, 여기 마르코 페체가 재현한 그의 명화들은 절대 아니었을 것이다.

레오나르도 다빈치의 명화

레오나르도 다빈치의 대표작 〈최후의 만찬〉과 〈모나리자〉는 너무나 친숙한 나머지 재현해보고 싶어하는 창작가가 없는 게 이상할 정도다. 마르코 페체의 작품은 다빈치의 두 작품을 재현한 것 중에서도 으뜸이다. 포토샵을 조금만 활용하고도, 거의 완벽하게 다빈치 명작의 느낌을 살려냈다.

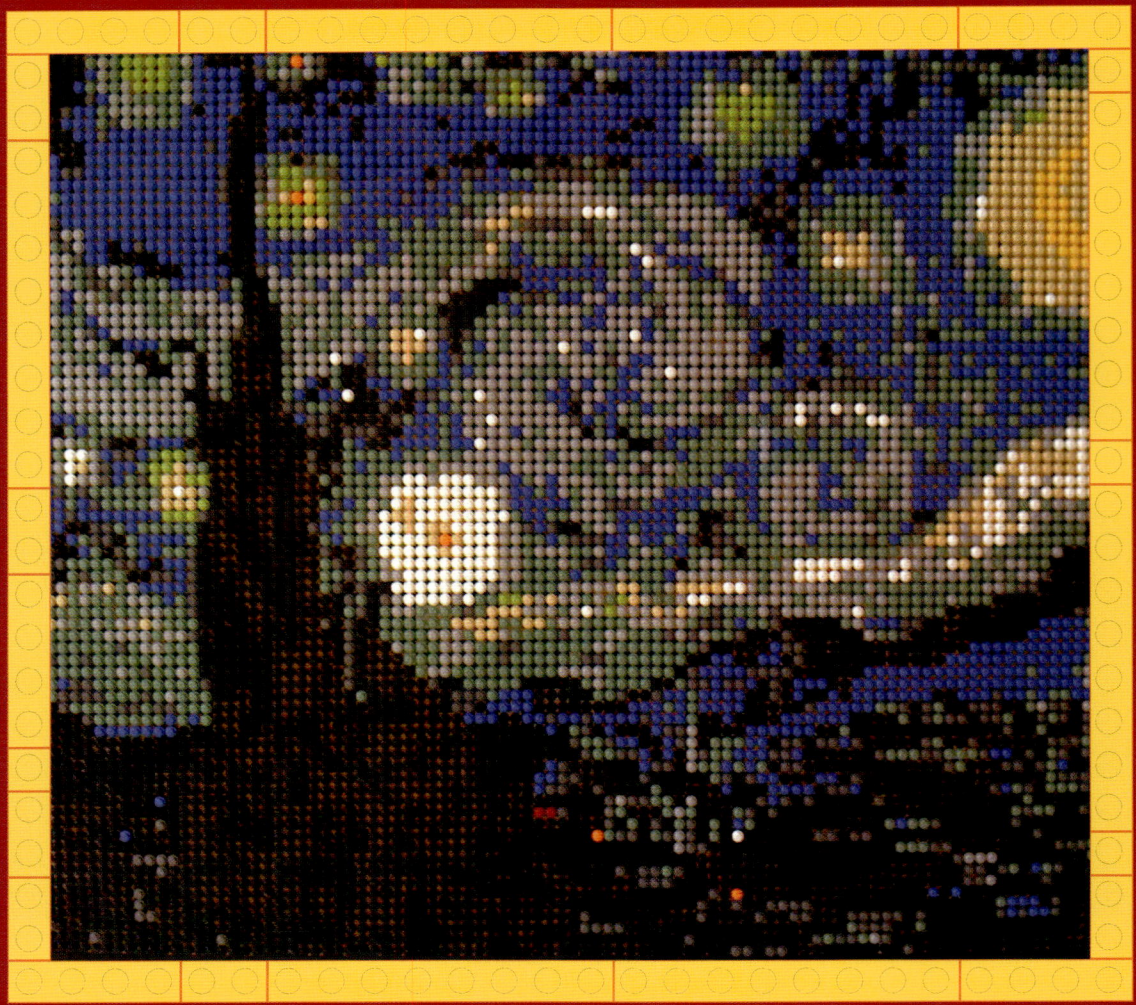

■ 아서 구직의 〈별이 빛나는 밤〉 모자이크는 색을 섬세하게 사용하여 작품에 깊이를 더했다.

고흐의 별이 빛나는 밤

반 고흐는 누구와도 비할 데 없는 색을 구사하여 역사에 이름을 남겼다. 레고 창작가 아서 구직은 반 고흐의 명작을 재현하면서 정사각형의 플레이트 위에 둥근 플레이트를 꽂는 방법으로 서로 다른 색깔이 둥근 플레이트 틈 사이로 드러나게 했다.

브릭 성서

무수히 많은 레고 팬들이 좋아하는 영화나 책의 한 장면을 레고로 만들긴 했지만 브랜든 포웰 스미스의 집념을 따라올 사람은 아무도 없다. 그의 프로젝트는 '브릭 성서'인데 스미스는 스스로 이것을 "세계에서 가장 크고 포괄적인 그림 성경"이라고 주장한다. 자칭 목사라는 스미스는 성서에 나오는 4백 개 이상의 이야기를 사진 3천 6백여 장의 도움을 받아 표현했다. 여기에다, 각 이야기마다 등장하는 장면 묘사는 레고 디오라마를 활용했다.

스미스는 성서에서 잘 알려진 카인과 아벨 이야기와 모세의 탄생과 같은 유명한 사건도 다뤘지만 사무엘 하 12장 26절에 나오는 요압이 랍바를 친 이야기처럼 일반인에게 잘 알려지지 않은 이야기들도 다뤘다. 그는 주로 구약성서에 나오는 이야기를 레고로 표현했지만, 상대적으로 신약성서의 이야기는 거의 만들지 않았다. 그러나 스미스는 지금도 계속해서 이 프로젝트를 진행하고 있다. 각각의 이야기들은 노출, 성

■ 스미스가 얼마나 적극적으로 레고 모형에 변형을 주는지 예수가 십자가를 지고 골고다 언덕을 오르는 장면 묘사를 보면 아주 분명히 알 수 있다. 여기서 예수의 팔은 일반적인 미니피겨의 팔이 아니며, 가시 면류관은 일반 고무줄을 썼다.

■ 옆에서 뱀이 지켜보는 가운데 무화과나무 잎으로 가리지 않은 아담과 이브가 선악과를 살펴보고 있다.

적 묘사, 비속어, 폭력에 따른 등급이 매겨져 있긴 하지만, 어디까지나 레고의 맥락에서 표현 수위를 지켰다. 가령 알몸 미니피겨는 여타의 미니피겨와 똑같지만 전체가 노란색이라는 것만 다르다거나 유혈이 낭자한 장면은 투명한 빨간 레고 부품을 피로 사용하여 표현했다.

스스로를 "고결한 심성을 지닌 신성모독 이단자"라고 소개하는 스미스는 실제로 목사가 아니다. 그럼에도 불구하고 성경학교와 교회로부터 작품을 성경공부에 활용하게 해달라는 요청을 2백 번이나 넘게 받았다. 스미스는 이들에게 상업적인 이윤을 추구할 목적으로 사용하는 게 아니면 이용해도 좋다고 허락했다. 그리고 상업적 요청에 대해서는 그의 온라인 쇼핑몰로 안내했다. 이곳에서는 브릭 성서 포스터, 책, 주문제작 레고 세트(http://www.thebricktestament.com) 등을 판매한다. 브릭 성경은 2011년 가을 스카이 홀스북스 출판사에서 출판했으며 여기에는 스미스의 구약성서 작품이 들어있다.

■ 성서 속의 전사가 적을 살육하고 있다. 작품에 노출, 성적 묘사, 폭력이나 비속어가 등장하면, 스미스는 사전에 경고한다(위쪽).

■ 판타지에나 나올 법한 상상력으로 그린 천사와 악마의 전쟁 장면. 대천사장 미카엘과 천사 군대가 용의 모양을 한 악마와 빨간 의상의 악마 추종자들과 싸우고 있다(아래쪽).

영감을 준 영화

■ 조 메노는 월-E 캐릭터의 생김새뿐만 아니라 캐릭터의 영혼까지도 성공적으로 포착했다.

레고 팬은 언제나 좋아하는 영화의 한 장면이나 영화에 등장하는 자동차를 만드는 데 열성적이었다. 이에 편승하여 레고그룹도 영화에서 영감을 받은 모형 시리즈를 내놓게 되면서 라이선스로 최근에 나왔거나 개봉한 지 좀 지난 영화 속의 극적인 장면을 재현하는 제품을 내놓았다.

월-E

브릭저널 발행자이자 이 책의 공동 저자인 조 메노는 3개월에 거쳐 자기만의 버전으로 애니메이션 캐릭터 월-E를 디자인했다. 모형 초안 디자인에 필요한 자료 수집에만 두 달 이상을 소요했으며 남은 3주는 최종 완성작이 나올 때까지 작품을 수정하는 데 보냈다. 원래 메노는 기능적으로는 모터가 달려 있어 무선 조종으로 움직이면서, 외양은 영화에 나오는 로봇과 똑같게 만드는 게 목표였다. 첫 번째 난관은 크기였다. 월-E의 크기를 어떻게 할 것인가?

메노는 이 캐릭터의 트레드 궤도부터 시작했다. 그가 최적이라 여긴 부품(레고 테크닉 동력 불도저 세트에 들어있는 트레드 궤도)을 가지고, 거기서부터 모형의 크기를 정해나갔다. 모형은 영화 월-E가 개봉하기 2주 전에야 완성됐다. 플리커에 올린 사진은 입소문을 타면서 큰 인기를 끌었고 브릭월드 레고 컨벤션에서 최고의 기계작품상을 수상했다. 메노의 월-E 모형은 디즈니랜드의 내셔널 판타지 컨벤션과 디즈니월드의 페스티벌 오브 마스터스에 전시되어 있다.

퀸 에일리언

제프 란조는 바이오니클 부품을 써서 1986년 영화 《에일리언》의 퀸 에일리언을 만들었다. 길이만 2피트가 넘는 이 아름다운 모형에서 란조는 디테일에 대한 집착을 버리고 이 영화에 등장하는 괴물의 특징을 주로 살려냈다. 란조는 레고 테크닉에 있는 둥근 기어를 에일리언의 이빨로 활용했다.

바이오니클 터미네이터

매트 암스트롱이 터미네이터를 만들게 된 계기를 들어보면 통상 어떻게 레고 창작가들이 영화 캐릭터를 재현하게 되는지 알 수 있다. 한마디로 처음에는 아무 생각없이 레고 부품으로 이것저것 만들다가 캐릭터를 재현하는 수준까지 가는 거다. 암스트롱은 "처음에는 레고 부품 몇 개를 가지고 손가락 비슷한 걸 만들기 시작했다. 그러다 그 다음에는 손, 그다음에는 손목, 그리고 나자 팔 하나가 만들어졌다. 이후, 다양한 로봇의 부속품 두어 가지를 만들고는 조립과 해체를 반복하고 난 후 터미네이터의 로봇 해골을 완성했다"고 설명했다. 암스트롱은 터미네이터에 딱 어울리는 레고 바이오니클 제품군에 들어있는 복잡하고 뾰족한 브릭을 사용했다. 레고 바이오니클 제품 시리즈는 거대한 무기와 맞서 싸우는 인공두뇌를 장착한 생명체가 특징이다.

■ 바이오니클의 독특한 스타일을 완벽하게 활용하여, 영화 터미네이터의 로봇을 재현해냈다.

■ H. R. 기거가 디자인한 그 유명한 에일리언을 재현하는 데 레고 바이오니클 시리즈보다 더 좋은 도구가 있을까?

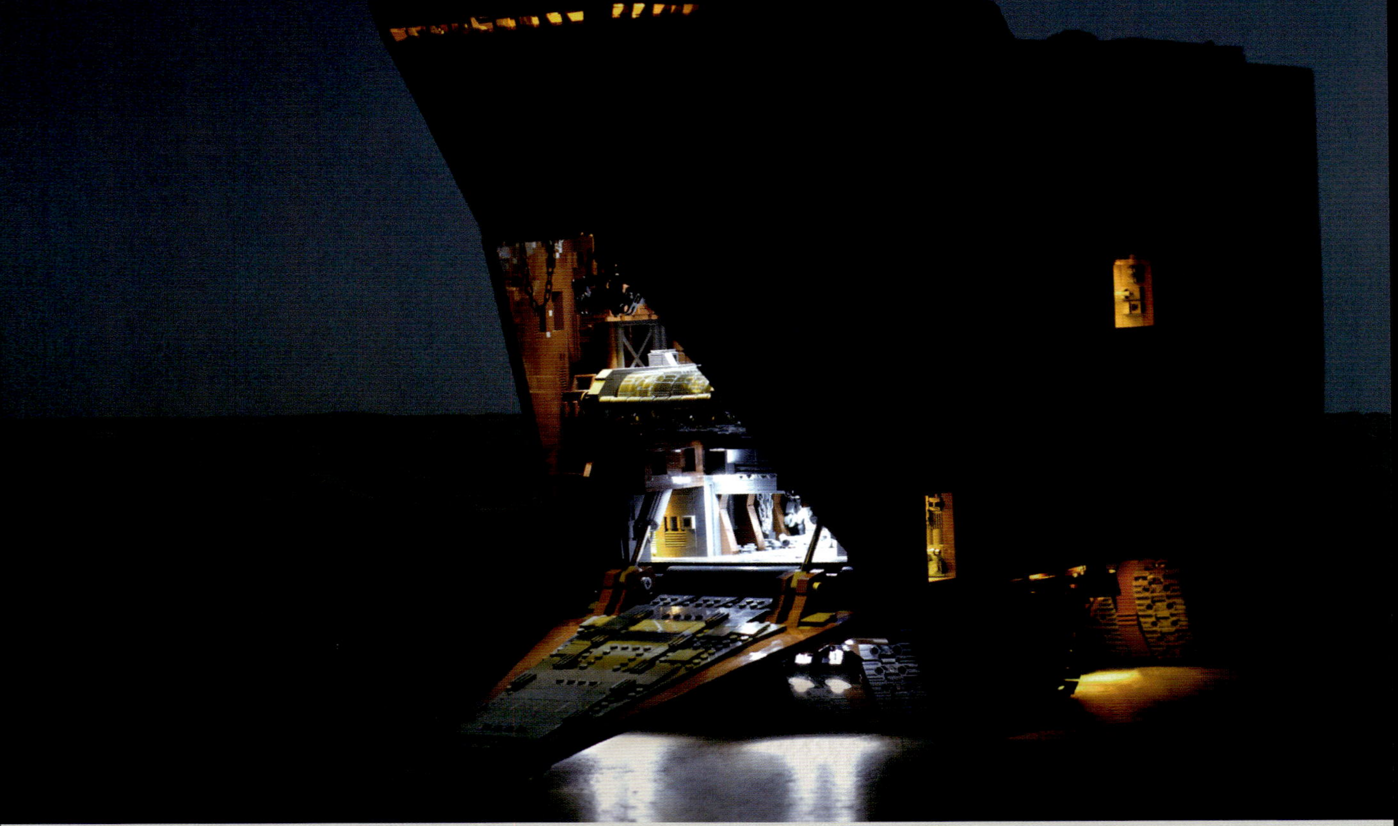

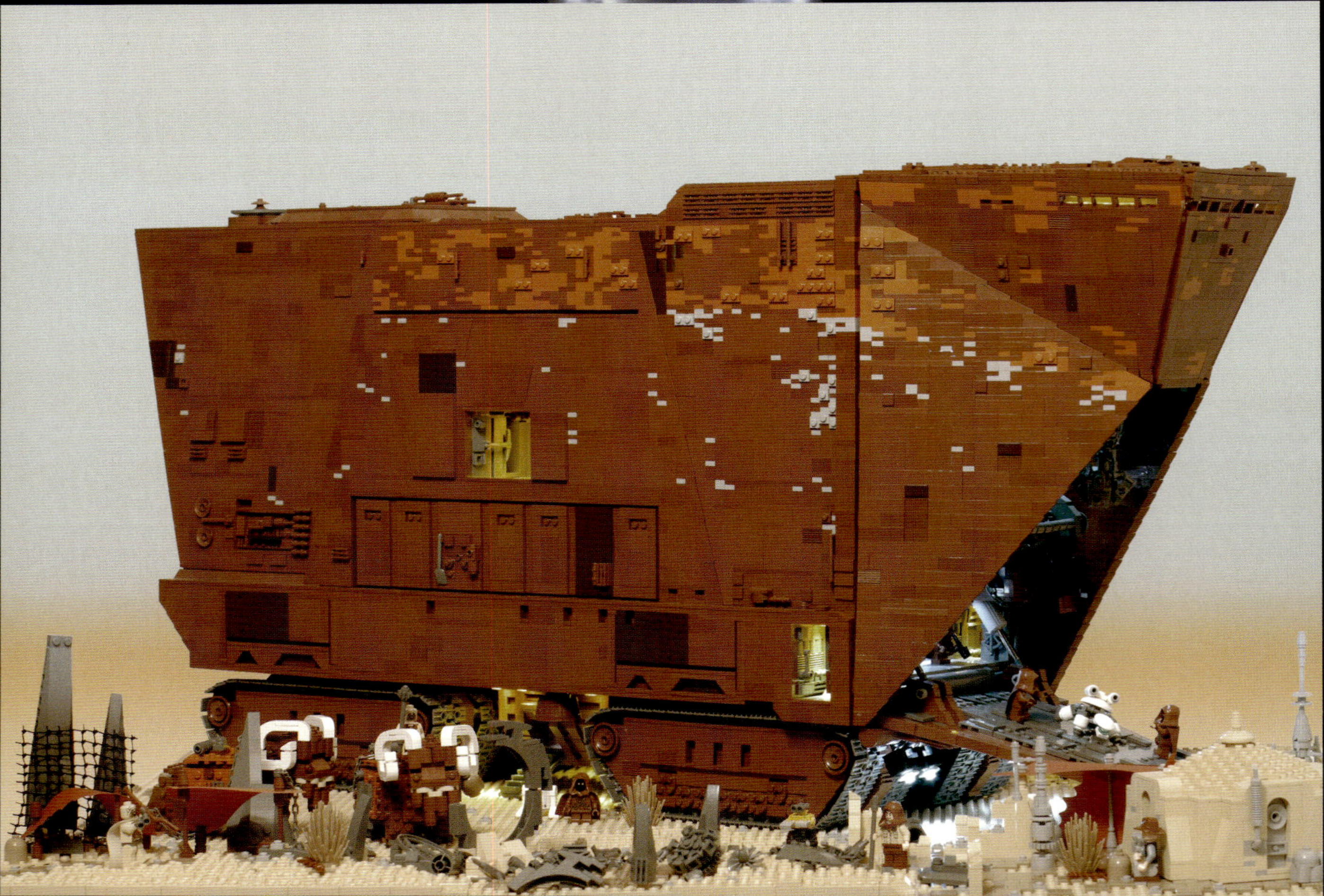

자와족[7]의 샌드크롤러

한스 츠하메르의 레고 샌드크롤러는 사용된 브릭 수만 1만여 개에 달하며, 리모콘으로 조종도 가능하다. 이 모형은 스타워즈 시리즈의 하나로 파워 펑션 모터와 배터리 팩, LED를 활용해 사실적으로 영화적 디테일을 살렸다. 내부는 3층짜리 미니픽 스케일 모형과 동력 크레인, 탱크 트레드 궤도와 아래위로 이동하는 경사로로 구성되어 있다. 상당히 복잡하고 섬세한 모형에 움직이는 컨베이어 벨트와 조명까지도 설치돼 있다.

보바 펫[8] 복장

사이먼 맥도널드가 입고 있는 특수전투복은 천으로 만든 점프 슈트와 장비에 부착한 벨크로만 빼고 모두 레고로 만들었다. 이 특수복은 스타워즈의 인기 캐릭터의 복장으로 한쪽 팔뚝에는 총이 장착돼 있어 총을 쏘면 테크닉 부품인 다트가 나간다. 그리고 다른 쪽 팔에 있는 빨간 LED는 레고 엑소포스EXO-FORCE 세트에서 가져온 것으로 레이저 불빛이 나온다. 맥도널드는 이와 유사하게 아주 디테일이 살아있는 다스베이더 의상을 만들기도 했다.

■ 사이먼 맥도널드는 만달로리안[9] 복장의 특징을 아주 잘 살려서 컨벤션에 온 사람들에게 깊은 인상을 남겼다.

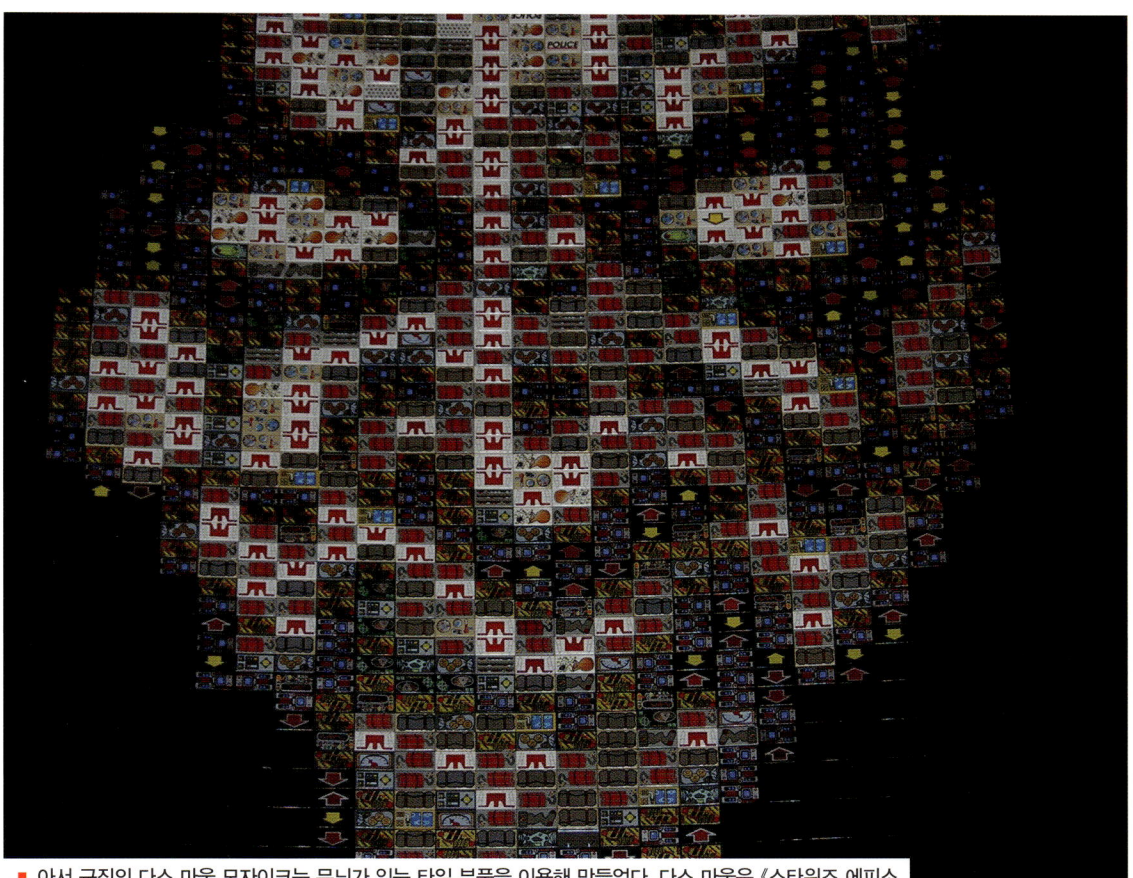

■ 아서 구직의 다스 마울 모자이크는 무늬가 있는 타일 부품을 이용해 만들었다. 다스 마울은 《스타워즈 에피소드 1: 보이지 않는 위험》(1999)에 등장하는 악당 캐릭터다.

스타워즈 다스 몰 모자이크

이 모자이크는 특정 레고 세트에만 들어있는 무늬가 미리 인쇄된 브릭을 사용해서 만든 아서의 작품으로 독특한 느낌을 준다. 이런 종류의 모자이크를 가장 먼저 만든 사람은 에릭 하쉬바거로 그의 작품 〈소녀Girl〉는 2004년 브릭페스트에서 상을 타기도 했다. 이런 모자이크 작업이 상당히 어려운 이유는 필요한 브릭을 충분히 갖추지 못하기 때문이다. 세트마다 무늬가 새겨진 브릭이 들어있어 봐야 두세 개인 현실에서 이런 작품은 만들고 싶어도 도전하기 힘들다. 그래서 모자이크 작품 제작에 필요한 브릭을 충분히 갖춘 구직 같은 창작가만이 이런 작품을 만들 수 있는 것이다.

구직의 작품은 레고로 잘 알려진 이미지를 재현하는 사람들이 무엇에 도전하는지를 잘 보여준다. 원작을 카메라로 찍어놓은 것처럼 똑같이 만드는 건 논외로 하자, 불가능하니까. 그러나 이들은 작은 플라스틱 브릭으로, 말로는 설명하기 어려운 느낌을 포착해냄으로써 창작가 자신의 전문성을 드러내고, 레고라는 장난감의 매력을 한층 돋보이게 하는 데 과감히 도전장을 내밀었다.

메카 고질라

브라이언 쿠퍼가 만든 고질라의 적수 메카 고질라는 단순히 로봇의 외관만 흉내낸 게 아니다. 메카 고질라만의 특징을 거의 대부분 살렸다. 이를테면 불이 켜지는 눈, 움직이는 턱, 회전하는 갈고리 모양의 발톱, 열면 대포가 나오는 가슴팍까지 똑같다.

캣우먼 모자이크

평면 작품을 만들 때의 장점으로 흔히 꼽는 브릭이 적게 들어간다거나 이동이나 전시가 쉽다는 등의 실용적인 측면을 넘어, 평면 작품은 미적인 측면에서도 아주 유리한 지점을 차지한다. 헨리 림은 《배트맨 리턴즈》의 캣우먼이 입고 나오는 광택이 나는 의상의 질감을 살리기 위해 1×1 사이즈 플레이트에서 2×8 사이즈 브릭에 이르기까지 다양한 부품 중에서 오로지 검정색과 회색 브릭만 사용해서 모자이크를 완성했다.

■ 브라이언 쿠퍼가 만든 메카 고질라는 악당 괴수에 부치는 찬가일 뿐만 아니라 쿠퍼 자신의 뛰어난 조립 실력을 유감없이 드러낸다.

■ 헨리 림은 1x1 사이즈 플레이트로 평면 광고사진 속의 캣우먼을 모자이크로 만들었다.

레고로 펼친 상상력

4장에서 소개한 레고 창작가들은 현실 세계에 존재하는 것을 정교하게 재현하는 데서 자부심을 찾는다. 따라서 재현한 작품의 완성도는 조립 기술과 원작에 얼마나 충실한지로 판가름 난다. 그러나 누군가의 상상 속에만 존재하는 것을 아름답게 만든 모형의 완성도는 무엇으로 판단할 수 있을까?

머릿속에 그린 것을 만들 때는 불가능이란 게 있을 수 없다. 자기가 상상한 것이 현실 세계에 존재하는 것일 필요도 없고, 실제로 구현 가능한 기술이어야 한다는 등의 부담을 가질 필요도 없다. 어떤 창작가는 영화를 보거나 그냥 대화를 나누다가 아니면 꿈꾸고 깨어난 뒤 퍼뜩 영감을 받기도 한다. 어떤 창작가는 음악을 틀어 놓고, 브릭을 수북히 쌓아 놓은 다음 잡히는 대로 뭔가를 만들기도 한다. 반대로 좀 더 체계적인 접근법을 취하는 창작가도 있다. 이들은 자기가 만들려는 여러 개의 차량들 밑그림을 하나하나 다 그리고 난 후에야 브릭을 끼우기 시작한다.

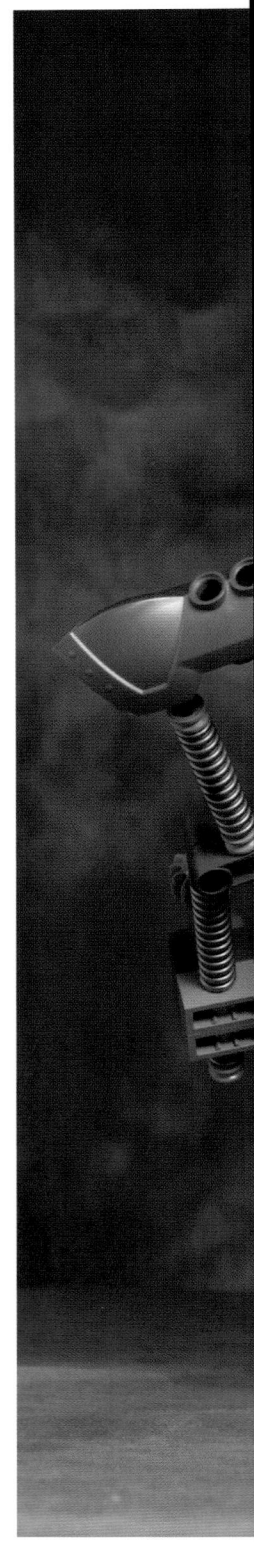

■ 가이 힘버의 〈진귀한 물건이 든 캐비닛Cabinet of Curiosities〉은 캐비닛 안에 특이한 자연물이나 희한한 물건을 수집했던 르네상스 시대의 전통을 일깨운다. (로봇으로 표현한 캐비닛은 제외하고!)

레고그룹이 상상력에
보내는 찬가

■ 케빈 페드의 작품인 악몽 모형은 분명히 상상력의 산물이다.

레고 시티 시리즈는 일상 현실에 대한 레고그룹의 찬가로도 볼 수 있다. 레고 시티는 주로 집, 소방차, 병원 같이 긍정적이고 건전한 이미지의 모형이 주를 이룬다. 그렇다고 해서 레고그룹이 판타지 테마를 외면한 것은 아니다. 레고 제품군 가운데 가장 인기를 끌며 장수한 시리즈가 바로 캐슬과 스페이스 시리즈다. 캐슬과 스페이스 시리즈는 판타지 장르의 대표적인 하위 장르로 각각의 시리즈가 주로 칼과 마법, SF 관련 테마를 다룬다. 캐슬 시리즈는 용, 마법, 요괴 같은 상상 속의 존재나 전설과 신화에서 차용한 이야기를 담는다. 반대로 스페이스 시리즈는 가상이긴 하지만 한편으로는 실현할 수도 있는 시나리오에 집중한다. 우리가 지금 다른 별을 여행하거나 외계인을 만나고, 화성에서 광물을 캐지는 못하지만, 언젠가는 그런 날이 올 수 있을 것이다.

이 두 가지 테마가 장수했다는 것 외에도, 캐슬과 스페이스 테마가 놀라운 점은 지난 수십 년간 관련 제품군들이 부침을 거듭하는 가운데에도 창작가들이 꾸준히 캐슬과 스페이스 테마의 전형이라 할 수 있는 모형을 조립했다는 데 있다.

캐슬

1978년 캐슬 시리즈가 출시됐다. 주된 테마는 유럽의 전설 아서 왕 이야기와 유사한 중세시대에 벌어지는 선과 악의 대결이다. 마법사와 왕, 나중에는 난쟁이들이 주인공인 한편, 사악한 해골, 흑기사, 트롤, 흑마술이 적수로 등장해 주인공들과 대적한다. 레고 시티와 마찬가지로 캐슬 시리즈도 캐릭터마다 따로 이름이 있는 경우가 거의 없다. 다만 우두머리로 보이는 캐릭터만 좀 남달라 보이는 부속품이 주어진다. 단연코 레고 캐슬에서 가장 중요하게 다뤄지는 것은 건축물과 운송수단으로 요새, 막사, 배, 성을 포위할 때 쓰는 도구들이다. 미니피겨보다 더 많은 관심을 받는다. 이런 상황이 말이 되는 이유는 창작가 입장에서 뭔가를 조립할 때 꼭 필요한 것은 건물이지 미니피겨가 아니기 때문이다.

캐슬 시리즈 가운데 '중세 마을'[1] 같은 세트가 가장 익숙하면서도 잘 알려진 제품으로, 시티와 캐슬을 잘 버무려놓은 듯한 인상을 준다. 레고 시티에서 전형적인 유럽식 삶의 편린을 소방차와 경찰서를 가지고 그렸듯이, 중세 마을 시장에서는 중세시대의 모습을 수레와 장사꾼, 집과 군인들로 넘실대는 시장이 들어선 광장으로 묘사한다. 그러나 이 제품들에서는 캐슬 테마에 흔히 있는 판타지적 요소가 눈을 씻고 봐도 없다. 트롤이나 주술사는 말할 것도 없고, 심지어 실제로 중세시대 마을광장을 그대로 옮겨 놓은 것처럼 보일 만큼 현실적이다.

■ 케빈 페드의 복잡한 〈캐러벨 성Castle Caravel〉 모형은 칼과 마법 같은 전통적인 판타지물 소재에 충실하다.

■ 브라이언 대로우는 1987년도 레고의 블랙트론 테마를 기반으로 〈블랙트론 정보기지〉를 만들었다. 이 작품에서 대로우는 미니피겨와 차량으로 가득한 도시를 그렸다.

스페이스

캐슬 시리즈를 발표하고 같은 해에 스페이스 시리즈가 출시됐다. 레고 스페이스는 언제나 사람들이 선호하는 공상과학적 측면을 다루는 제품이다. 초기 레고 스페이스 세트들은 단순하지만, 돔 구조물, 월면 차, 로켓 모형 같이 실제 우주 기지가 어떤 모습일지를 현실적으로 해석한 결과물을 제품으로 내놓았다. 어쩌면 스페이스가 나올 때만 하더라도 우주 탐사라는 소재 자체가 생소한 나머지 굳이 외계인이나 우주선 같은 허구적 요소를 넣을 필요성을 못 느꼈을 수도 있다. 레고 캐슬과 마찬가지로 상당수의 세트가 배경 시대만 다를 뿐 레고 시티와 같은 맥락의 제품군이라 분류될 만했다.

    1987년 레고그룹은 아주 조심스럽게 블랙트론을 내놓았다. 블랙트론은 레고 스페이스 세트 중에서 최고의 제품으로 선악의 경계가 모호하고 뭔가 사악한 기운이 감도는 외관을 가진 모형이다. 검은색 옷을 입은 우주인들이 이탈자를 뜻하는 레니게이드와 침략자라는 뜻의 인베이더라고 명명한 우주선을 조종한다. 제품이 나오자마자 팬들은 뜨거운 반응을 보였고, 스페이스 시리즈가 다른 테마의 제품으로

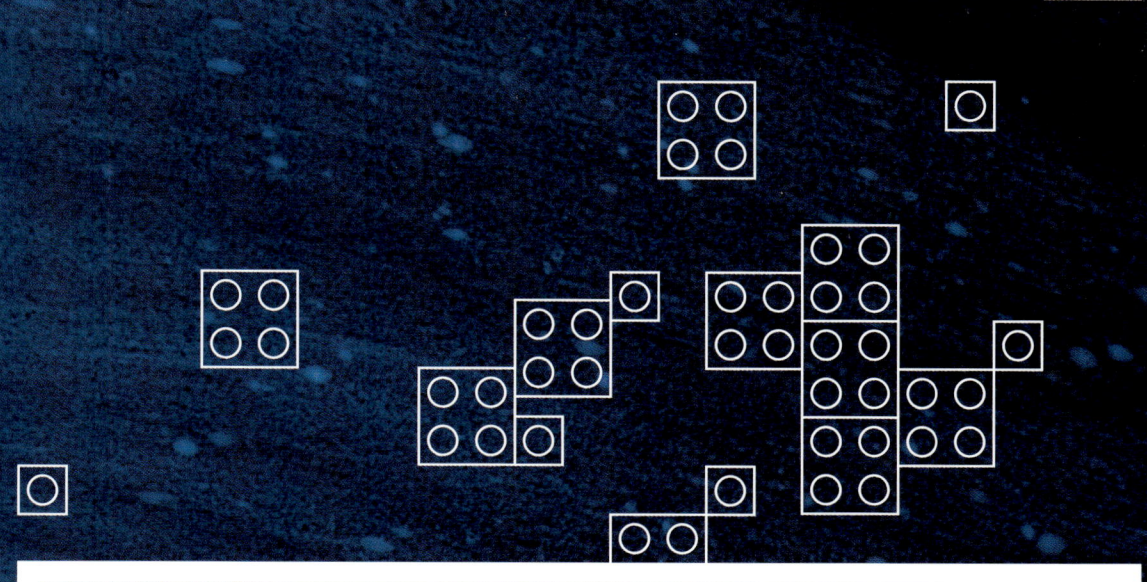

■ 화성탐사 시리즈의 갈고리 탱크Clawtank는 대형 레이저, 미사일, 생포한 외계인을 가둘 수 있는 관까지 갖추고 있다.

갈아탈 때조차도 팬들은 블랙트론만의 특징이라 할 검정과 노란색을 살린 모형을 만들었다. 그중 대표적인 작품이 브라이언 대로우의 〈블랙트론 정보기지 BLACTRON Intelligence Agency〉다.

레고 스페이스가 계속해서 진화하는 가운데, 외계인을 테마로 한 1997년도 UFO와 1998년도 인섹토이즈 INSECTOIDS 같은 좀 더 독특한 콘셉트의 제품이 전면에 배치됐다. 그동안 레고가 꾸준히 고집해오던 인간 중심의 테마들과 비교하자면 일탈에 가까웠다. 스페이스 시리즈는 스타워즈 시리즈가 출시되면서 생산이 중단됐다. 유사한 취향의 구매자를 놓고 비슷한 테마의 제품들끼리 경쟁하여 제살을 깎지 않을까 우려한 회사의 결정이었다. 2001년에 마지막으로 출시된 레고 스페이스 제품은 라이프 온 마스 LIFE ON MARS 세트로, 몇 년 뒤, 레고그룹이 다시 우주 테마 제품을 발표하게 되는 발판이 됐다.

2007년 출시된 화성탐사 MARS MISSION는 신규 제품군으로 화성을 주 무대로 했다는 점만 다를 뿐 스페이스와 상당히 비슷했다. 선한 광부 무리들(중무장을 하긴 했지만)이 화성 광석을 채취하던 중에 지구 외계인으로부터 침략당한다는 테마다. 레고그룹 마케팅 담당자는 레고 화성탐사 시리즈에 등장하는 광부가 올린 것처럼 꾸민 글을 블로그에 올렸다.

"많은 것이 바뀌었다. 이제는 수정을 채취하면서도 미지의 적과도 싸운다. 이들은 누구인가? 왜 우리처럼 생기지 않았는가? 아무래도 수정과 연루된 것 같다. 계속해서 그들은 끊임없이 우리가 채굴한 수정을 훔쳐가려고 한다. 그래서 우리 광부들은 더 힘겹고, 위험한 상황에 놓여있다!" 그리고 뒤이어 탱크와 레이저, 전투기를 동원한 전투가 뒤따른다. 이 광부들은 자기들의 터전을 지키는 화성인인가? 아니면 이들도 인간들처럼 다른 세계에서 온 침략자일까? 레고그룹이 이런 궁금증에 대해서 속 시원한 대답을 내놓지 않자, 팬들이 자유롭게 이야기를 엮어갔다.

화성탐사 시리즈에서 외계인과 인간들이 소유한 멋진 로켓과 사륜차, 비행기, 탐사 기지 같은 각종 세트를 발표했다. 이상하게도 인간들이 타고 온 주황색과 흰색의 우주선에는 외계인을 산 채로 잡아 가둘 수 있는 시험관도 있었다. 도대체 무엇 때문일까? 잡아서 세뇌라도 시킬 작정인가? 실험을 하려는 걸까? 가장 규모가 큰 기지 모형 세트에는 심지어 외계인을 연구할 수 있는 검사대까지 있다. 한편 검정과 녹색으로 이뤄진 외계인의 우주선에는 인간의 우주선에 있는 것과 비슷한 무기로 가득하며, 단순한 파괴 목적이 이들의 임무인지 아니면 도대체 뭔지, 완전히 수수께끼다.

화성탐사는 공식 스페이스 제품은 아니지만 스페이스와 유사한 테마와 그에 필요한 공상과학 요소를 담았다. 레고 스페이스는 2008년에 우주경찰 SPACE POLICE 테마로 공식 귀환했다. 우주경찰 테마는 우주여행이 보편화되면서 그와 관련한 범죄가 난무한 미래가 배경이다. 선과 악의 갈등 구조를 가지며, 무장한 우주경찰관이 하얀 우주선을 타고 검은 외계인 범죄자를 추격한다는 설정이다.

해적

화성탐사 시리즈에서 선악의 구분이 모호하긴 했지만 본래 레고그룹은 제품에서 선악의 구분을 명확히 하려는 편이다. 영웅은 절대, 기괴하게 묘사하지 않지만, 악당은 한눈에도 악당임을 알 수 있게 그린다.

  그러나 캐슬의 하위 시리즈인 해적PIRATES은 선악의 구분이 좀 모호해진다. 보통 규모가 있는 레고 세트에는 주인공이 있으면 그 주인공과 맞서는 적수가 있다. 가령, 경찰서에 경찰이 있으면 감옥에 범죄자가 있다. 인간 우주비행사가 있으면 이들을 괴롭히는 사악한 외계인이 있다. 그러나 해적 시리즈에는 사랑스럽긴 하지만 야비한 게 틀림없는 해적들이 크고 정교한 세트의 주인공이다. 그리고 이들의 불운한 적수는 유럽 식민지 시대 정부군으로 해적들을 부각시키는 역할 말고는 존재감이 희박하다.

  2009년에 출시된 대형 세트인 '브릭비어드 선장의 바운티호Brickbeard's Bounty'[2]의 포장 상자를 보면, 뱃머리에 설치한 처형대에 (제독의 딸이라고 불리는) 한 젊은 여인이 묶여 있다. 파도가 출렁이는 한 가운데 이 여인은 위태롭게 서있고, 그녀를 구하러 온 사람들이 현상금이든 궤짝을 놓고 해적들과 싸우고 있다. 재미있는 건 공식 레고 제품으로

■ 보물을 감추기 가장 좋은 곳은 최대 적수가 지키고 있는 감시대 밑이다! 이 해적 테마 모형은 케빈 페드가 제작한 것으로 직접 상상해서 만든 모형이다.

서는 처음으로 이 해적 세트에서 처형의 위협에 놓인 상황을 묘사했다는 사실이다.

  아마도 해적 시리즈의 인기와 해적이 주는 극명한 허구성 때문에 레고그룹이 그동안 분명하게 드러냈던 선악의 대결 구도에서 잠시 벗어난 듯 보인다. 누구나 해적을 좋아하긴 하지만, 젊은 여자가 강제로 죽을 위기에 처해 있다는 진부한 설정은 살짝 박진감을 빼앗는 옥의 티라 할 수 있다.

지하와 해저 세계

몇 년에 한 번씩 레고그룹은 지하 또는 해저 테마를 정성껏 세심하게 내놓지만 결국 오래가지 못하고 단명한다. 일단 지하나 해저 탐사라는 콘셉트만 놓고 봤을 때 시기상조란 생각은 들지 않는다. 잠수정, 반구형의 수중 도시와 해저 굴착기를 배치해 만들 수 있는 환상적인 모형들을 한번 떠올려보라. 지하나 해저 테마 세트에는 다른 레고 제품군에서는 찾아볼 수 없는 자이언트 드릴과 투명 거품 같은 특이한 부품이 자주 포함된다.

그러나 불행히도 이 지하와 해저 테마는 2년을 못 넘겼다. 한 가지 이유로 테마의 콘셉트가 공상과학도 아니고 현실 세계도 아닌 어중간한 위치에 있어서가 아닌가 싶다. 다시 말해서, 테마에서 등장하는 대부분의 기술은 상당히 그럴듯하며, 그저 조금 비현실적일 뿐이다. 하지만 어쩌면 빈약한 스토리텔링과 딱히 멋진 캐릭터가 부족하다는 점이 이 테마에 대한 매력을 반감시키는지도 모르겠다. 이유가 뭐가 됐든 레고그룹의 지하와 해저 테마는 별다른 재미를 보지 못했다. (이 책을 집필 중인 시점에서 레고그룹이 새로운 지하 테마인 파워 마이너 POWER MINERS와 해저 시리즈인 아틀란티스 ATLANTIS를 출시했다. 레고그룹이 땅속과 물밑 세계를 끝까지 포기할 생각이 없다는 걸 잘 보여준 셈이다.)

■ 레고그룹의 파워 마이너스 제품의 드릴 부품을 이용해 만든 모형

■ 정교하지만 사악해 보이는 절지동물은 휴머노이드 형태의 스타일을 피해간 일본 메카의 전형을 보여준다.

메카

레고가 자동차 모형 제품을 판매한 이후 팬들은 보통 소방차나 경찰차 같이 주변에서 흔히 볼 수 있는 자동차 조립에 열을 올렸다. 그러나 창작가들은 언제나 메카mecha같이 현실과는 거리가 먼 이상하게 생긴 거대 로봇을 만들었다. 메카는 대형 로봇으로 만화나 공상과학소설에 등장한다. 로봇이 너무나 커서 조종사가 그 로봇 안에 들어가 조종할 수 있다는 것을 상상해 보라. 흔히 사람들은 이 같은 메카 장르를 일본 영화와 텔레비전 애니메이션과 관계있다고 본다. 대표적으로 1985년에 나온 수입 어린이 만화영화 《볼트론Voltron》에는 십대 아이들이 조종하는 사자 로봇이 나온다.

레고그룹은 1990년대 말까지 대형 로봇 열풍에 편승해 메카를 테마로 한 로보라이더ROBORIDER와 스로우봇THROWBOT을 처음 출시했지만 1년만에 접었다. 그러나 그 뒤를 이은 바이오니클은 지난 십년간 가장 오랜 기간 사랑 받은 제품 가운데 하나가 됐다.

5 레고로 펼친 상상력 141

■ 거대 로봇이라고 해서 반드시 대형 모형에만 있으라는 법은 없다. 이 마이크로스케일의 메카는 최소한의 부품만 사용했지만, 상당한 디테일을 갖추고 있다.

■ 앤드류 서머스길의 엑소포스 리믹스는 로봇 군단의 부대원들을 보여준다.

■ 난난 장의 우아한 삼족 메카(삼족 로봇)는 작지만 섬세한 디테일을 자랑한다.

엑소포스

수많은 레고 제품의 테마처럼 엑소포스EXO-FORCE도 성공 요소란 요소는 완벽하게 갖춘 듯 보였다. 엑소포스에는 수퍼 로봇들과도 결합이 가능한 정교한 모형에, 세트마다 조명 부품이나 내부 기어박스, 탈착이 가능한 드론 같은 재미있는 소품이 들어있고, 미니피겨들은 원색의 머리를 부풀려 한껏 멋을 부렸으며, 저마다 이름과 배경 이력이 있었다. 소설, 만화, 단편 영화같이 모형을 뒷받침하는 콘텐츠도 있었다. 이런 점에서는 바이오니클과 상당히 비슷했다.

그러나 아무리 봐도 중요한 뭔가가 부족했다. 창작가마다 모형의 균형이 맞지 않아 넘어지기 쉬운 구조라 갖고 놀기도 어렵고 복잡한 구성품의 세트다 보니 가격도 부담스럽다고 불평했다. 결국 2008년에 이 시리즈는 갑작스레 생산이 중단됐다. 회사가 신제품에 공을 많이 들였다고 해서 제품이 반드시 성공하리라는 보장은 없다는 게 밝혀진 셈이다.

■ 엑소포스의 '하이브리드 구조 탱크'는 세 개의 차량으로 나뉜다. 맨 아래는 바닥에 밀착한 로버, 그 위의 회전 포탑에는 제트기, 마지막으로 탱크의 꼭대기에는 곤충을 닮은 드론이다.

■ 바이오니클의 독특한 부품과 다년간에 걸쳐 구성한 정교한 스토리 그리고 어떤 범주에도 속하기를 거부하는 스타일이 만나 시너지를 발휘하면서 성공을 거뒀다.

바이오니클

한편, 레고그룹의 다른 메카 시리즈인 바이오니클은 틈새 전략을 구사했다. 엑소포스와 비교해서 이 두 제품 시리즈는 자이언트 로봇이라는 점만 빼고 비슷한 구석이 거의 없다. 바이오니클의 로봇에는 상대적으로 간결하며 부품도 적게 들어간다. 미니피겨도 없다. 바이오니클에서는 주인공이 로봇이기 때문이다. 바이오니클의 주된 장점은 단순함에 있다. 조립하기 쉽고, H. R. 기거의 작품을 연상시키는 바이오 기계 같은 외관을 갖추고 있다는 게 전부다. 기거는 1979년 영화 《에일리언》에서 바로 그 에일리언을 디자인한 사람이다. 바이오니클의 로봇들은 형광으로 된 눈과 기괴할 정도로 큰 무기를 갖고 있지만 모형과 잘 분리되지 않아서 가지고 놀기 좋은 측면에서 보면, 일반 액션 피겨들과 수준이 비슷하다. 또한 바이오니클 세트에는 수집가적 본능을 자극하는 요소도 들어있다. 각 모형마다 해당 세트에만 들어있는 마스크 부품이 있어서 팬들이 제품을 산 후에 다른 팬들과 교환하도록 부추기는 측면이 있다.

바이오니클 스토리라인은 선과 악의 대결 구도다. 전쟁은 악의 화신 마쿠타가 우주를 지배하던 아주 먼 옛날로 거슬러 올라간다. 토아라는 이름의 용감한 로봇들이 마쿠타의 수하에 있는 무시무시한 일당과 전투를 벌인다. 매년 새로운 모형이 출시될 때마다 전설에 이야기가 새롭게 덧입혀지다보니 G.I. 조나 포켓몬 같은 다른 장난감 시리즈에 견줘도 될 만큼 구성이 복잡해졌다. 이제는 하도 이야기가 복잡하게 얽혀 바이오니클에 누가 등장했고, 퇴장했는지를 설명한 책이 있을 정도다. 복잡한 이야기 구성 때문에 도무지 갈피를 못 잡는 팬을 위해 그렉 팔슈티는 캐릭터, 지역, 줄거리 등을 수록한 바이오니클 백과사전을 썼다.

바이오니클 세트의 주된 소비층은 초등학생 남자 아이들이긴 하지만 꽤 유명한 바이오니클 창작가로 손꼽히는 브리엔 슬레지는 '브리에니클'로 불릴 만큼 바이오니클에 대한 애정이 넘치는 여성이다.

슬레지는 바이오니클의 스토리부터 각각의 모형에 이르기까지 바이오니클이면 뭐든지 좋아한다고 말한다. "출시되는 족족 바이오니클 신제품은 모조리 산다. 조립하면 질릴 때까지 가지고 논다. 일단 구입한 세트를 조립하고 실컷 놀고 나면, 해체한 후에 똑같은 모형을 더 작은 버전으로 다시 조립하고, 남은 부품은 부품 보관함에 따로 둔다. 바이오니클 부품들의 딱딱 끼워지는 조립 방식이 참 마음에 든다. 특히 구체 관절 부품이 있어서 좀 더 섬세한 표현과 다양한 자세가 가능한 피겨를 만들 수 있다"고 슬레지는 덧붙였다.

슬레지의 작품이 눈길을 끄는 이유는 그녀가 단순히 레고 공식 제품의 테두리에만 머물지 않는다는 데 있다. 슬레지는 바이오니클의 독특한 부품으로 완전히 새로운 모형을 창조해내는 데 활용한다. 대부분의 그녀 작품은 과장된 스파이크와 뾰족하게 날선 칼날, 갈고리와 기타 전투를 벌일 때 쓰이는 바이오니클 부품들을 써서 난폭하면서도 환상적인 인상을 준다. 슬레지의 〈쿠코라크 용〉 모형은 그녀의 조립 기술과 바이오니클 부품의 높은 활용도를 한꺼번에 드러낸 작품이다. 검정, 초록, 크롬 색으로 이뤄진 쿠코라크 용은 금속 갈고리와 송곳니, 정교하게 제작된 날개와 연결된 호스처럼 보이는 검은 힘줄이 위협적으로 보인다. 시스템 브릭만 가지고 이 같은 모형을 만들 수 있을까? 나는 아니라고 본다. 설령 레고 시스템 브릭으로 같은 용을 만들었다고 하더라도 슬레지가 만든 것처럼 뚜렷한 골격에 위압적인 인상을 똑같이 주지는 못했을 것 같다.

슬레지의 〈바이오닉 냉장고Bionic Fridge〉는 크롬 블레이드와 뼈 느낌이 나는 아이보리 색상의 돌출부로 복잡한 디테일을 정교하게 살린 악령에 사로잡힌 냉장고 문 모형이다. 노려보는 듯한 빨간색 눈이 냉장고 안의 음식을 훔치려들면 누구든지 가만두지 않겠다는 듯한 태세로 위협하고 있다.

슬레지는 바이오니클을 향해 무한한 애정을 쏟고 있을지 모르지만, 모든 레고 팬이 슬레지 같지만은 않다. 무엇보다도, 바이오니클이 만들어내는 위압적인 분위기를 불편하게 여기는 사람들도 있다. 물론 화성탐사 시리즈에서의 종족 갈등처럼 거의 모든 레고 세트에는 일정한 갈등 구조가 있다. 하지만 그렇더라도 각종 운송장비를 만들고, 기지를 세우는 모형이 주를 이룬다. 바이오니클은 이와 다르게 세트 구

■ 브리앤 슬레지가 바이오니클 부품으로 만든 모형이지만 본 제품인 자이언트 로봇을 거의 떠올리기 힘들다.

성품마다 로봇 전사 한 개와 칼, 도끼, 체인 톱, 미사일 발사기 같은 무기가 들어있다. 간혹 운송수단이 들어있기도 하지만 건물은 없으며, 전 제품이 토아와 마쿠타 사이의 전투를 중심으로 구성돼 있다.

일부 팬 중에는 바이오니클이 진정한 레고인지 의구심을 갖는 이도 있다. 바이오니클 부품과 시스템 브릭이 전혀 호환이 되지 않기 때문이다. 바이오니클을 구성하는 브릭은 사람들이 흔히 떠올리는 전통적인 스터드가 있는 시스템 브릭이 아니라 테크닉 핀을 사용한다. 덕분에 부품끼리의 연결성이 더욱 견고해져 무척 과감한 디자인을 시도해 볼 수 있긴 하지만 많은 창작가들이 바이오니클이 전통적인 레고 제품군과 멀어져도 너무 멀어졌다고 생각한다.

이들의 이같은 지적이 완전히 틀린 얘기는 아니지만, 브리엔 슬레지 같은 창작가들은 그저 새로운 창작의 단초일 뿐이라고 생각한다. 바이오니클의 스토리라인과 위압적인 모습이 다소 폭력적으로 보일지라도 다른 레고 창작과 마찬가지로 상상력을 자극하는 하나의 요소일 뿐이라는 것이다. 바이오니클 창작도 다른 창작품과 동일하게 온전히 상상력의 산물임을 알 수 있다.

■ 전형적인 브리앤 슬레지의 작품 〈핏 스컬지 Pit Scourge〉는 그녀만의 미적 감각을 잘 보여준다. 슬레지는 바이오니클 부품으로 기괴한 모형을 만드는 데 일가견이 있다.

■ 슬레지의 〈바이오닉 냉장고〉 모형은 바이오니클 창작품으로 꼭 괴물만 만들라는 법은 없다는 걸 보여준다. 괴물 같은 주방 가전도 가능하다.

바이오니클로 조립하기

■ 브리앤 슬레지가 자신의 바이오니클 모형을 선보이고 있다.

"모형을 만들 때면, 머릿속으로 만들고 싶은 모형의 밑그림부터 그리는 편이다. 아니면, 특정 색상으로 구사하고 싶은 조립 기법을 생각해본다. 그래서 부품은 색깔별로 찾기 쉽게 정리한다. 한번 조립을 시작하면 한두 시간 정도하고, 하다가 잘 되면 그 이상 시간을 보내기도 한다. 항상 머리부터 조립한다. 두개골이나 턱, 목을 움직이는 데 필요한 기본 골격을 만든 후에 이빨과 얼굴을 만든다. 그러고 나서 꼬리까지 이어지는 등뼈를 만들고, 빳빳한 등뼈를 상반신과 둔부 같이 단단한 부분과 고정시키고 구부리거나 펴야 하는 부분에는 어느 정도 여유를 주고 조립한다. 그 다음부터는 본격 조립에 들어가는데, 등뼈가 무게를 잘 버틸 수 있도록 구조를 잡아가는 한편, 전체적으로 비율이 맞도록 조립한다."

"장난감 수집가이자 취미가로서 액션 피겨 조립을 싫어할래야 싫어할 수가 없다. 커넥터나 리프트 암, 혹은 다른 부품과 검은색 핀/축이 새로 나오면 좋다. 물론 이미 검은색 핀/축은 나왔다. 비율을 맞추는 게 가장 어렵다. 바이오니클로 모형을 만들 때 비율을 제대로 맞추지 못하면 완전히 망한 거나 다름없다. 제아무리 정교하게 조립했다 하더라도 한눈에 알 수 있다."

"견고하고 적당한 비율로 기본 골격이 완성되면 몸통 조립을 시작한다. 몸통의 기본 색상 위에 주 색상과 포인트 색상을 입힌다. 그러면 모형의 질감이 더 풍부해지는데, 내가 특별히 좋아하는 과정이다. 아주 오래전부터 이렇게 여러 색깔을 써서 레이어를 주는 작업을 해왔지만, 바이오니클 작업을 제대로 하려면 정말 쉽지 않다."

"모형 하나하나를 완성할 때마다 새롭게 배우는 게 많다. 크게 만드는 것은 쉽지도 않을뿐더러, 학습곡선도 상당히 가파르다. 그중에는 여전히 내가 넘어야 할 곡선도 있다."

스팀펑크: 순수한 팬

■ 가이 힘버는 작품 〈코코넛 게 시계태엽장치Clockwork Coconut Crab〉에서 테크닉과 바이오니클의 갈고리 같은 의외의 부품을 써서 작품 외관에 자연스럽게 녹아들도록 완성했다.

■ 흉물스럽긴 하지만, 메카와 스팀펑크를 아주 잘 섞어 놓은 작품이다. 복잡한 디테일 때문에 이 작품이 다른 거인 로봇들보다 돋보인다.

스팀펑크Steampunk는 빅토리아 시대 감수성과 사이버펑크를 합쳐서 빚어낸 스타일로 순전히 팬들에 의해 만들어진 현상이다. 레고는 공식적으로 어떤 스팀펑크 세트도 생산하지 않는다.

쥘 베른이 1880년에 발표한 소설 『증기를 뿜는 집The Steam House』[3]에서 처음 증기로 움직이는 코끼리가 등장했다. H. G. 웰스의 작품 《우주전쟁War of the Worlds》에는 사악한 외계인이 걸어 다니는 우주선을 타고 다니는 장면이 나온다. 스팀펑크는 사변소설[4]의 하위장르로 빅토리안 과학시대물로도 알려져 있다. 그러나 빅토리안 과학시대는 실제로 역사에 존재하지 않는 허구, 즉 상상 속의 시대다. 이렇게 사변소설의 배경이 되는 빅토리안 과학시대는 기체연소 엔진이 없던 시대여서 증기력이 무척 발달했다는 대전제를 깔고 있다. 그래서 실크 모자 차림에 외알 안경을 걸친 19세기 신사가 증기로 움직이는 장치를 조종하며 다니는 장면이 등장한다. 이렇다 보니, 이런 장르의 신봉자들은 스팀콘 컨벤션과 '버닝 맨' 축제에 신 빅토리아 시대의 의상을 실제로 입고 참석하기도 한다.

레고 창작가이자 스팀펑크 팬이기도 한 가이 힘버는 다음과 같이 자신이 스팀펑크에 매료된 이유를 설명했다. "모든 제품이 대량 생산되고 모든 제품이 이케아에서 찍어낸 듯 보이는 현대사회에 비해 스팀펑크는 훨씬 다채롭다."

스팀펑크 테마를 조립하는 창작가들은, 팬들이 좋아하는 상상 속의 시대를 섬세하게 그려내는 것이 가장 어렵다고 한다. 창작가 대부분이 특정 색깔을 먼저 정한 후에 조립을 시작한다고 한다. 힘버는 "갈색, 적갈색, 다양한 톤의 회색, 엄청나게 많은 펄 느낌이 나는 금색과 은색을 쓴다"고 말했다. 그러나 어떤 부품을 고르냐도 중요하다고 한다. 힘버는 "듀플로와 테크닉, 바이오니클과 일반 브릭도 마음대로 쓴다. 다른 창작가들이 잘 쓰지 않거나 쓰레기 취급하는 부품을 활용해서 뭔가 재미난 것으로 탈바꿈시키는 것을 좋아한다"고 자신의 취향을 설명했다.

■ 거대한 총을 뽐내며 증기를 뿜으면서 굴러가는 외바퀴 이동체를 외알 안경을 쓴 신사가 조종하고 있다.

난로 연통과 시계, 계기판, 밸브 휠과 배기구는 기계장치에서 중요한 부품이다. 하지만 장식적인 부품 역시 중요하다. 대부분의 창작가들이 당초무늬 나무 장식과 광을 낸 놋쇠 장식을 표현하고 싶어한다.

다른 레고 모형 장르와 달리 스팀펑크는 공부가 좀 필요하다. 힘버 자신도 "거대한 게를 조립한다고 치면 먼저 관련 자료부터 찾는다. 그리고 실제로 조립하기 전에 포토샵으로 어떤 비율로 만들면 좋을지 그려본다"며 사전조사가 필수라고 말했다. 맞는 말이다. 빅토리아 시대에는 기계처럼 움직이는 게는 없었겠지만 창작가라면 건물이든 의상이든 다른 소품이든 간에 사실에 가깝게 만들고 싶어하기 마련이다.

스팀펑크가 어필할 수 있는 매력 중에 하나는 그 안에 있는 어떠한 이야기라도 레고로 표현 가능하다는 데 있다. 어떤 이들은 제2차 세계대전 추축국들을 빅토리아 시대 풍의 악당으로 묘사하기도 하고, 어떤 창작가는 유명한 영화를 비틀기도 한다. 그 중 오랜 사랑을 받은 〈스팀워즈SteamWars〉는 영화《스타워즈》와《스팀펑크》의 요소를 적절히 버무려 탄생했다. 증기를 뿜으며 개틀링 기관총[5]과 화약대포를 장착한 채 걸어가는 제국의 워커를 상상해 보라. 아니면 스타워즈의 X-Wing 파이터를, 프로펠러로 날아가는 복엽기로 바뀌었다고 생각해보라. 매트 암스트롱은 스팀펑크 밀레니엄 팔콘에서 스타워즈의 우주선을 화려한 흰색과 크롬으로 장식한 증기선으로 바꾸고, 바람에 부푼 돛과 포획한 상어를 가둔 그물로 장식을 더했다.

■ 스팀펑크보다 한발 더 나아간 것이 있다면 무엇일까? 스타워즈 스팀펑크다. 흰색과 크롬색의 밀레니엄 팔콘을 재현한 이 작품은 빅토리아 시대의 감수성을 뛰어넘는다.

아포칼레고

■ 폐허 가운데 중무장한 군인들이 남은 자원을 두고 싸우고 있다. 살육의 현장에서 무심한 듯 잔해 사이로 꽃이 자라고 있다.

스팀펑크도 좀 황당하긴 하지만 세기말은 한발 더 나갔다고 할 만하지 않을까? 종말론이 이렇게 들을 장 남감에서 자주 다루는 테마는 아니지만 레고로 세 기말을 그려보는 짓도 쉽게를 경험이라 하겠다. 아포칼레고 ApocalLEGO 창작가들은 는 도시를 배경으로 군인들도, 보이는 생존자가 가지만 나는 운명을 쫓주는, 미치광이, 좀비로부터 지키려고 사투를 벌이는 장면을 자주 묘사한다. 물론 이런 짐들을 만들기 전에 창작가들은 세기말이 어떤 모습일지 상상해야 할 것이다. 해 겨울이 불이 이 진 제3차 세계대전이 끝난 직후로 할까? 운석이 떨어져 중말이라고 가정해볼까? 아니면 대기근 때문에 여기서 디테일은 정말 중요하다. 무너져 내린 도로나, 포장도로 사이로 지대한 균열이 생긴 길 모두가 시간의 흐름을 아주 여유롭게 구경하고 있다는 의 세가 시가지를 아주 여유롭게 구경하고 있다는 듯 하는 식의 있는 듯 없는 듯한 디테일이 작품의 완성도를 높인다.

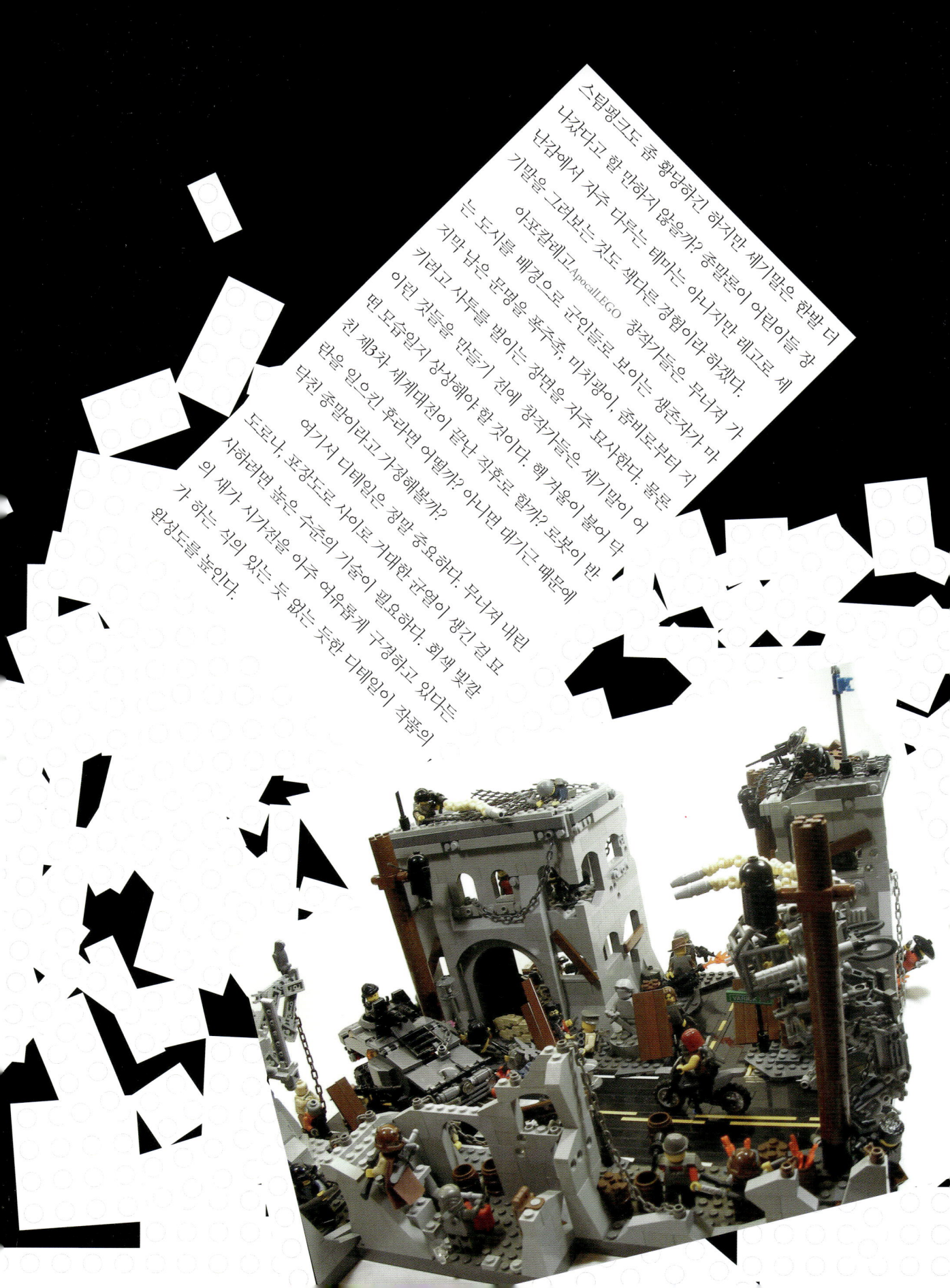

아포칼레고 창작가 가운데 잘 알려진 창작가인 케빈 페드는 17살 소년으로 온라인 레고 커뮤니티 사이트에서 '크림슨 울프Crimson Wolf'라는 별명으로 활동한다. 2008년 7월부터 자기 작품을 인터넷에 올리기 시작하면서 정교하고 복잡하면서도 아름다운 그의 작품이 빠르게 세상에 알려졌다.

"아무도 예상치 못한 디테일을 장면에 넣길 좋아한다. 사막 한가운데에 소화전을 놓는다거나 폭탄 때문에 움푹 패인 곳에 분홍색 꽃 한 송이가 피어있다는 식의 디테일이다"라고 페드가 말했다.

페드의 아포칼레고 모형 작품에 담긴 진지함과 독창성은 눈앞에 놓인 전투장면으로가 아닌 전혀 의외의 디테일을 통해 표현된다. 어떤 모형에서는 임시 풍력발전용 터빈과 태양전지판을 오래된 도로명 게시판과 쭈그러진 버스들 사이에 놓았다. 침입자들이 관심을 두지 않는 조각상과 아치 모양의 제방이 한때의 영광이 이곳에 아주 짧게 머물다 갔음을 말해준다. 한쪽에서는, 어떤 사람이 기폭장치 옆에 쭈그리고 앉아 부비트랩을 터뜨릴 기회만 노리고 있다.

지구의 마지막이 이런 종말론적 세기말이라면 이 작품이야 말로 최고의 상상력을 발휘한 게 틀림없다.

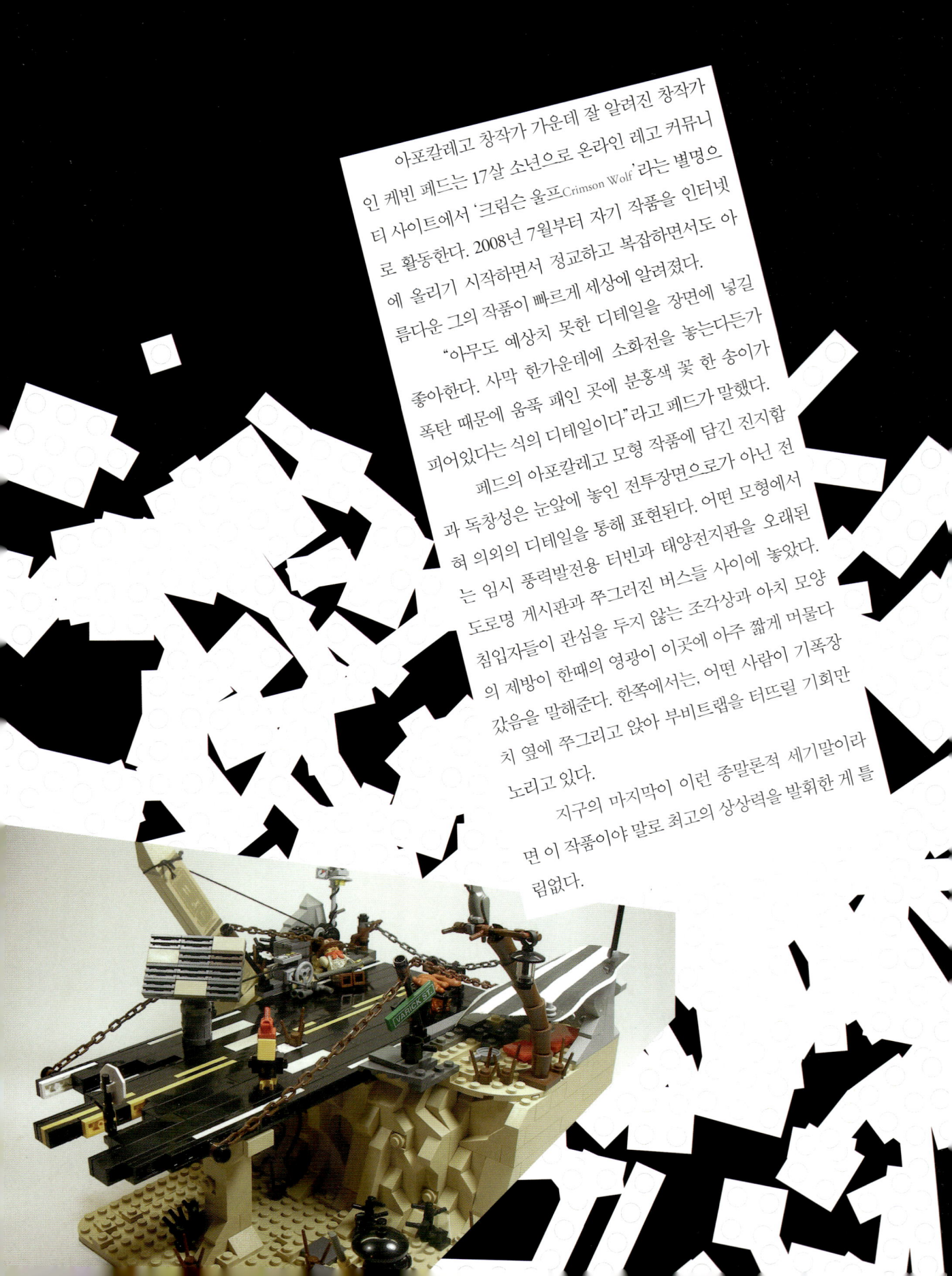

레고
아트

사람들은 예술의 경계를 규정하기 어려워한다. 마크 로스코의 추상화를 가만히 감상하던 관람객이 "이건 우리 애도 그릴 수 있겠다"고 중얼거리며 이런 그림을 박물관에 걸어 놔서 얻는 게 뭔지 고개를 갸우뚱거리는 모습을 생각해보라. 휘갈긴 낙서가 미술관에 전시될 만한 가치를 인정받는 시점은 언제인가? 한발 더 나아가 레고 브릭으로 조립한 모형이 예술 작품으로 분류될 수 있을까?

이런 질문에 곧바로 "아니다, 레고는 장난감일 뿐이다"라고 생각한 사람도 있을 것이다. 물론 레고 모형을 고흐의 유화나 무어의 조각상과 비교할 수는 없다. 레고는 잘 봐줘야 그저 '스피크 앤드 스펠'[1] 정도의 잘 만든 장난감이지 이걸 뛰어넘는 다른 뭔가가 될 수는 없다. 정말 그런가?

그러나 이런 인식에 변화가 일어나고 있다. 지난 십여 년 간 많은 예술가가 레고 아트LEGO art에 손을 대기 시작했다. 어떤 작가는 조각품의 소재로 브릭을 쓰기도 하고 레고 이미지를 전통적인 회화로 그리는 작가도 있다. 어쨌든 분명한 것은 레고가 박물관과 미술관에 예술 작품으로 등장하게 됐다는 것과, 당분간은 그런 흐름이 지속될 거라는 사실이다.

올라퍼 엘리아슨의 집단 프로젝트

■ 레고 브릭에 내재된 예술적 특성이 조립 결과물이 아닌 조립하는 행위에 있는 거라면 어떨까?

2005년, 설치미술가 올라퍼 엘리아슨이 알바니아 티라나를 방문했다. 그는 도시 광장 한가운데에 테이블을 여러 개 가져다 놓고 3톤 트럭 분량의 흰색 레고 브릭을 쌓아놨다. 그리고 10일 동안 행인들에게 같이 조립하자고 청했다. 이 프로젝트가 바로 엘리아슨이 지칭한 '집단 프로젝트Collectivity Project'였다.

알바니아는 유럽에서 두 번째로 가난한 나라로 50년 이상 지속된 사회주의 체제로 인해 서유럽 세계와 단절돼 있었다. 사회 기반시설은 낙후됐으며 정부의 부정부패가 만연했다. 알바니아는 돌파구가 절실했다.

엘리아슨은 자신의 예술적 입장을 밝히는 글에서 "공간에 기반한 프로세스를 통해서 자신의 생각을 정립하고 또 그렇게 공간적으로 생각할 수 있는 능력을 배양하는 것은 정체성을 깨닫고 확립하는 데 있어 중요하다"고 밝혔다. 그는 흰색 브릭이 티라나 시민들이 매일 겪는 일상을 나타낸다고 봤다. 그리고 흰색 브릭으로 만드는 모형은 그들이 원하는 사회와 그 사회에서 이들이 어떻게 적응할지를 시각화한 것이라고 봤다.

초등학생, 택시 기사, 연금 수급자들이 레고가 가득한 테이블 주변에 모여 뭔가를 만들고, 바꾸고 부수기도 했다. 엘리아슨은 동일한 글에서 "자신을 둘러싼 공간을 인식함으로써, 과거와 미래를 연결지어 생각하고, 자신이 처한 현실과 이상적 자아를 은유로 받아들이는 것이 가능해진다"고 밝힌다. 레고로 탑을 만들었다는 것은, 언젠가 누군가가 무너뜨릴 때까지만 이 탑이 존재한다는 걸 뜻한다. 또 옆 사람이 만든 것을 내가 무너뜨렸다는 것은 결국 그 사람이 무너진 것을 다시 세워야 함을 의미한다.

엘리아슨(2008년 작품 〈뉴욕 폭포NewYork Waterfalls〉와 2003년 런던 테이트 모던에 설치 〈날씨 프로젝트Weather Project〉로 호평 받음)은 환경 관련 작업을 주로 한다. 그의 작품을 보러 박물관에 간 사람은 실내에서 일몰과 넘치는 폭포수를 마주하는 독특한 경험을 한다. 엘리아슨은 관람객들이 단순히 작품을 관찰하는 데 그치지 않고 작품의 일부가 되어 예술적 과정을 인식하길 바란다. 집단 프로젝트에서는 사람들이 만든 레고 모형이 예술이 아니라 모형을 조립하는 행위 자체가 예술인 것이다.

6 레고 아트 159

예술이라고 누가 결정하는가?

레고가 미술관에 전시되면서 격한 반응을 보이며 레고는 예술작품이 될 수 없다고 주장할 이들도 분명 나올 것이다. 그러나 이번 장에 소개할 작가들은 그 같은 반응을 보인 이들과는 분명 다른 생각을 갖고 있는 사람들이다. 과연 누가 옳을까?

불행히도 속 시원히 답하기란 쉽지 않다. 예술에 대한 정의를 놓고 학자들 사이에서 수백 년 동안 이어진 논쟁은 지금도 현재진행형이다. 그러나 이론가들 사이에서 예술의 3요소를 형식, 내용, 맥락으로 정의하는 데까지는 가까스로 의견 일치를 봤다. 레고 팬이자 미네소타대학 철학과 교수이기도 한 로이 쿡은 자신의 에세이(http://www.twinlug.com/2009/02/commentary-lego-as-art)에서 예술의 정의를 놓고 봤을 때 레고도 분명히 예술이라고 주장한다. 그는 다음의 기준에 따라 왜 그런지 설명한다.

형식 Form: 쿡은 자신의 에세이에서 형식은 표현의 매개체와 그 매개체를 다루는 데 필요한 기술도 포함한다고 설명한다. 보통 한 작품이 예술로 인정받기 위해서는 반드시 완성도 높은 기술로 선보여야 한다. 그런 점에서 수많은 레고 작품에는 높은 수준의 기술이 발휘됐다. 기술적으로 다루기 어려운 여타 표현 매체가 그랬듯이, 레고 작품도 전형이라 할 만한 작품들이 계속 만들어질 것이다.

내용 Content: 내용은 작품이 진술하거나 작품 뒤에 숨은 메시지다. 설령 작품에서 드러내는 메시지가 너무 모호해서 작가 자신만이 온전히 이해한다 해도 작품이 내포한 메시지는 반드시 존재하기 마련이다. 한마디로 이렇게 요약할 수 있다. 원하기만 하면, 작가는 레고로 작가의 메시지를 진술할 수 있다.

맥락 Context: 작품이 놓인 문화와 예술적 전통을 말한다. 앤디 워홀의 〈캠벨 수프〉를 팝아트 영역 밖으로 끌어내면 예술이라고 하기 어렵다. 쿡이 자신의 에세이에서 지적했듯이 레고 주변에는 확립된 예술적 전통이 거의 없다. 당시에는 쓰레기 문학으로 폄하되었던 18세기의 소설과, 예술적 정당성을 인정받기 위해 지금도 공방을 벌이는 오늘날의 만화처럼 레고도 아직 예술적 정당성을 획득하지 못했을 뿐이다. 그렇다고 해서 레고가 예술작품이 될 수 없다는 건 아니다. 레고 작품을 예술 형태로 분별할 수 있는 형식 체계, 즉 레고 작품을 위치시킬 공인된 레고 아트 범주가 아직 없을 뿐이다.

더글라스 쿠플랜드, 시간과 레고를 사유하다

■ 2005년 전시회에서 더글라스 쿠플랜드는 현재와 미래의 교차지점을 탐색한다.

엘리아슨과 마찬가지로 작가이자 예술가인 더글라스 쿠플랜드도 레고를 단순한 조립 장난감 이상으로 생각한다. 문화적 아이콘이라는 지위 덕분에 레고 브릭은 상징성을 띤다. 2005년, 토론토 몬테클락미술관에서 열린 '나는 미래가 좋다 미래는 나를 좋아한다' 전시회에서 쿠플랜드는 여성스러운 우주복, 구릿빛 라면 면발 위에 놓여 있는 운석, 레고 스타워즈 모형을 전시했다.

쿠플랜드는 전시회에서 초현실적 미래주의를 색다르게 표현했다. 그의 작품 〈피스 크루저 Piss Cruiser〉는 호박琥珀 같은 덩어리 안에 레고 스타워즈의 X-Wing 전투기를 넣어놓고 "이 작품은 변질된 형태의 건축 공간이자 처음부터 존재하지 않았던 미래의 화석이다. 우리들의 미래에 대한 환상이자 시간과 공간, 우주에 대한 환상을 담은 스타워즈 시대의 서사적 위엄을 우리 후손을 위해 전시한다"라고 진술했다.

그러나 왜 쿠플랜드는 영화 속의 전형적인 스타워즈 전투기 이미지가 아니라 레고를 사용한 걸까? 아무래도 쿠플랜드는 건축의 매개 수단으로서 레고가 지닌 지위를 인정한 것 같다. 즉 레고를 우리의 환상적인 희망을 그려내기 위해 사용할 수 있는 표현 매개체로 인식했던 거다. 과거였다면, 이런 생각을 레고 대신 복고풍의 광선총이나 우주선을 활용해 표현했을런지도 모른다. 그러나 현재는 건축 설계에서도 그렇지만 관점이 많이 변하고 있다. 쿠플랜드는 우리가 생각하는 미래상을 레고 모형으로 보여주는 능력이 있다. 애들 방의 책장 선반 위에 있으면 일주일도 못가서 분해되고말 레고로 말이다.

AME72의 레고 그래피티

레고 이미지를 이미지의 맥락 바깥에서 바라보면 어떤 일이 생길까? 레고 상자에서 바로 꺼내 조립한 레고 모형은 분명히 예술이 아니다. 그러나 만일 똑같은 브릭을 대상물로 놓고 캔버스에 그림을 그리거나 진흙으로 어떤 모양을 만들어낸다면? 이를 예술이라 할 수 있을까?

사람들에게 레고가 무척 친숙하다는 점과, 누구라도 한 번쯤은 레고를 가지고 놀았던 때가 있다는 점에서 레고는 독특한 문화적 위치를 차지한다. 따라서 사람들은 저마다 레고를 보면서 어떤 이미지를 떠올린다.

레고 이미지를 자신의 작품에 끌어오는 작가 AME72는 텔아비브를 중심으로 활동하는 그래피티 작가다. 그의 작품이면 거리의 벽화든 일반 갤러리에 걸리는 그림이든 미니피겨가 전면에 등장한다.

실제 이름이 제이미 아메인 이 화가는 자기 자신을 미니피겨로 표현한다. 이 미니피겨는 손에 스프레이 페인트 캔을 꽉 움켜쥔 채 그림을 그리다가 즐거운 얼굴로 뒤를 돌아보고 있다. 친구들 사이에서 소위 '레고 가이'로 알려진 아메는 어린 시절의 순수함을 나타내기 위해 미니피겨를 작품에 등장시킨다. 아메에게 레고 미니피겨의 행복한 얼굴은 어린아이의 장난감이 지닌 천진난만을 일깨운다. 인터뷰에서 아메는 "어렸을 때는 밀린 집세를 내거나 실직을 걱정할 필요가 없었다. 내가 그리는 대부분의 레고 피겨들은 즐거움만 추구하는 아이의 내재된 본성을 나타낸다"고 밝혔다. 그의 이러한 피터팬적 감수성은 그의 그래피티와 아주 잘 맞는다.

- AME72와 같은 작가들에게 레고 브릭과 미니피겨는 오브제이자 상징이다.

에고 레오날드

■ 거인 미니피겨로 분한 에고 레오날드가 자신을 뉴욕이라는 문화적 맥락에 갖다 놓았다.

네덜란드 화가 에고 레오날드는 레고 미니피겨를 단순히 그리는 데 그치지 않는다. 스스로가 곧 미니피겨다. 실명과 이력을 비밀에 부친 채 베일에 싸인 이 작가는 자기가 가상세계에서 방문한 미니피겨 탐험가라고 주장하면서 정체를 밝히려는 의도로 던진 질문은 일절 무시한다.

그는 웹사이트에서 "내 이름은 에고 레오날드. 당신 말에 따르면 나는 가상세계에서 왔다. 내게 가상세계는 행복과 결속, 꽃과 풀이 만발한, 어떤 규칙도 제약도 없는, 그런 세상이다"라고 자신의 웹사이트에서 자기를 소개한다.

2007년 레오날드의 작품이 세계적으로 유명세를 탄 것은 "네가 진짜 너야 No Real Than You are"라는 도무지 알 수 없는 어구를 붙인 약 2.4미터 높이의 피겨 때문이었다. 네덜란드 잔드보르트 휴양지에서 물놀이를 즐기던 사람들이 해변가에 떠다니던 이 대형 피겨를 물 밖으로 건져내어 해변가 매점 앞에 세워놨다. 기자들은 이 알 수 없는 작품에 대해 몹시 흥분해서 기사를 써댔고 결국 해외 언론에까지 오르내렸다.

이 대형 피겨는 결국 레오날드 전시회가 열리는 암스테르담 미술관 문 밖에까지 서게 됐다. 자신을 피겨로 나타낸 그의 작품은 전 세계를 돌아다니며 사회적 위선과 모순에 도전한다. 주로 미국인을 테마로 한 그의 그림은 9/11 테러 이후의 미국인 정서를 심도 깊게 비판한다. 일례로 그의 작품 〈자랑Bragging〉에서는 전형적인 미국인을 상징하는 미니피겨를 허머2 자동차 앞에 세워놓고 가슴팍에 "사실을 얘기하는 건 자랑이 아니다"고 새겨 넣었다. 다른 작품에서는 타탄 체크 무늬 셔츠에 카우보이 모자를 눌러 쓴 미니피겨가 유정탑에 묶여 있다. 또 다른 그림에서는 뉴욕 경찰 미니피겨가 고분고분한 시민들을 향해 "다음 공표가 있을 때까지 여기서 기다리시오"라는 팻말을 치켜들고 있다.

그러는 동안, 여전히 대형 미니피겨는 기행을 멈추지 않는다. 2008년 10월 영국 브라이튼 해변가에 나타난 이 피겨는 네덜란드 잔드보르트에서 펼친 행적을 고스란히 반복했고 이후 런던 미술관 전시장에 나타났다.

에고 레오날드와의 인터뷰

작품 〈자만Conceit〉에서 카우보이 미니피겨를 유정탑에 묶어놨다. 왜 작품에 사람대신 레고 미니피겨를 그리는가?

예술작품은 일반인들이 어떻게 사고하고 어떻게 발맞춰 걸어가며, 또 어떻게 동일한 감정을 느끼는가에 대한 해석이다. 사람들이 자기들보다 작은 미니피겨를 가지고 노는 것은 불안하기 때문이다. 나는 사람들로부터 영감을 얻는다.

노란색으로 피부를 표현하고 성별의 구분이 모호한 레고 미니피겨에 대해 어떻게 생각하는가? 이런 식으로 인종과 성별을 초월할 수 있다고 보는가? 상당히 근래의 디자인을 보면 여자 미니피겨라는 걸 나타내려고 립스틱을 그려 넣고 실제 피부색에 가까운 색을 입힌다 이런 모든 시도가 본래 미니피겨의 보편성을 없애는 것은 아닐까?

노랑은 하나의 색깔일 뿐이다. 나는 사람들에게 그저 놀고 행복해지라고 말하고 다닌다.

대형 미니피겨가 떠다니다 해변에 출몰한 이벤트에 대해 좀 더 자세히 설명해달라. 그때 그 일 때문에 유럽에서는 온통 이 소식으로 난리가 났고, 그 정도까지는 아니었지만 전 세계적으로 큰 화제가 됐다. 도대체 왜 그런 이벤트를 벌인 건가? 홍보 목적인가? 아니면 일종의 행위 예술인가?

비밀이다.

그럼 그 대형 미니피겨의 셔츠에 적어 놓은 "네가 진짜 너야"라는 문구가 의미하는 바는 무엇인가?

가상세계에 사는 모든 이들에게 던지는 질문이다. 이 세상에 나타난 대형 레고 인간이 가상세계를 찾아간 사람과 다른가?

지금 그 대형 미니피겨는 어디 있는가?

현재, 네덜란드에 있다. 네덜란드 사람들은 정말 친절하고 상당히 개방적이다. 해외에서 많은 초청도 받는다. 아마도 올해 말쯤 다른 나라도 방문할 예정이다. 내가 던지는 메시지를 좀 더 강하게 전달하고 싶다면 제발 나를 일개 피겨로만 보진 말아주길 바란다.

네이션 사와야의 디 아트 오브 더 브릭

■ 사와야의 혁신적인 전시. 레고로 만든 예술작품 전시회로 최초는 아니었지만, 레고가 예술적 표현의 매개수단으로 확고히 자리매김하는 데 공헌했다.

쿠플랜드와 엘리아슨 같은 유명한 예술가들도 레고를 작품에 잘 융화시켜 반향을 일으켰지만 네이선 사와야처럼 레고를 예술적 표현의 매개체로 끝까지 밀고 간 사람은 없었다. 그는 랭커스터 미술관 측에 자신의 전시회 '디 아트 오브 더 브릭The Art of the Brick'을 열게 해달라고 설득했고, 랭커스터 미술관은 레고 작품만으로 전시회를 개최한 최초의 미술관이 됐다.

2007년에 4월 이 전시회가 처음 열린 이후 곧이어 일리노이와 위스콘신, 코네티컷과 플로리다에서도 전시회를 개최하겠다는 뜻을 밝혔다. 이 전시회는 이후로도 계속 쇼핑몰과 고층 빌딩 로비뿐만 아니라 현대 미술관과 갤러리에서 열렸다.

레고 공인 전문가LEGO Certifed Professional인 사와야는 전직 변호사 출신으로 돈 많은 고객의 주문을 받아 고객의 모습이나 고객이 생산하는 제품을 브릭으로 제작한다. 크리스크래프트Chris-Craft의 고속정을 절반 크기로 축소 제작하여 2005년 시애틀 보트쇼에 출품하기도 했고 캐리어 사의 에어컨을 제작하기도 했다. 2008년 미국의 대형 백화점 니만 마커스는 크리스마스 카탈로그에 사와야의 레고 조각품을 한 점당 6만 달러에 판매했다. 사와야의 작품은 심지어 방송 프로그램인 〈익스트림 메이크오버: 홈 에디션〉과 미국의 토크쇼 〈콜베르 리포트〉에도 출연했다.

'디 아트 오브 더 브릭' 전시회는 이 같은 상업성을 띤 프로젝트나 취미와는 완전히 다른 범주에 속한다. 브릭으로 만든 교량과 빌딩·건물 모형은 잊어버려라. 이 전시회의 작품은 초현실주의적 조각상이다. 아무런 특징도 없는 단조로운 인간상이 상자 밖으로 나오기 위해 몸부림치거나 이미 바닥을 뚫고 나왔다. 누구의 것인지 알 수 없는 염소만한 크기의 손, 모자이크 초상, 추상적인 기하학 모양의 작품이 전시되어 있다. 여기서 레고는 단순히 전시의 일부가 아니라 전시 그 자체다.

이 전시회를 일종의 상술로 보는 이들이 있을지 모르지만 레고가 진지한 예술적 도구로 사용될 수 있다는 사실까지는 부인하기 힘들 것이다. 몇몇 브릭 아티스트들이 화랑가에 진출하긴 했지만 그 누구도 사와야 같이 예술성과 호소력을 인정받진 못했다.

이번 장에서 소개한 모든 작가들은 레고가 보는 이로 하여금 작품에 강한 흥미를 느끼게 하는 문화적 호소력이 있음을 잘 알고 있다. "나는 좀 더 전통적인 표현 소재인 점토나 철끈을 작품에 이용했다"라고 사와야는 인터뷰에서 밝히면서, "그러나 나는 레고로 작업하는 걸 더 좋아한다. 레고로 만든 내 작품을 보며 사람들이 자기 자신과 작품을 연관짓기 때문이다. 집에 커다란 대리석판을 갖고 있는 사람은 흔치 않다. 반면 누구나 레고 브릭을 가지고 한 번쯤은 논 적이 있다. 따라서 사람들은 이 장난감과 자신을 결부시키고 이 장난감이 뭔가를 해낼 수 있다는 사실에 감동한다."

관객이 모네의 작품을 보면서 포착하는 작가의 재능은 결코 흉내 낼 수 없는 대상이지만 레고 브릭으로 지은 조각이나 모자이크를 보면서는 뭔가 자신도 할 수 있겠다고 생각한다. 머릿속에서 레고로 만든 작품을 분해할 수도 있고 각각의 브릭을 머릿속에서 시각화할 수도 있다. 사와야는 이런 관람객의 심리적 효과를 노리고 의도적으로 레고의 전통적인 시스템 브릭만 활용했으며 그 이외의 특수한 모양의 부

품은 거의 사용하지 않았다. 사와야는 관람객들이 미술관에 와서 어린 시절 가지고 놀던 익숙한 2×4 사이즈 브릭과 조우하길 원한다.

잠재의식을 표현한 작품

- 훌륭한 레고 모형이 예술이 되는 순간은 언제인가?

훌륭한 레고 모형이 예술이 되는 순간은 언제인가? 의학도 난난 장은 막스 에른스트나 살바도르 달리 수준의 초현실주의와 극도로 정교한 모형을 한데 혼합한다. 작품의 주제가 뭐냐는 질문을 받으면, 그는 자기가 가장 잘 아는 레고라는 표현 수단으로 나의 꿈과 생각을 마음껏 펼쳐놨다고 답한다. "내 작품은 생각을 표현하는 방법이자 감정의 배출구이며, 내가 보고 꿈꾼 이미지다"라고 브릭저널과의 인터뷰에서 말했다. 이어서 "초현실주의에서는 뭘 만들든지 자유다. 난해할수록 만족스럽게 보인다"고 했다.

장이 고통과 폭력을 어둡고 혼란스럽게 시각화시킨 작품은 마치 히에로니무스 보시Hieronymus Bosch의 그림에 등장하는 악몽을 브릭으로 재현한 것 같다. 장의 작품 〈꿈속에서의 절규Cry of Dreams〉는 미래의 회색도시에 얼굴 없는 휴머노이드들이 고통을 당하는 모습을 묘사했다. 어떤 피겨는 벼랑 끝에서 뛰어내리기 직전이고, 어떤 피겨는 붉은 전갈의 희생양이 되어 죽어가고 있다. 한편, 어디선가 갑자기 튀어나온 촉수가 피겨들을 또 다른 비극 속으로 끌고 들어간다. 작품 〈뒤틀림Distortion〉은 여러 개의 나선형 계단이 서로 복잡하게 맞물려 있는 작품이다. 생체 기계 촉수가 구조물 위를 맴돌고 있다.

장의 작품에는 너무나 많은 상징적 의미가 숨어 있어 모든 디테일을 잘게 잘라 분석해보고 싶을 정도다. 장은 스스로 자기 작품들이 저마다 지극히 내밀한 생각과 보편적인 이미지들을 섞은 결과물임을 인정하면서, 어떻게 분석하든 쉽지는 않을 것이라고 했다. 그러나 초현실주의적 테마를 차용하게 된 것은 정말 우연이었다고 했다. 브릭저널과의 인터뷰에서 장은 "첫 작품으로 초현실주의를 택한 것은 우연이었다. 솔직히 처음엔 계단을 만들려고 했던 거였고, 만들어 놓고 보니 여러 개의 계단이 마치 리본 같았다"고 털어놨다. 그렇게 시작된 모형은 소위 '블랙 판타지'라 명명한 새로운 창작 카테고리까지 만들어졌다. 블랙 판타지는 징그럽게 우글거리는 스파이더 로봇들이 떼 지어 다니는 모형을 일컫는 말로, 노려보는 듯한 주황색 눈만 빼고 전부 새카만 색깔인 게 특징이다.

어쩌면 장을 기성 작가로 인정하기엔 경력이 부족할지도 모르겠고 레고 자체가 유화처럼 예술적 표현 수단으로서 확고한 위치를 점하진 못했을 수도 있다. 그러나 완벽한 구조의 모형과 흠잡을 데 없는 사진은 독창적인 예술작품이라 부르기에 손색이 없다고 생각한다.

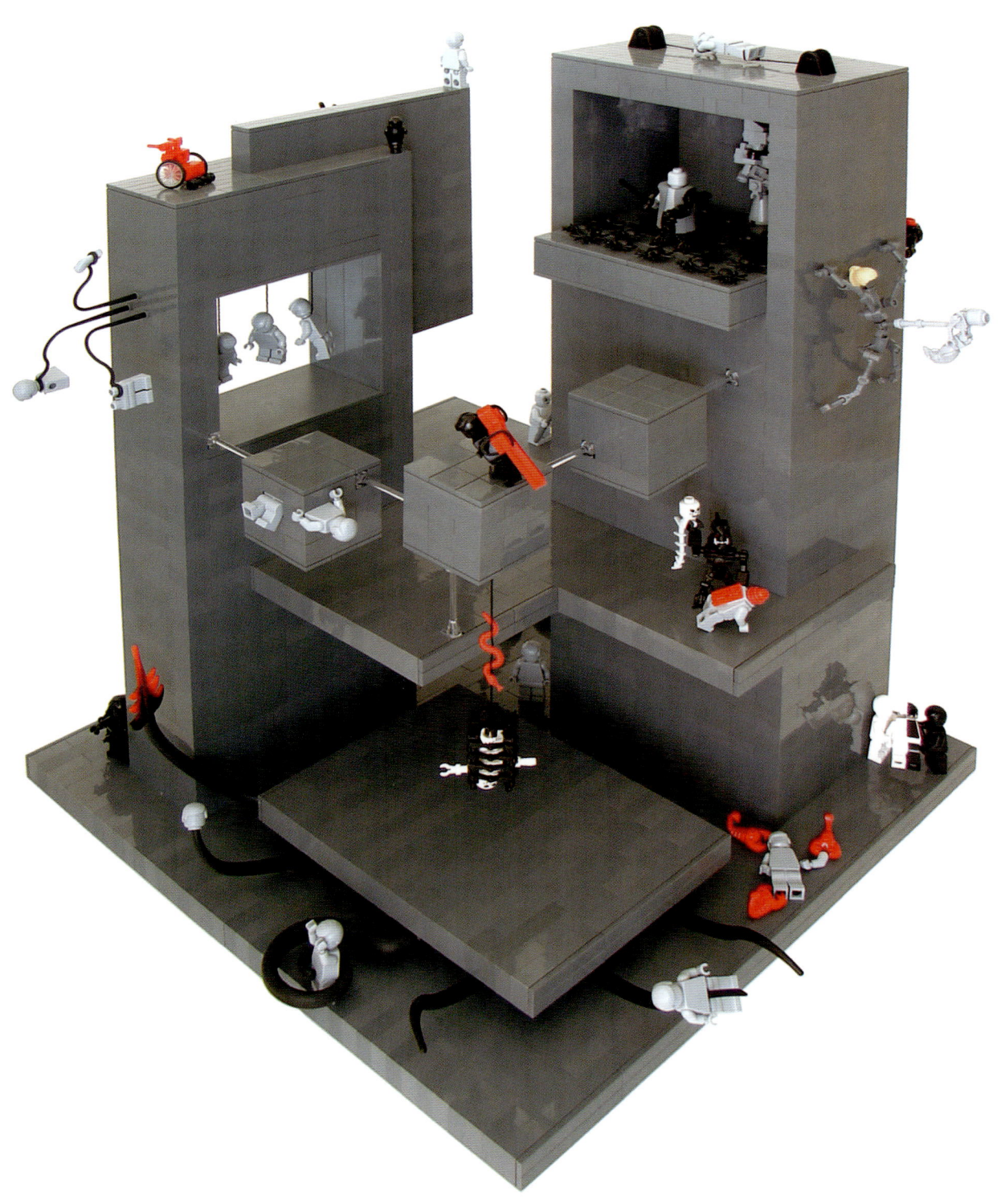

즈비그녜프 리베라의
레고 집단 수용소

■ 즈비그녜프 리베라의 가짜 레고 세트는 어린이 장난감의 순수함과 학살의 참혹함을 병치하여 자신의 메시지를 전달했다.

어떤 식으로 레고를 활용하든지 간에 레고를 작품에 사용한 작가는 레고가 장난감이라는 현실과 마주한다. 그렇기 때문에 순수함을 나타내는 레고로 참혹한 상황을 묘사한 작품은 보는 이로 하여금 충격에 빠지게 한다.

작품 〈집단수용소Konzentrationslager〉는 폴란드 예술가 즈비그녜프 리베라의 대표작 가운데 하나다. 그의 가짜 레고 세트 상자에는 충격적인 나치 집단 수용소 그림이 그려져 있다. 그가 제작한 가짜 레고 세트마다 죽음의 수용소에서 벌어지는 각종 끔찍한 실상이 묘사돼 있다. 어떤 세트에는 긴 회색 건물과 검정색 유니폼을 입은 험악하게 생긴 감시원이 있다. 다른 세트에는 해골 모양의 수감자들이 철조망 담벼락을 우두커니 바라

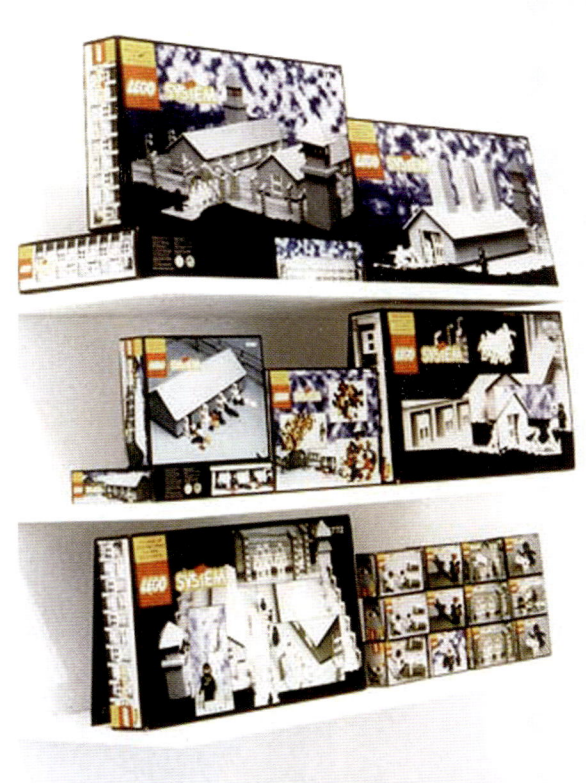

보고 있다(작가는 캐슬 시리즈에 있는 해골 미니피겨를 사용했다). 미니피겨가 교수대에 매달려 있기도 하고, 해골 얼굴을 한 의사가 포로를 전기고문하고 있는 세트도 있다. 포로수용자 여럿이 죽은 시체를 화장터로 끌고 가는 동안 다른 시체들은 집단 무덤에 묻혀 있다. 게다가 리베라의 레고 세트 상자에는 진짜처럼 보이는 레고 상표 앞에 주의 표시를 해놓고 레고그룹이 이 작품을 후원했다고 적혀 있다(레고그룹은 브릭만 제공했을 뿐이다).

발표하자마자 집단수용소 작품은 엄청난 반향을 일으켰다. 보는 사람의 관점에 따라 의미 있는 작품이다, 혹은 졸렬한 모조품이다, 라는 식으로 의견이 극명하게 갈렸다. 장난감으로 학살 장면을 묘사했다는 사실이 사람들의 심기를 불편하게 만들었던 것이다. 일부 홀로코스트 활동가는 이 작품이 생존자들의 경험을 경시한다고 비판했지만 다른 의견을 가진 사람들도 있었다. 2002년 뉴욕시 유대인 박물관에서 연 '현대미술에 나타난 나치 이미지 전시회'에서 여러 달에 걸쳐 리베라의 작품을 전시했다.

레고그룹은 이 작품에 대해 비판적인 입장에 서 있었다. 리베라가 회사 측에 어떤 의도로 레고 브릭을 기증받았는지 알리지 않았다고 항의했다. 그리고 작품 제작을 후원했다는 식으로 표시됐지만, 레고그룹의 후원과는 아무런 상관이 없다고 밝혔다. 회사는 리베라의 작품 전시를 막으려고까지 했지만 리베라가 변호사를 선임하자마자 한발 뒤로 물러섰다.

　　1997년 리베라는 100년 전통의 현대미술전시회인 비엔나 비엔날레에 초청받았다. 이는 작가로서는 크나큰 영광이었으나 조건이 있었다. 집단수용소 작품은 전시하지 않는 것을 전제로 한 초청이었다. 리베라로서는 큰 고민이었다.

　　한편 비엔날레는 세계에서 가장 권위 있는 전시회로 손꼽히며, 작가로서는 초청받는다는 것 자체가 크나큰 영예였다. 그러나 냉전시대에 공산주의 지도자를 풍자하는 만화를 그린 죄로 1년간 감옥 생활을 한 리베로의 마음 한가운데에는 검열에 대해 반감이 깊게 자리잡고 있었다. 며칠 동안 밤잠을 뒤척인 끝에 리베라는 전시할 작품을 결정할 권리가 작가에게 없다면 비엔날레에 참가하지 않겠다고 결정했다.

레고로 하는
스토리텔링

6장에서는 예술가들이 상상한 것을 구현하기 위해 어떻게 레고 브릭을 활용하는지 살펴봤다. 창작가라고 해서 누구나 엄청난 예술적 성취를 의도하는 것은 아니지만 결론은 한 방향이다. 평범한 창작가도 자기가 상상한 것을 레고로 만든다. 별다른 뜻없이 만들어버린 모형도 많다. 집을 짓겠다고 해서 반드시 (유령이 출몰하는 다락이 있는) 무너져가는 빅토리아풍의 저택일 필요는 없다. 그냥 집이면 된다. 그러나 일부 창작가는 레고로 단순한 사물 이상의 것을 만들기도 한다. 자기가 만든 모형을 통해서 관람자가 전설 같은 이야깃거리나 어떤 감정을 불러일으키길 원하기도 하고, 모형을 보는 순간 딱 멈춰서 무언가를 상상해 내길 원하기도 한다. 한마디로 말을 걸고 싶은 것이다.

■ 비네트라는 아주 작은 캔버스에 빅 대디 넬이 말을 건다.

비네트

■ 기본 플레이트 크기 규정을 살짝 어기는 비네트도 있다. 그림의 비네트는 이야기를 잘 담고 있지만 일부 부품은 전통적인 경계를 벗어났다.

아마도 비네트vignette(종종 비그vig라고도 불린다)를 조립하는 것이, 레고로 스토리텔링할 수 있는 가장 멋진 방법일 것이다. 비네트는 아주 작은 크기의 레고 모형으로 주로 극적인 한 장면을 포착한다.

비네트는 일본에서 시작되어 몇 년만에 전 세계 성인 레고 창작가들에게까지 퍼졌다. 첫 작품은 2004년 9월 브릭 셸프(www.brickshelf.com)에 발표됐다.

비네트의 크기는 보통 가로와 세로 각각 스터드가 6개씩 있는 6×6 사이즈 또는 8×8 사이즈의 정사각형 플레이트다. 이 플레이트에 삶의 한 단면 또는 특정 순간을 묘사한다. 그런 점에서 비네트는 한 컷만화와도 같다. 자발적으로 생겨난 모든 규칙이 그러하듯 팬들마다 살짝 규칙을 비트는 경우도 있다. 비그 창작가[1] 중에는 이 규칙을 반드시 지켜야 한다고 보는 사람도 있지만 기본 플레이트 사이즈는 지키되 모형 가운데 일부를 플레이트 바깥쪽까지 살짝 나오는 정도는 괜찮다고 보는 이들도 있다.

누구나 어떤 장면을 묘사하기 쉽도록 고안한 것이 비네트다. 크기가 작아서 필요한 부품을 구하기도 쉽고, 완성작을 행사장에 가지고 가는 것도 수월

■ 똑 같은 지도 두 장을 보여줌으로써 보물 사냥꾼이 두 명이 서로 다투는 장면을 재미있게 포착했다.

■ 이 모형은 전형적인 비네트의 구성요소를 담고 있다. 구성요소는 8×8 크기의 기본 플레이트와 이야기다.

■ 창작가가 직접 제작한 MOC 상자를 이용해 만든 비네트. 투명하게 들여다보이는 상자 안에 모형이 들어가 있다.

하다. 그러나 비네트 조립에 있어서 가장 중요한 요소는 최소한의 브릭으로 이야기를 담아야 한다는 것이다. 피터 르완도프스키의 비네트(맨 위 그림)에는 두 명의 보물 사냥꾼이 빨간색 ×자 모양이 크게 그려진 곳에 도착해서는 똑 같은 지도를 상대방에게 들어 보이고 있다.

비네트에서 기본 플레이트 크기는 엄격히 제한돼 있지만 높이에는 제약이 없다. 그래서 비네트를 층층이 만드는 경우도 많다. 높은 탑이든, 절벽이든 깊은 동굴이든, 바다 밑바닥이든 상관없다. 빅 대디 넬슨의 2층짜리 비네트(우측 그림)에는 한 여자가 막대 빗자루를 들고 천장을 치고 있고 바로 위층의 젊은이는 전자기타 연습을 하고 있다.

기본적으로 비네트는 대부분 유머러스한 데가 있다. 게리 라슨의 만화를 비네트 연작으로 만든 경우도 있고, 불운의 미니피겨 조 비그가 겪는 끔찍한 불운이 덮치기 바로 직전의 장면을 만든 것도 있다. 역사의 한 장면을 담은 비네트도 있고, 우주인이나 기사가 등장하는 등의 자기가 좋아하는 주제나 레고 제품을 테마로 한 비네트도 있다.

뒷 이야기

때로는 창작가가 상상한 이야기는 머릿속에만 남고, 막상 모형은 아주 일부만 표현된 것도 있다. 그러나 창작가 입장에서는 전체 이야기가 아주 중요하다고 여긴 나머지 뒷이야기를 글로 옮기는 사람도 있다.

아드리안 플로리는 떠다니는 성 모형을 만들면서 어떻게 이런 성이 있을 수 있는지 설명하지 않으면 안 될 것 같았다. "라피스 볼라 바날리스Lapis volat banalis는 물이 전부 마른 다음에 야 뜨는 바위의 한 종류다"라고 그가 설명했다.

어떤 창작가들은 자기의 모형과 뒷이야기를 떼려야 뗄 수 없는 관계로 보기도 한다. 뒷이야기를 통해 모형에서는 다 보여주지 못한 심도 있는 디테일과 그럴듯한 내용을 보충한다. 또는 자기가 만든 대형 로봇이 들고 있는 총 모델이 뭐라는 식의 자기가 상상한 구조물의 기술적인 면만 설명하는 데 그치기도 한다. 보 도난은 자신의 스팀펑크 모형인 '옥토워커 OctoWalker'를 실제 기

■ "얼음 행성이 발견된 지 15년이 지났고 탐험가들은 이 꽁꽁 얼어붙은 위험한 세상과 맞설 준비가 되지 않았음을 깨달았다."

■ "이 차는 험한 지형에서도 이동이 가능하며 경사진 곳에서도 안정적으로 발사 태세를 갖출 수 있다. 기동 레일에 장착된 대포는 간편하게 360도 회전하며 정지상태에서는 원거리 목표물까지 맞출 수도 있다."

■ "40년 전에 발견된 네들레가 있었던 군사적 요충지는 가장 큰 두 개의 제국과 스톤가드의 교차 지점에 있으며 오르크가 차지한 영토와도 지나치게 가까워 역시 안전하지 않다."

계로 구현할 경우 야기될 기계적 결함을 다음과 같이 설명했다. "느려지고 고장 날 우려가 있다." 케빈 페드는 자신의 유벌만 하드수트Ubermann hardsuit 모형은 더 이상 일반 스포츠가 매력을 잃게 된 미래에 이용될 스포츠 장비라고 설명한다. 어떤 창작가는 플라스틱 모형에 감정을 싣기도 한다. 돈 레이츠의 뒷이야기를 읽고 나면 그가 만든 수수께끼 같은 검은 스파이더 로봇이 귀엽다는 생각은 사라질 것이다. "언제나 조심하라, 이들이 지켜보고 있다. 끊임없이 멀리서 아무도 모르게 목표물을 노리고 있다."

이런 배경 이야기가 합리적이지 않더라도 창조적인 에너지가 충만한 사람들에게는 무척 중요한 의미를 주는데, 레고 브릭을 하나하나 쌓아 나가는 레고 창작 과정에 활기를 불어넣기 때문이다.

■ "먼 미래에는 동굴 경주나 사이보그, 메카 경주 같은 익스트림 스포츠로 지루한 시간을 보내진 않을 것이다. 이제 지구상 곳곳에서 사람들이 직접 하드 수트hard suit를 입고 토너먼트 경기와 일대 일 격투를 즐긴다……."

■ "아무런 목적지도 없이 떼 지어 다니는 이들은 말도 못할 정도로 수가 많다. 지옥이나 다름없는 세기말 폐허에서, 이들이 끊임없이 걸을 때마다 들리는 소리에도 생존자들은 몸서리를 칠 것이다."

만화

모형을 만들어 이야기를 들려준 뒤 설명을 덧붙이는 창작가도 있고, 그 반대로 하는 창작가도 있다. 일단 글로 작성한 후에 레고 모형으로 그림을 묘사하는 것이다. 미니피겨나 한 장면을 사진으로 찍은 다음, 말풍선을 그려 넣으면 스토리텔링이 된다. 큰 돈 들이지 않고도 쓸 수 있는 '코믹 라이프' 같은 프로그램 덕분에 미적 감각이 떨어지는 레고 팬이라도 한번 해볼 만하다.

아이러니하게도 대다수의 이런 만화에는 복잡한 레고 배경이라 할 만한 게 거의 없는 단순한 모형으로 이뤄져 있다. 이렇게 배경을 단순하게 가져가는 창작가들은 이야기 전개 시 미니피겨에 많이 의존한다. 이렇게 누구라도 시작할 수 있다는 데서 오는 장점은 아이디어가 많은 레고 팬이라면 시간과 노력을 많이 들일 필요가 없다는 데 있다. 종종 만화 한 편을 완성할 때, 디오라마 한 개를 만든 후, 미니피겨 위치만 바꿔가면서, 장면 전환 효과를 낼 수도 있다.

거꾸로 상급 창작가나 좀 더 야심찬 창작가는 컨벤션에 출품할 모형을 제작하듯이 각각의 패널에 쓸 배경 제작에 심혈을 기울인다. 단 한 개의 프레임에 쓸 배경을 몇 날 며칠에 걸쳐 디자인하고 조립하며, 간단한 효과를 주기 위해서 특수 주문제작 부품을 한 양동이씩 사들이기도 한다.

다음은 레고로 만든 만화의 사례다.

그런츠

작가: 앤드류 서머스길(닥터 시니스터)

웹사이트: http://www.tabletownonline.com/grunts.php

앤드류 서머스길의 만화 『그런츠Grunts』는 가상의 레고 도시인 테이블타운의 보병사단 제44대, 제1대대 E중대 B소대 소속 부대원들의 일상을 그리고 있다. 서머스길은 주로 워게임을 다루는 잡지사인 '암체어 제너럴'에서 전쟁사 편집자로 근무하면서 떠올랐던 것들을 소재로 삼는다.

읽어보면 인기 만화 『비틀 베일리Bettle Bailey』와 『지 아이 조G.I. Joe』를 섞어놓은 듯한 서머스길의 만화는 군인들의 단조로우면서도 위험에 노출되어 있는 일상을 익살스럽게 묘사한다. 한 에피소드에서는 총격전이 벌어지는 와중에 서로 클립(총알 세트)과 탄창이 같은 말인지를 놓고 언쟁을 벌이는 장면이 있다. 또, 테이블타운 해군이 초대형 항공모함을 사게 되어 지프와 탱크 대신에 스케이트보드를 지급받게 될 거라는 소식을 대원들이 접하는 에피소드도 있다. 레고로 제작한 레고 만화가 늘 그렇듯 그런츠도 갑자기 이야기의 방향을 트는 데 주저하지 않는다. 이를테면 만화의 공간적 배경인 테이블타운의 중세시대로 돌아가, 한때 이 도시의 악랄한 권력자 시니스터 박사가 등장하기도 한다.

서머스길은 아마추어 만화에서 볼 수 없는 행보를 보였다. 만화 인쇄 요약본을 64쪽짜리 책으로 판매하여 수익금을 전쟁사 박물관에 기증했다.

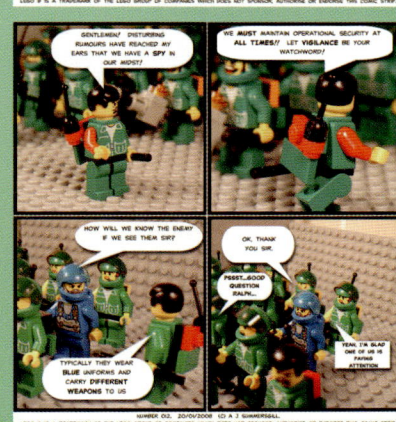

우주의 괴짜

작가: 데렉 알멘

웹사이트: http://www.tinyurl.com/nerdsinspace

데렉 알멘의 만화 『우주의 괴짜 Nerds in Space』의 콘셉트는 단순하다. 알멘의 또 다른 분신인 레드스톰 함장이 토크쇼 진행자로 나오고 다양한 가공 레고 팬들이 초대 손님으로 나온다. 주로 대화는 스팀펑크 테마와 비네트 같은 레고 팬들이 관심 있어 할 내용을 다루기도 하고 때로는 무슨 소리인지 알아 듣기 힘든 얘기를 하기도 한다. 어떤 에피소드에서는 비디오게임 캐릭터인 수퍼 마리오 미니피겨와 그의 적수 와리오가 레드스톰의 책상 옆에서 싸운다. 또는 레드스톰이 토크쇼 세트장에서 어딘가로 빨려 들어가 현재 세계(토크쇼의 배경은 미래)에 왔다 가는 다시 본래의 미래 세계로 돌아가는 에피소드도 있다. 보통 네 페이지짜리 에피소드인 알멘 만화는 시작하자마자 우스꽝스런 상황을 연출한다.

메타 기어

작가: 리치 배리스터

웹사이트: http://www.tinyurl.com/metagear

자기를 시체변호사라고 지칭하는 한 교사는 이미 레고 만화계에서는 『재림절 달력Advent Calendar』 만화로 유명한 베테랑이다. 그는 크리스마스 특별세트로 나오는 레고 재림절 세트를 비튼 만화를 그렸다. 그러나 메타 기어Meta Gear는 다른 식으로 접근한 만화다. 장르를 감시하는 '시간-장르 사무국'을 배경으로 벌어지는 이야기를 멀티스레드식 구성으로 끌고 가면서 의도적으로 모호하고 이해하기 어렵게 만든다. 작가는 "사전에 각본도 변화도 획기적인 것도 없다. 물론 이야기를 꼬지 못하게 막는 것만큼은 필수다. 그러나 이야기를 비트는 게 흔해지면 그다음부터는 그것도 막지 않는다"고 설명한다.

처음부터 시체 변호사가 원했던 건 복잡한 이야기였다. 그러나 만화라는 포맷의 제약에 부딪히자 익스포지션 함장을 어쩔 수 없이 등장시킨다. 만화 속에서 사무국 관리인 익스포지션 함장은 이야기의 줄거리를 자세히 설명하는 역할을 도맡는다. 그러나 이야기를 이해하는 게 더 쉬워지기는커녕 차원을 넘나들며 셰익스피어 시대 배우들과 무대 밖에서의 이야기를 뒤섞어 가며 이야기는 점점 더 장황해진다.

미스터 앰퍼듀크

작가: 밥 번

웹사이트: http://www.clamnuts.com/comics/amperduke

밥 번의 『미스터 앰퍼듀크』는 레고 만화 가운데 상당히 드문 형태에 속한다. 레고 모형을 만든 다음 사진을 찍기보다는, 작가가 직접 만화를 그린다. 2장에서 이미 이런 유형의 만화를 본 바 있다. 바로 만화 AFOLs이다. 만화 AFOLs에서 레고 팬들을 대변하는 미니피겨들이 이야기를 이끌어 갔다. 번은 만화의 표제에 등장하는 앰퍼듀크 노인의 모험을 그린다. 앰퍼듀크는 레고의 미니피겨 모습을 한 사람들이 사는 앰퍼빌이라는 미니어처 도시를 지하실에 만들어 놓은 사람이다.

어느 날 앰퍼듀크의 손자 스캠피가 놀러온다. "뭔가 오해가 생기고 손자는 할아버지에게 복수를 한답시고 포악한 곤충을 앰퍼빌에 풀어 놓는다"고 작가는 웹사이트에 배경을 설명한다. "조그마한 앰퍼빌 시민들은 마을을 휘젓는 괴물과 전쟁을 치르고 앰퍼듀크는 앰퍼빌을 지키기 위해 달려온다. 앰퍼듀크는 제때에 이들을 지킬 수 있을 것인가? 숨겨진 비밀 병기는 무엇이고, 이 병기는 싸울 준비가 되어 있을까?"

더블린에 근거지를 둔 번은 만화책을 내려고 시도하다가 결국 자비를 들여 이 책을 출간했다. 저자의 웹사이트에서 구매할 수 있는 이 만화책은 프레임만 2천 개가 넘지만 대화는 한 줄도 없다. 이야기는 오로지 그림으로만 전개된다.

정치적 레고

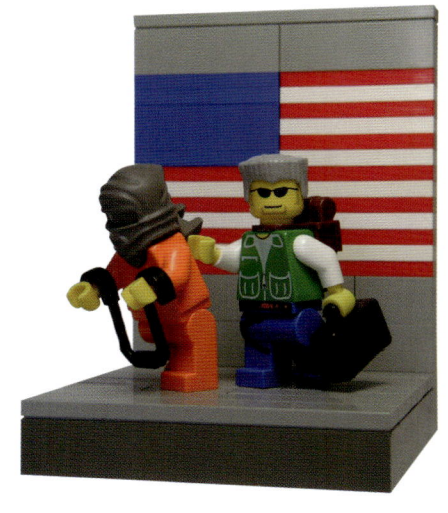

■ 앤드류 비크래프트의 작품 〈용의자 인도 Extraordinary Rendition〉는 미국정부가 법과 권리를 무시한 채 거의 납치에 가까운 방법으로 수배자를 소환하는 행태를 풍자한다.

비네트나 다른 레고 창작품을 보면 레고의 스토리텔링이 모두 허구라는 사실을 쉽게 추측할 수 있다. 그러나 일부 창작가는 레고 브릭을 활용해서 레고 건물이나 짓기보다는 현실세계를 향해 의미심장한 메시지를 던지기도 한다.

레고 팬사이트 브라더스 브릭(http://www.brothers-brick.com)의 편집자 앤드류 비크래프트는 인종문제부터 동성결혼에 이르기까지 다양한 이슈에 대한 자신의 의견을 피력하고자 레고 모형을 만든다. 비크래프트는 자신의 생각을 모형으로 만들고 외부와 공유하여 이슈가 된 사안에 대해 자신의 입장을 공표한다. 어떤 주제들은 곧 수면 아래로 가라앉지만 비크래프트는 레고 모형을 만들어나가면서 논쟁을 계속 이어나간다.

그러나 비크래프트가 머뭇거릴 때도 있다. 위 그림의 비네트에서 제목에 더 격한 단어를 쓸 수 있음에도 비크래프트는 아주 조심스럽게 '인도rendition'라는 단어를 썼다. 미정보국 요원이 해외에서 해당 국가의 법과 조약을 무시한 채 지명 수배자를 체포한 것을 두고 쓴 말이다.

한동안 비크래프트는 이 비네트를 가지고 논쟁을 벌였다. 그는 플리커 페이지에 이런 글을 남겼다. "내가 한동안 글을 올리지 않은 이유는 이런 논쟁은 뭔가 아닌 것 같다는 생각 때문이었다. 모형이 보여주는 상황이 비정상적이라는 건 너무나 명백하다. 그들이 실질적으로 나쁜 짓을 했다 하더라도, 사람을 납치해서 미국에 우호적인 제3국에 넘겨 아무런 사법 절차없이 감금하고 심지어 고문까지 한다는 건 끔찍하기 짝이 없는 일이다."

디오라마 스토리텔링

비네트 창작가가 엄청난 양의 정보를 작은 플레이트 위에 담아 내고 그렇게 8×8 사이즈라는 제약을 즐기는 동안, 어떤 창작가는 오히려 작품이 주목을 끌 정도가 될 때까지 크기를 늘린다. 이런 종류의 모형을 디오라마diorama라고 한다.

비네트의 섬세한 장인정신을 중시하는 사람들은 디오라마처럼 큰 모형을 조립하는 사람들이 디테일에 인색하다고 불평할지 모르지만 사실 최고로 인정받는 디오라마의 디테일과 스토리텔링은 비네트보다 나으면 나았지 절대 뒤지지 않는다. 공간이 더 넉넉하면, 더 많은 이야기를 담을 수 있기 때문이다. 사실 어떤 게 더 좋으냐 나쁘냐 비교하는 건 의미가 없다. 모형의 크기와 별개로 결국 창작가가 얼마나 잘 만드느냐에 따라 승패가 갈리기 때문이다.

좀비 아포카페스트

비네트와 대척점에 있는 〈좀비 아포카페스트〉는 2008년에 레고 팬 사이트 브라더스 브릭이 후원한 '브릭콘BricCon' 행사에서 협동으로 제작된 대형 모형이다.

아포카페스트에만 서른 명 이상이 참여해서 수십 대의 차량과 건물을 만들었다. 이 거대한 디오라마 곳곳에서 수백 개의 좀비와 인간 미니피겨가 야수처럼 서로를 물고 뜯으며 아수라장을 만든다.

다른 대형 모형과 마찬가지로 아포카페스트 디오라마는 수없이 많은 작은 디테일들이 하나의 멋진 이야기를 만들어낸다. 모험심 강한 한 사람이 좀비에게 인력거를 끌게 하고, 말 앞에 당근을 매달아 놓듯이, 뇌를 담은 병을 좀비 앞에 매달아서 좀비가 계속 앞으로 달려가게 만든 것도 있다. 어떤 길목에는 회색 좀비 무리들 앞에 용감한 병사들이 병력수송 장갑차를 세워 놓고 싸우는 동안, 다른 편에 있는 세미 트레일러('가장 좀비 같은 자동차 상'을 수상했음) 위에 탑재된 화염방사기를 쏘며 좀비들을 공격한다. 한편 가장 큰 고딕양식 건물 꼭대기에서 좀비 조커가 장대에 배트맨의 머리를 꽂아 놓은 채 서 있다. 전쟁터로 변한 쇼핑몰에서 좀비들이 쇼핑객들을 쫓아가고, 쫓기는 쇼핑객들은 죽을 힘을 다해 레고 상점 안으로 도망가려고 한다.

여기에 격리수용소도 있다. 천막이 쳐져 있고, 자동차를 쌓아 담을 치고, 그 위에 철조망이 쳐져 있다. 주차 건물 지붕에는 특수군부대 요원들이 최후의 결전을 준비하고 있다. 아무래도 방사선 주의 표시가 있는 미심쩍은 노란색 대형 궤짝이 최후의 방책인 듯하다.

■ 종말이 가까이 왔다!

■ 비네트 창작가들은 옆으로 증축할 수 없어서 위로만 모형을 올릴 수 있다. 케빈 페드가 이 모형에서 위로 올리는 테크닉을 구사했다.

클럽 조라 Club Zora

아포카페스트같이 대형 모형에만 여러 이야기를 담을 수 있는 건 아니다. 작품 〈클럽 조라〉에서 케빈 페드는 비네트의 멋진 점을 유감없이 보여준다. 즉 옆으로 모형을 확장하는 대신에 모형을 층층이 쌓아올려 별개의 이야기를 서로 연관되도록 이야기를 전개한다. 페드는 비네트의 통상적인 규칙을 무시하고, 16×16 사이즈 플레이트를 사용해서 공간을 더 확보했다. 클럽 조라는 명목상 제목일 뿐이다. 실제 모형에는 간판이 보이긴 하지만 길거리 풍경도 보이고 하수구 근처에서 장사진을 친 부랑자 무리도 보인다.

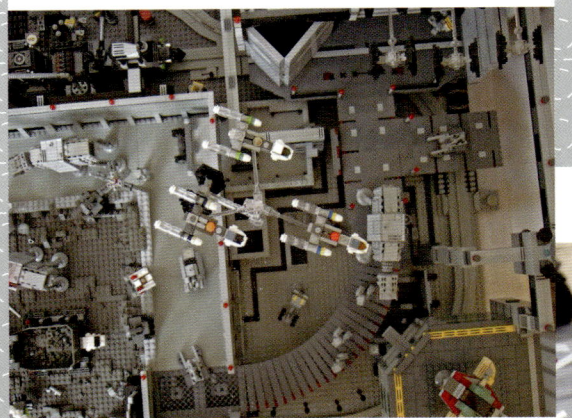

머스태니어

〈좀비 아포카페스트〉 디오라마에서 봤듯이, 전투 상황에는 많은 이야기가 들어있다는 점에서 디오라마의 훌륭한 소재가 된다. 팀 고다드 작품 〈머스태니어Mustaneer〉는 스타워즈의 전투 장면을 디오라마로 풀었으며 모두 마이크로스케일로 제작했다. 위Wee의 Y-Wing 전투기가 저공비행을 하면서 AT-AT 워커를 공격하고 소형 X-Wing 전투기와 TIE 전투기가 공세 태세를 취하고 있다. 이곳저곳에서 전투의 승패가 보인다. 제국군의 워커가 불에 타고, 반란군 전투기가 불안정하게 흔들리다가 연기를 내며 추락한다. 많은 내용을 미니픽 스케일보다 더 작은 규모에 담은 것도 무척 훌륭하지만, 무엇보다도 스타워즈의 내용을 충실히 따랐다는 점에서 완성도가 더욱 높다.

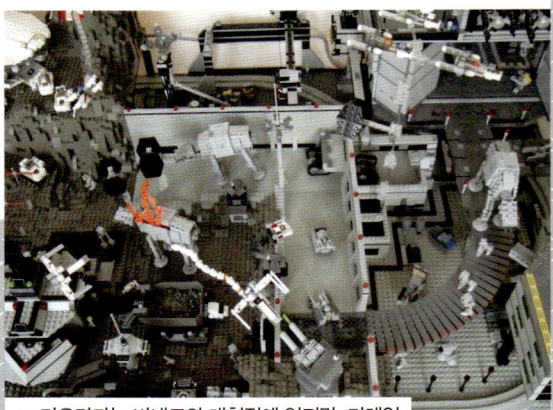

■ 디오라마는 비네트와 대척점에 있지만, 디테일하면 디오라마도 결코 질 수 없다.

고통의 탑

곧 무너질 듯 기울어진 탑이 아슬아슬한 절벽에 세워져 있다. 말라 죽은 초목, 사슬, 새장에 갇힌 포로까지 유령이라도 곧 출몰할 것 같은 분위기다. 한편, 불한당 한 쌍이 젊은 여자를 탑으로 끌고 가고 있다.

■ 불한당이라고 다 <u>으스스한</u> 소굴에 사는 것은 아니지만, 이 그림에서만큼은 실제로 그런 것 같다.

루이스와 클라크

디오라마라고 해서 배경이 모두 레고로 만들어진 건 아니다. 미니피겨나 다른 부품을 실제 사람들이 사는 대자연에 갖다놓은 디오라마도 있다.

앤드류 비크래프트는 워싱턴 주에 있는 케이프 디스어포인트먼트 주립공원을 2007년에 방문했다. 2007년은 메리웨더 루이스와 윌리엄 클라크[3]가 탐험을 마친 지 202주년이 되는 해였다. 비크래프트는 레고 팬으로서 레고를 활용해 루이스와 클라크의 탐험종료일을 기념하기로 했다.

작품을 찍은 사진(http://www.tinyurl.com/becraft)을 보면, 비크래프트의 미니피겨들이 수많은 고난과 역경을 헤쳐 왔음을 알 수 있다. 그 중에는 역사로 기록된 사건도 있지만 그렇지 않은 것도 있다. 케이프 디스어포인트먼트 해변을 걷기도 하고, 엄청나게 큰 개에게도 쫓기고 독버섯 위에서 쉬는 동안 환각에 빠지기도 한다. 이야기를 보완하기 위해 비크래프트는 사진에 이 탐험가들이 흥미진진한 에피소드를 재미있게 캡션으로 달아 플리커에 올렸다.

레고 영화

창작가 중에는 레고로 스토리텔링하는 것 자체가 취미인 사람들도 있다. 레고 브릭으로 영화를 찍는 거다. 레고 세트를 배경으로 레고 피겨를 배우로 설정하고 동영상을 찍는다. 저렴하면서도 성능 좋은 비디오카메라와 값싼 스톱모션 소프트웨어가 나오면서, 레고 팬들도 자기들만의 단편영화를 연출하기 시작했다.

레고 영화는 레고 놀이의 연장선상에 있다. 아이들은 물론 일부 어른들도 미니피겨를 말도 하고 걸어다니는 사람인 양 가지고 논다. 레고 영화는 한마디로 이렇게 노는 것을 그대로 녹화한 거나 다름없다. 물론 저렴한 비디오카메라가 없었다면 녹화는 불가능했을 것이다.

기능에 따라 100달러도 안 되는 비디오카메라만 있으면 거의 누구나 자기만의 비디오를 찍을 수 있다. 장비가 저렴해졌다는 점 이외에 누구라도 자기가 만든 것을 공개할 수 있는 유튜브나 동영상 공유 웹사이트(http://www.brickfilms.com과 http://www.bricksinmotion.com)가 활성화된 것도 이런 동영상 제작 붐을 일으키는 데 일조했다.

누구나 할 수 있다는 점에서 진입장벽이 낮긴 하지만 여전히 자기만의 레고 동영상을 찍기 위해 넘어야 할 장애물은 만만치 않다. 스톱 모션 기술이나 목소리 연출, 음향 및 영상 특수효과, 배경음악 같은 기술적 난관 때문에 레고 비디오 촬영은 그리 쉽지 않다.

■ 데이빗 파가노의 작품 〈작은 녀석들 Little Guys〉의 스틸 컷들은 레고 애니메이션도 얼마든지 디테일을 환상적으로 살릴 수 있음을 보여준다.

그러나 이런 기술적 어려움이 없다 해도 일관성 있게 이야기를 구성할 줄 아는 스토리텔링 능력도 있어야 한다. 브릭이 표현 수단이지 메시지가 아니라는 걸 인정하는 게 쉽지 않다는 사실이 의외의 복병이다. 레고로 영화를 만들려면 레고를 의식하지 말고, 어떻게 하면 이야기를 짜임새 있고 솜씨 있게 끌고 갈지에만 집중해야 한다.

언제나 그랬듯이, 레고그룹은 팬들 사이에서 레고 비디오 제작 붐이 일어나자, 팬들의 입맛에 맞을만한 스티븐 스필버그 무비메이커 세트[4]를 2001년에 발표했다. 이 세트에는 433개 브릭으로 이뤄진 레고 스튜디오에 웹캠과 소프트웨어, 감독 매뉴얼과 사운드스테이지까지 갖췄다. 품질은 떨어지지만, 레고 스터드 커버에 담긴 카메라는 일반 레고 부품처럼 모형 제작에 활용할 수 있다. 그러나 레고그룹이 이렇게까지 숭고한 정성을 들였음에도 불구하고, 이 무비메이커 세트는 레고 영화 팬들을 딱 한 번 즐겁게 해주고는 단종됐다.

미니맨 힘내라 힘!

2008년에 레고그룹은 레고 팬의 취향과 움직임을 간파하고 활용하는 데 뛰어나다는 사실을 입증했다. 미니피겨 특허등록 30주년을 기념하는 레고 비디오 콘테스트를 기술 관련 웹사이트인 기즈모도(Gizmodo.com)와 공동 개최한 것이다.

사람들의 참여를 이끌어내기 위해 레고그룹은 레고 미니피겨 기념영화를 제작했다. 이 디지털 3D 웹 비디오는 지난 30년간 벌어진 베를린 장벽 붕괴, 디스코 열풍, 1980년 미국과 소련의 올림픽 하키 경기 같은 사건을 담았다.

이 영화는 제작 품질과 기술적 측면에서 일반 레고 영화 창작가들이 따라가기 힘든 높은 수준을 자랑하지만 누구나 한 번쯤은 따라해 보고 싶은 영상이라 여겼던 작품이다.

데이빗 파가노가 뽑은 레고 애니메이션

레고 브릭을 갖고 놀며 자란 브릭 영화 제작자 데이빗 파가노는 중학교 시절부터 비디오카메라를 가지고 이것저것 만들어 보기 시작하면서 레고 브릭이야말로 완벽한 스토리텔링 도구임을 알아챘다. 뉴욕대학교에서 애니메이션을 전공한 파가노는 현재 리틀 에어플레인 프로덕션에서 애니메이터로 근무하며, 텔레비전 시리즈 〈서드 앤 버드〉 제작에 참여하고 있다. 또, 레고그룹이 미니피겨 탄생 30주년을 기념하는 애니메이션 《미니맨 힘내라 힘!》 제작에도 참여했다. 이제부터 파가노가 선정한 레고 애니메이션을 소개한다. 데이빗의 작품은 그의 웹사이트(www.paganomation.com)에서 감상할 수 있다.

로보타 Robota

http://www.tinyurl.com/brickflickrobota

마크 보르토스가 만든 애니메이션 로보타는 내게 가장 깊은 감명을 준 최고의 작품이다. 어떤 매체라도 다룰 수 있는 이야기이긴 하지만 우연한 기회에 레고로 만들어졌다. 멋진 애니메이션, 멋진 디자인, 그리고 훌륭한 유머 감각까지 갖췄다.

매직 포털 The Magic Portal

http://www.tinyurl.com/brickflickportal

팬이 만든 레고 영화 초기작이라는 점에서 남다른 특징을 지녔다. 1980년대 후반 필름으로만 촬영했으며 만든 사람은 린지 플레이란 이름의 남자다.

스타워즈: 더 그레이트 디스터번스 Star Wars: The Great Disturbance

http://leftfieldstudios.com/TheGreatDisturbance.htm

스타워즈의 팬덤 문화와 팝컬처, 유머와 놀랍도록 멋진 애니메이션을 한데 버무린 작품이다. 팬 필름으로서는 최장 상영시간인 80분을 기록한다.

레고 스포츠 챔피언

http://www.youtube.com/user/LEGOsports

가장 오래된 공식 레고 애니메이션. 부다페스트에서 활동하는 비안코 스튜디오에서 1980년대 후반에 제작된 이 작품은 각기 다른 일곱 개의 스포츠 테마를 다룬 단편 애니메이션이다.

미니피겨의 역사

http://www.tinyurl.com/minifighistory

맨 처음 작품을 보면서 든 생각은 이랬다. "이런, 나보다 훨씬 잘 만들었는데!" 네이선 웰스는 레고 애니메이션 커뮤니티에서 재능을 인정받는 사람이다. 몇 차례 그와 대화를 나눌 기회가 있을 때마다 그가 일군 작업과 성과는 놀라움 그 자체였다. 웰스와 함께 레고 애니메이션 프로젝트를 해볼 기회가 생겼으면 좋겠다. 정말 독특한 작품이 나올 것이다.

애깃거리만 있으면 레고 브릭으로 표현할 수 있는 길은 어디든 있다. 영화, 만화, 비네트는 모두 서사 전달의 수단이다. 가장 신나는 건, 레고 영화 제작이 레고 커뮤니티를 중심으로 이제 막 시작 단계에 있기 때문에, 애깃거리가 있는 한 앞으로 얼마든지 전통적인 방식과 새로운 방식이 결합된 이야기 전달 통로가 생긴 거라는 사실이다.

브릭 영화 만들기 참고 자료

영화감독이 되고 싶은가? 다음 자료는 감독의 꿈을 실현하는 데 도움을 줄 것이다.

조언: 레고 영화 제작 웹사이트로는 최대 규모인 브릭스인모션(Bricksinmotion.com)과 브릭필름(Brickfilms.com)에서 충분히 학습할 것.

하드웨어 장비: 웬만한 디지털 카메라 한 대면 일단 시작할 수 있다. 찍고자 하는 영화에 따라 스틸 카메라 또는 비디오카메라 둘 중에 하나를 고를 것.

소프트웨어 툴: 아이스톱모션iStopMotion 또는 아나사지 스톱 모션 애니메이터Anasazi Stop Motion animator로 스톱모션 화면을 컴파일 할 것. 아이무비iMovie 또는 코렐 비디오스튜디오Corel VideoStudio는 동영상 편집도 가능함.

기법 강의: 브릭스 인 모션에서 애니메이션 기법 동영상 튜토리얼을 제공함. www.itnyurl.ccom/bricksinmotion에서 찾을 수 있음.

음향효과: 무료 음향효과 파일을 www.brickfilms.com/resources에서 내려 받을 수 있음.

공유: 작품을 다 만들면 유튜브와 비메오에 올려서 공유할 것.

마이크로/
매크로

아이들은 브릭이 한 무더기 쌓여 있는 걸 보면, 그것들로 커다란 모형을 만드는 데 쓰면 좋겠다고 생각한다. 보통 그런 식으로 만들다 보면 갖가지 색깔과 모양의 브릭이 뒤섞여 범벅이 되기 십상이다. 단지 거기에 있다는 이유만으로 사용하면 그렇게 된다.

레고그룹은 역사적 건물이나 유명한 자동차를 크게 재현해서 테마파크인 레고랜드에 가득 채워넣었다. 대형 모형이 보는 이들에게 주는 어떤 충격효과 때문에 전문 레고 아티스트 네이선 사와야처럼 능력이 출중하여 대중의 관심을 한몸에 받는 창작가들이 다양한 모형을 만든다. 독일 출신 레고 팬 말 호킹은 미국 항공모함 해리 트루먼 호를 미니픽 스케일로 만들었다. 수개월에 걸쳐, 셀 수 없이 많은 브릭을 주문해서 만든 고된 작업이었다.

대형 모형 제작에 필요한 수만 개, 아니 수십, 수백만 개의 브릭이 사람들에게 없기 때문에 이를 대단하게 여기는 것인지도 모른다. 아니, 어쩌면 돈이 많이 들기 때문일 수도 있다. 일례로 레고그룹의 브릭 전문 온라인 쇼핑몰 픽 어 브릭Pick A Brick에서 2x4 사이즈의 평범한 노란색 브릭 하나를 사려해도 15센트 이상을 줘야 한다. 다시 말해서, 브릭 6만 개가 들어가는 작품에 9천 달러 이상이 든다. 돈을 물 쓰듯 쓸 수 있는 금수저 물고 태어난 아이들이 아니면 불가능한 액수다. 설령, 성인이라도 마찬가지다.

한편, 대형 모형을 주로 짓는 사람들의 반대편에는 어떻게든 모형을 작게 만들려는 이들이 있다. 자동차라는 것을 알아볼 수 있는 선에서 가장 작은 레고 자동차 만들기에 도전하는 사람들이 바로 마이크로창작가다.[1]

사와야가 수천 개의 브릭으로 대형 작품과 씨름하는 것과는 반대로, 미니 또는 마이크로 스케일 창작가는 최소한의 브릭만으로 모형을 완성하느라 고전한다. 20개 미만이든 10개 미만이든 일단 필요없다 싶으면, 가차없이 브릭을 뺀다.

기술과 정밀도에 있어서는 대형 모형 창작가 수준을 갖췄지만, 대부분의 마이크로창작가들은 세상의 주목을 끌지 못한다. 하지만 수많은 레고 애호가들로부터는 엄청난 사랑을 받는다. 말도 안 되게 작은 이 모형이 사실은 정말 대단하면서도 만들기 어렵다는 사실은 아는 사람들만 안다.

- (위) 조 매노의 마이크로스케일 항공모함은 최소한의 부품으로 본래 항공모함의 특징을 잘 드러냈다.
- (아래) 반대로 말 호킹의 〈USS 해리 트루먼 호〉는 완성하기까지 1년이 걸렸으며, 들어간 브릭만 20만 개에, 길이는 16피트(4.8 미터)가 넘는다.

마이크로스케일

■ 에릭 스미트의 마이크로스케일 마을은 레고그룹 10193 중세시장 마을 세트에 헌정하는 작품이다.

3장에서 우리는 미니픽 스케일에 대해 알아봤다. 미니픽 스케일은 모형에 부여하는 축소비율이다. 레고 세계에서 미니피겨는 모든 축소비율의 기준이 된다. 탱크의 발판부터 바나나에 이르기까지 미니피겨를 기준으로 그 크기가 결정된다. 그러나 마이크로 스케일로 모형을 만들 경우 미니피겨의 디테일은 처음부터 다시 만들어야 한다. 미니피겨를 아예 사용하지 않는 경우도 있다. 마이크로 창작가들은 일반적으로 사람을 아주 작은 부품인 1×1 사이즈 둥근 브릭으로 표현한다. 주로 노란색 브릭을 써서 미니피겨의 피부색 느낌을 준다.

그러나 마이크로스케일이 어렵기만 한 건 아니다. 장점도 있다. 기술 자체는 브릭을 아주 정확하게 사용해야 하는 어려움이 있지만 창작가 입장에서는 브릭이 별로 많이 들지 않는다. 돈 많은 창작가들이야 레고그룹에 브릭을 벌크로 주문제작해서 프로젝트를 했다고 꼭 언급하지만 마이크로 창작가들에게는 그렇게 많이 필요가 없다. 마이크로 창작가에게 중요한 것은 브릭의 수가 아니라 브릭의 모양이다. 만들고자 하는 모형에 브릭이 정확히 들어맞아야 하기 때문이다.

마이크로 창작가에게 최고의 무기는 마이크로 모형이 표현하려는 대상물이 보는 이에게 친숙한 데에 있다. 엠파이어스테이트 빌딩을 마이크로 모형으로 만들었을 때 보는 이의 관념 속에 존재하는 실제 엠파이어스테이트 빌딩이 작품의 빈곳을 메우기 때문이다. 고작 몇 개의 브릭으로 만들려는 것이 무엇이었다는 것을 깨달을 때, 절로 무릎을 치게 된다.

친숙한 레고 세트를 마이크로스케일로 재현해서 이런 효과를 만들어내는 창작가가 있다. 바로 네덜란드 출신의 에릭 스미트다. 그는 레고그룹의 2009년 캐슬 시리즈 가운데 중세시장 마을을 멋지게 마이크로스케일로 재현했다. 스미트는 이 마을의 주민들을 끝이 둥근 말뚝 모양 부품들로 나타냈고, 바구니에 담긴 채소를 갈색 1×1 원형 플레이트 위에 같은 크기의 녹색 플레이트를 꽂아서 표현했으며, 1×2 플레이트 두 개를 쌓아서 테이블로 만들었다. 한눈에 이 모형이 레고그룹의 공식 제품을 재현했음을 알아채는 것만 가지고도 깊은 인상을 남길 수 있다.

마이크로빌딩은 전문 창작가가 구사하는 특별한 기법 이상의 의미를 지닌다. 사실 마이크로빌딩은 공식 레고 제품의 테마이기도 하다. 레고그룹이 2005년에 발표한 팩토리 시리즈는 마이크로빌딩의 유행에 편승해 내놓은 제품이다. 이 제품에는 팬들이 공항, 놀이공원, (네이선 사와야가 디자인한) 자유의 여신상까지도 초소형 버전으로 만들 수 있는 브릭과 설명서를 제공한다. 아이러니하게도 가장 큰 세트인 '스카이'라인 세트는 브릭 개수만 2,700개가 넘고 가격은 135달러가 넘었다. 최소한의 브릭으로 작은 모형을 조립하겠다는 콘셉트에서 나온 제품치고는 좀 큰 감이 있다.

■ 앤드류 비크래프트의 마이크로스케일 전투기는 단 몇 개의 브릭으로 만들었지만, 텔레비전 시리즈 배틀스타 갈락티카에 나오는 콜로니얼 바이퍼임을 단박에 알 수 있다.

■ 이 초소형 소방차 모형에서 더 뺄 수 있는 브릭이 있을까?

대형 모형을 만드는 창작가들은 축소비율을 결정해야 할 때 제일 난감해한다. 일단 미니픽 스케일로 만들려고 하다가도 이게 얼마나 말이 안 되는지를 깨닫고 나면 또 고민에 빠지게 된다. 대형 모형을 만들려면 수천 개의 브릭과 모형을 조립할 수 있는 넓은 공간과 돈이 필요하다. 또 거기에 들어가는 미니피겨는 비용 증가의 주범이다. 8피트(2.4 미터) 높이의 캐슬을 만들기로 했다고 치자. 그러려면 픽어 어 브릭(http://shop.lego.com)에서 한 개에 1달러가 넘는 미니피겨만 수백 개, 수천 개를 주문해야 한다. 캐슬 조립에 필요한 브릭은 더 말할 것도 없다.

반대로 마이크로스케일은 브릭이 많이 없이도 거대한 구조물을 표현할 수 있으며, 미니피겨는 아예 없을 때도 있다. 완성작의 크기는 테이블에 올려놓기 딱 좋은 정도이며, 당연히 다루기도 쉽고 이동도 간편하다. 다음에 소개할 디오라마는 대형 창작품이지만, 아주 작은 축소비율 작품이다.

양키 스타디움

대형 프로젝트라 하더라도 마이크로스케일 부품을 활용할 수 있다. 션 케니의 양키 스타디움 모형은 4만 5천 개 이상의 브릭이 쓰였지만 관중은 초소형으로 제작됐다. 1:150 축소비율로 만든 이 작품에서 미니피겨는 사용할 수 없었다. 그래서 케니는 관중과 선수들을 1×1 브릭 위에 둥근 플레이트를 끼워서 표현했다. 일부 마이크로 디오라마에서 사람들을 표현할 때 둥근 1×1 사이즈의 플레이트를 사용하지만, 케니 작품의 축소비율을 고려해보면 그의 선택은 확실히 훌륭했다는 걸 알 수 있다.

마이크로디오라마

■ 션 케니의 양키 스타디움 모형은 엄청난 크기와 극소형의 디테일을 조합한 모형이다. 그가 이 모형에서 나타낸 사람은 추상화됐지만 그래도 알아볼 수는 있다. 완성에 걸린 시간은 3년, 들어간 브릭이 4만5천 개, 그리고 운 좋은 초등학생 한 명이 조립을 도왔다.

샤노니아

〈샤노니아Shannonia〉는 레고 마이크로 창작가 샤논 영이 해변에 위치한 광활한 현대 도시를 묘사한 작품이다. 영이 선택한 축소비율 때문에 사람과 자동차는 눈에 안 보인다. 심지어 사무용 빌딩, 교회, 허름한 술집 등의 건물은 멀리 있는 별처럼 보인다.

영은 이 프로젝트를 시작할 때 마이크로스케일로 마천루부터 만들었다. 그러고 나서 마천루 주변에 몇 개의 도시 구역을 만들었다. 인터뷰에서 영은 이렇게 말했다. "애초에 이런 식으로 모형을 확장해 나갈 생각은 없었다. 보통 레고 모형을 완성하고 나면, 다른 모형을 만들기 위해 분해하곤 했다. 그러나 작은 도시 하나를 이렇게 만들고 나니, 다른 도시도 만들고 싶어질 만큼 마음에 들었다. 그래서 계속 만들게 됐다." 3년 넘게 걸려 완성한 이 작품은 디테일이 생생하게 살아있는 디오라마로 각각의 구조물을 표현하기 위해 각기 다른 기술과 색상을 사용해서 우리가 흔히 보는 복잡한 도시 풍광을 잘 살려냈다. 영은 MOCpages.com에 각 건물 모형에 얽힌 뒷이야기도 올려놨다.[2] 이를테면 지저분한 호텔을 언급하면서 이렇게 적었다. "선셋 호텔. 건물 외관의 세련된 페인트 색에 혹하지 마시길. 이 호텔은 완전히 쓰레기임. 꼭대기 층의 아폴로 라운지의 분위기를 가장 잘 설명하는 표현은 '조용한 절망감'임."

아니러니하게도 영은 "마이크로스케일 모형을 만들고 싶어서 샤노니아를 시작했는데, 사실 대형 프로젝트를 하다보면 부품이 모자라거나 해서, 중간에 흥미를 잃는다"고 말했다. 하지만, 영은 도시의 크기를 두 배로 키우고 싶다고 한다. 현재의 주거지와 상업지구 근처에 공장지대를 짓고 싶지만 지금은 조립을 쉬고 있다. 더 이상 디오라마의 레이아웃을 펼쳐 놓을 공간이 부족해서란다.

■ 샤논 영의 샤노니아 디오라마는 극도로 작은 스케일로 만드는 바람에 고층건물 크기가 담배 라이터 정도의 높이다.

교통 체증

샤노니아가 만든 작품 속의 자동차는 축소비율에 의해 아예 안 보인다. 그러나 매트 암스트롱의 교통 체증 모형은 자동차 자체가 디오라마다. 이 모형은 양방향 5차선의 왕복 10차선 고속도로다.

암스트롱은 아주 작은 자동차도 각기 다른 모양으로 만들었다. 어떤 자동차 표면은 평평한 플레이트로 되어 있고 어떤 차는 레고 브릭 스터드가 그대로 노출되어 있다. 공사 중인 곳도 있고, 경찰차, 구급차도 있다. 2층 버스가 한쪽 차선으로 가는 동안 배트맨차로 보이는 의심스러운 검은 자동차가 반대 방향으로 지나가고 있다.

■ 매트 암스트롱의 교통 체증 모형은 손바닥에 올라갈 수 있을 정도의 크기다.

마이크로빌딩 협업

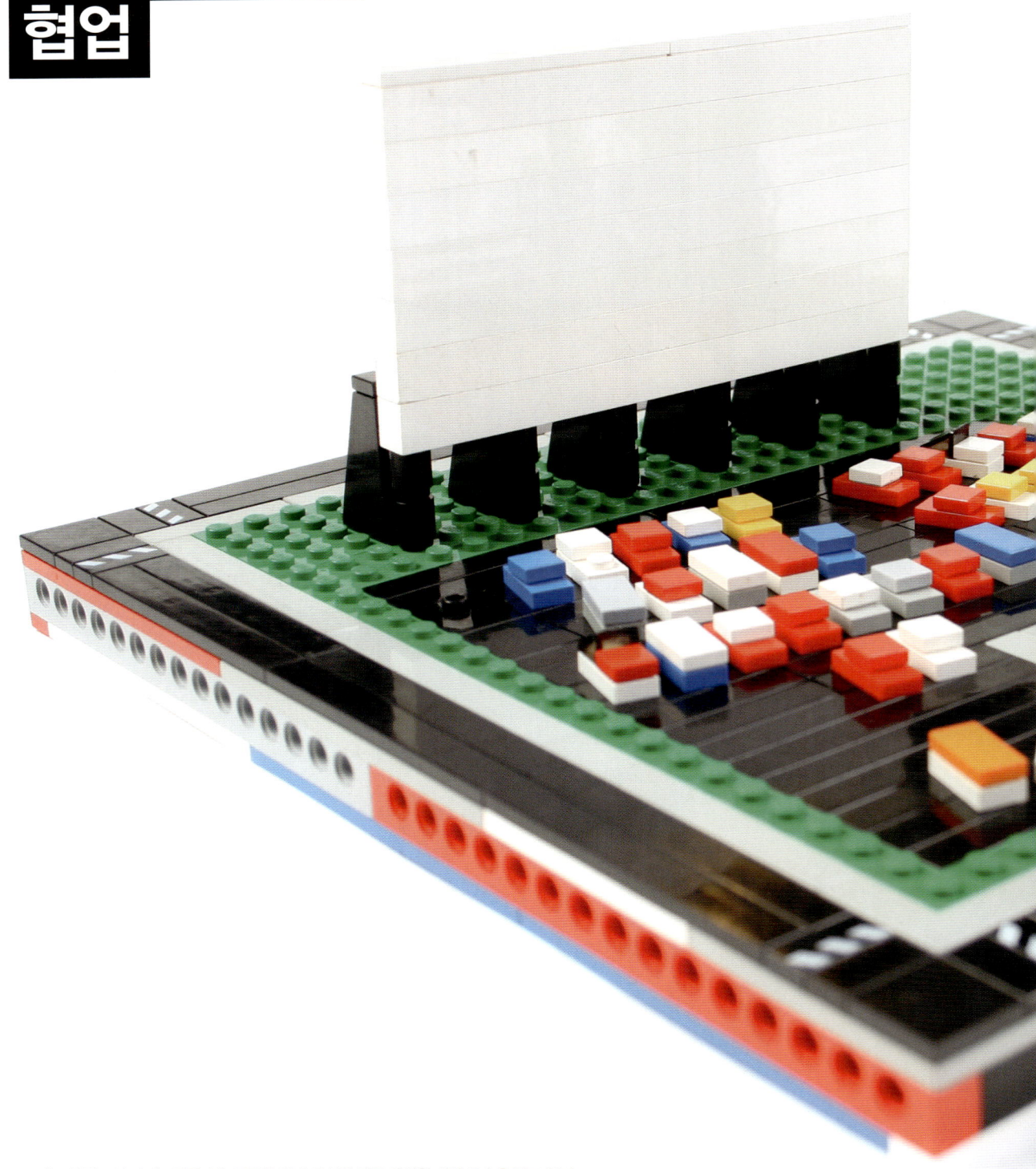

■ 매트 홀란드의 마이크로폴리스 모듈은 실제 도시의 각종 다양한 삶의 모습을 담고 있다. 그가 멋지게 만든 브릭 두 개짜리 모형은 보자마자 자동차란 걸 알 수 있다.

마이크로폴리스는 개방형 협업 마이크로 프로젝트로 미국 미네소타 주 트윈시티를 근거지로 활동하는 트윈러그TwinLUG 회원들이 참여했다. (11장에서 LUG 레고 사용자그룹에 대해서 더 자세히 다루겠다.) 이 프로젝트의 목표는 무한 확장이 가능한 도시를 만드는 데 있다. 참가자들은 각자 일부 요소들을 만든 후 모여서 각자의 모형을 합치는 작업을 한다. 이 프로젝트만 보더라도 인터넷이 레고 팬의 교류 방식에도 얼마나 큰 변화를 주었는지 알 수 있다. 멀리 떨어져 사는 팬들도 사진을 공유하고 모형 조립 관련 팁을 주고받다가 컨벤션이 열리면 한데 모여 각자가 완성한 모형을 구경한다. 마이크로폴리스 프로젝트 참가자들은 마치 한 명이 만든 듯한 마이크로스케일 건물 모형을 만들고 싶었다.

이런 형태의 공동작업의 핵심은 공동규칙을 세우고 이를 잘 지키는 데 있다. 도로는 스터드 몇 개에 해당하는 너비여야 하고, 도시의 한 구획 사이즈는 얼마여야 한다는 등의 기준을 세워야 한다. 이런 가이드라인이 없으면 한 창작가가 만든 보도는 다른 창작가가 만든 보도와 크기가 맞지 않거나 축소비율이 달라질 수도 있다. 즉 똑같은 10층 건물인데도 높이가 다르면 안 되는 것이다. 따라서 구체적으로 규칙을 만들고 충실히 따르면, 서로를 잘 모르는 창작가들도 같은 도시의 한 구획을 각자 조립한 후에 모여 깔끔하게 하나로 합치는 게 가능해진다.

■ 〈마이크로폴리스Micropolis〉는 여러 명의 창작가가 각자 따로 만든 후에 하나로 합친 작업의 산물이다.

다음은 트윈LUG의 마이크로시티 규칙이다.

- 모든 구조물은 한 모듈당 가로×세로가 16×16 사이즈 스터드 모듈로 길이는 가로와 세로가 각 5인치(12.7센티미터)인 정사각형 크기에 해당한다.
- 도시의 한 구획은 위에서 언급한 크기의 모듈을 가로 2개, 세로 2개씩 합친 크기이며, 스터드 2개 폭의 도로로 둘러싸여 있다. 보도는 스터드 1개 너비로 한다.
- 표준 브릭 한 개의 높이는 약 9피트(2.7 미터)에 해당한다.
- 각 모듈의 바닥은 플레이트 위에 브릭을 한겹으로 촘촘히 모두 끼운 후에 그 위를 다른 플레이트로 덮는다. 각 모듈은 서로 테크닉 핀으로 연결한다.

트윈LUG의 가이드라인말고도 협업 작업을 위한 가이드라인은 많다. 레고 스페이스 애호가인 브람 램브레히트는 마이크로스케일 공동작업 규칙을 만들어 여러 창작가가 함께 협업해서 달 도시를 만들 수 있었다. 이 규칙에 따르면 사람은 1×1 사이즈의 둥근 플레이트로, 바닥에서 플레이트 한 개 높이부터가 1층이며, 2층은 모듈마다 플레이트 11개를 쌓아 올린 높이(플레이트 한 개의 높이가 클래식 레고 브릭 높이의 3분의 1에 해당함)부터 시작한다. 그리고 3층은 브릭 7개를 쌓아 올린 높이다. 각 모듈은 튜브같이 생긴 복로로 연결되며, 이 복도는 2×2 크기의 둥근 브릭을 쌓아 사용한다.

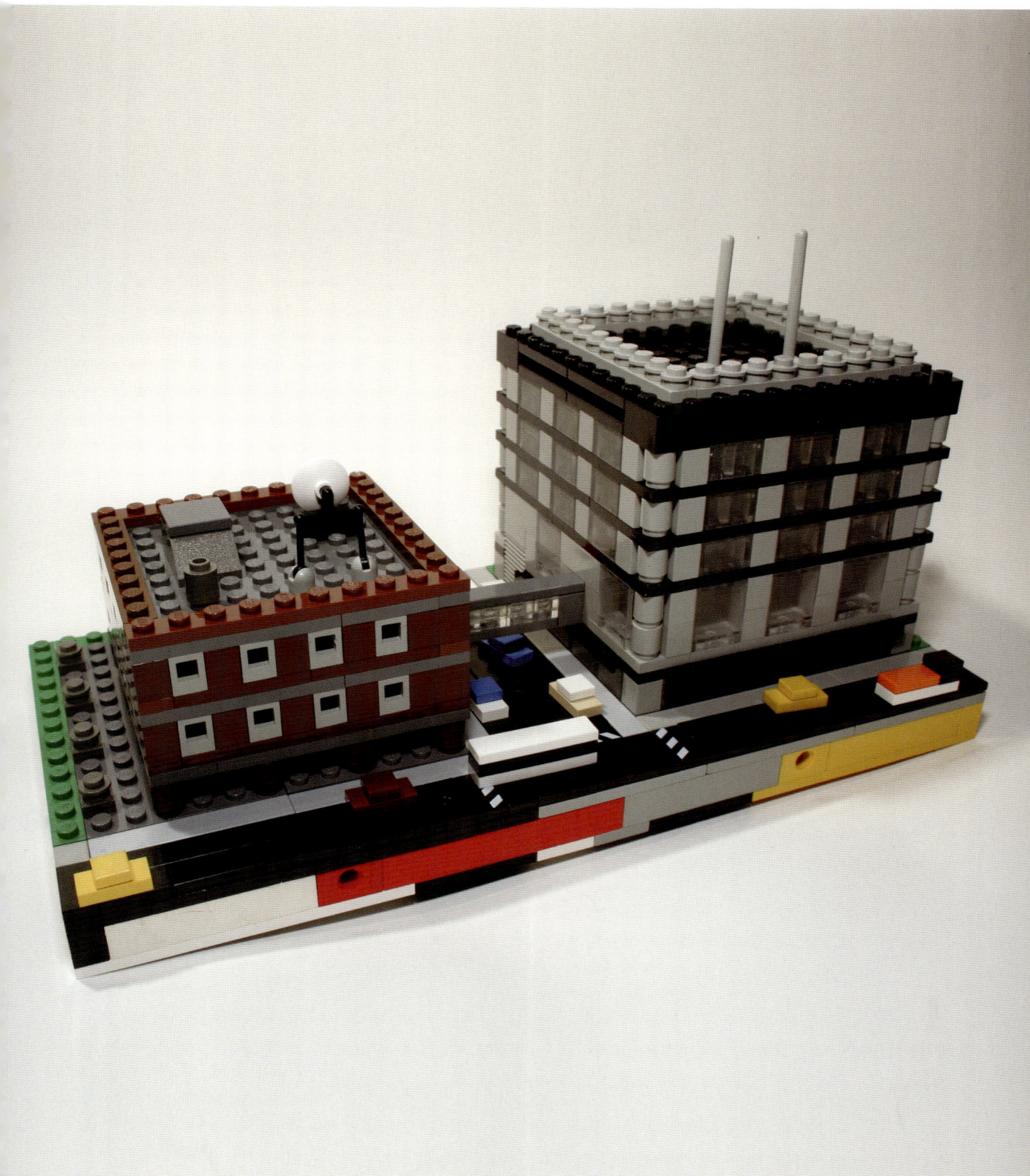

크게 만들기

■ 매튜 칠레스의 미니픽스케일 롤러코스터는 표준 레고 기차 트랙을 이용해 롤러코스터의 레일을 만들었다.

마이크로 창작가들은 선택받은 그룹으로 동료 레고 팬 사이에서 존경의 대상이지만 일반인들 사이에서는 거의 외면받는다. 각종 기기 관련 블로그와 온라인 뉴스 독자들의 시선을 끄는 건 거대한 레고 우주선과 수백만 개의 브릭으로 만든 타워이지 브릭 8개로 만든 경찰차가 아니다.

보통 사람들에게 브릭 수천 개가 들어간 모형은 경탄의 대상이다. 대형 레고 모형이 발표되면 보는 이마다 브릭이 몇 개 들어갔는지 궁금해 한다. 심지어 공식 레고 제품들도 모형의 복잡도를 나타내고 높은 가격을 정당화하기 위해 들어있는 브릭 개수를 표시한다. 테마파크 레고랜드에도 유명한 건물을 본뜬 거대 모형과 조각상, 자동차 모형으로 가득하다. 그리고 레고그룹은 이 모형을 만들고 유지하기 위해 전문 창작가를 고용한다.

성공적으로 대형 매크로스케일 프로젝트를 완성하기 위해서는 반드시 전문적인 조립 테크닉과 독창적으로 부품을 활용할 줄 알아야 한다. 그러나 매크로스케일 창작품에도 아주 많은 디테일이 들어가기 때문에 디테일이 담긴 소규모의 모형이 수없이 매크로스케일 모형에 포함된다.

다음은 환상적인 조립 기술과 엄청나게 많은 브릭이 들어간 모형을 소개한다.

롤러코스터

완벽하게 작동하는 미니픽 스케일의 레고 롤러코스터에는 각각 미니피겨 4개가 들어있는 탑승차 3개로 이뤄져 있다. 높이는 55인치(1.4미터, 실제론 55.3미터에 해당하는 높이)이고 레고 기차 트랙 124개가 들어갔다. 롤러코스터의 속도는 평균 시속 65마일(시속 104킬로미터)로 맨 처음 꼭대기에서 아래로 내려올 때는 최고 시속 140마일(시속 225킬로미터)까지 올라간다.

칠레스는 자기 웹사이트에 "처음 시작할 때는 롤러코스터의 360도 회전 구간을 먼저 완성하기 전에는 절대 레고 롤러코스터는 시도하지 않겠다고 마음먹었다. 일단은 4.5볼트짜리 표준 트랙을 잔뜩 산 다음 이것저것 실험해보기 시작했다"고 적었다. 회전 구간이 완성된 뒤 칠레스는 롤러코스터의 다른 부분도 만들면서 롤러코스터의 완벽한 커브 비율을 찾을 때까지 만들고 또 만들었다. 마침내 완성된 롤러코스터는 2002년 그레이트 아메리칸 기차쇼에 처음으로 선보였으며 이후로도 여러 차례 전시됐다. 몇 년 뒤 칠레스는 이 모형보다 더 크게 만들어 이름을 '더 피닉스The Phoenix'라고 붙였다.

전함 야마토

무엇이든 큰 것을 미니픽 스케일로 만드는 것은 항상 어려운 과제다. 그렇다면 미니픽 스케일로 거대한 전함을 짓는 것은 어떨까? 줌페이 미쓰이는 6년 넘게 공들여 야마토 전함을 충실히 재현해냈다. 무게 330파운드(약 149킬로그램)에 들어간 브릭 개수만 2십만 개인 이 전함은 섬세한 디테일로 가득하다. 한눈으로 전함 전체를 볼 수 있을 만큼 멀찌감치 서면 각자의 위치에서 임무수행 중인 미니피겨 해군과 무수히 많은 방공포가 갑판에 가득한 게 눈에 들어온다. 맨 처음 공개 당시, 미쓰이의 모형은 레고로 만든 배로는 세계 최대 크기로 기록됐다. 그러나 언제나 그렇듯이 다른 창작가에 의해 기록은 깨졌다. 현재 최대 기록 보유자는 르네 호프마이스터의 컨테이너선으로 브릭 4십만 개에 길이 7.29미터, 약 24피트에 육박한다.

■ 팬들 사이에서 준레고 JunLEGO라는 별명으로 불리는 줌페이 미쓰이는 2차 세계대전 전함 야마토함을 22피트 (6.7미터) 크기로 재현했다.

■ 브라이언 대로우의 거대한 정보기지는 엄청나게 많은 운송수단과 검은색 타워로 이뤄져 있다.

블랙트론 정보기지

2003년 10월 인디애나폴리스의 인디LUG는 이듬해에 열리는 인디애나폴리스의 부모와 아이들 엑스포에 참가해달라는 흥미로운 초대장을 받았다. 이 그룹은 이 이벤트에 참가하기 위해 협업으로 달기지를 만들기로 하고, 회원 각자가 모듈 제작에 들어갔다.

인디LUG의 회원 브라이언 대로우는 브릭저널에서 "그 즉시 뭘 만들고 싶은지 확신했다. 그것은 바로 내가 제일 좋아하는 레고 스페이스 테마인 블랙트론 I을 기반으로 한 모듈"이라고 했다. 이 블랙트론은 레고그룹이 1988년에 내놓은 시리즈로 검은색과 투명한 노란색을 부품 색깔로 사용해 한눈에 봐도 위압적인 우주군대와 이들의 비밀스러운 임무를 묘사한 테마였다. 오리지널 세트 중에 하나인 메시지 인터셉트 기지[3]는 일종의 정보기관이며, 대로우는 이 제품에서 영감을 받았다고 했다.

컨벤션 이후 대로우는 부지런히 자신의 만든 달기지 모듈을 확장하여 검은색 복장을 한 스파이들이 지배하는 공상과학 도시로 탈바꿈시켰다. 대로우는 각 버전에 새로운 부품을 추가하면서 여러 차례 다시 만들었다. 그러면서 탑이나 각종 차량, 미니피겨 군부대도 추가했다. 심지어 전체 모형 바깥쪽 레이아웃 주변에 일꾼들을 이동시키는 모노레일까지 생겼고, 모노레일 트랙이 다양한 건물 주변으로 구불구불 이어져 있다.

대로우의 인생에서 5년 이상을 잡아먹은 이 프로젝트는 아직도 진행 중이다. 처음 시작한 이래로 블랙트론 정보기지는 일곱 개의 버전이 나왔으며 지금도 매머드급 규모로 늘어나고 있다. 전체 모형을 세우는 데만 10시간이 소요되며 높이 8피트(2.4미터), 길이 34피트(10.3미터)에 245개의 모노레일 트랙과 1,200개 이상의 미니피겨가 들어가 있다. 대로우는 지금까지 만드는 데 들어간 브릭 개수와 들어간 돈이 얼마인지는 세다가 그만뒀다고 했다.

레고 의자

스티브 디크레머는 레고 의자를 만들고 싶었다. 과연 레고로 의자를 만드는 게 가능한지 여부를 가리는 게 첫 번째 난관이었다. 그는 그의 체중을 지지하는 한도에서 최대한 얇게 만들고 싶었다. 결국 디크레머가 15개월에 걸쳐 완성하고 '아미시 지퍼 인스톨러 Amish zipper installer'라고 명명한 의자는 무게만 50파운드(22.6킬로그램)가 넘는다.

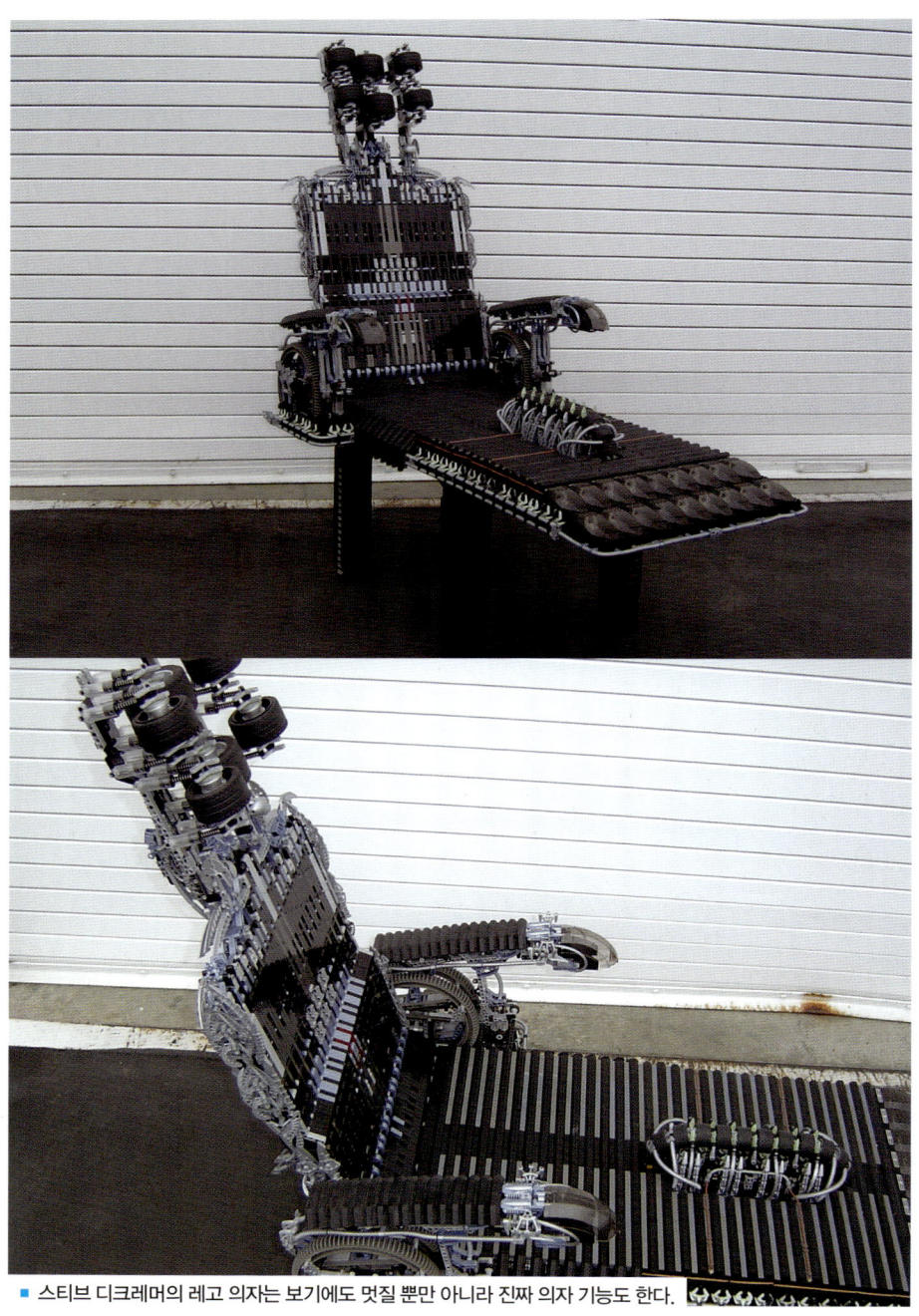

■ 스티브 디크레머의 레고 의자는 보기에도 멋질 뿐만 아니라 진짜 의자 기능도 한다.

T.Rex 뼈대

네이션 사와야의 '디 아트 오브 더 브릭' 전시회(6장에서 설명함)에는 추상적인 형태의 조각, 초상화, 기하학적 모양 등 만만찮은 작품들이 많이 등장한다. 그러나 한 가지 빠진 게 있었다. 바로 아이들을 위한 조각품이다. 그래서 티라노사우르스 렉스를 만들기로 하였다. 그는 먼저 실제 티라노사우르스의 크기를 연구하는 한편 참고용으로 작은 모형을 구입하기도 했다.

최종 모형은 20피트(6미터) 높이에 8만 개의 브릭이 들어갔으며 여름 내내 완성에 매달렸다. 철제 골조가 안에 없는 이 모형에는 다른 대형 브릭 모형과는 달리 접착제와 지지 와이어를 이용해서 형태와 자세를 유지했다.

■ 네이션 사와야는 20피트(6미터)짜리 티라노사우르스 모형을 만들면서 형태 유지를 위해 와이어와 접착제을 사용했다.

■ 독일 레고랜드에 있는 스타디움 모형에는 미니피겨만 3만 개가 들어있다.

레고 알리안츠 경기장

이 모형은 독일 귄츠부르크에 있는 레고랜드에 있다. 이 경기장 모형은 레고그룹의 테마 공원에 있는 모형이 얼마나 거대한지 단적으로 보여준다. 이 엄청나게 큰 미니픽 스케일의 축구경기장 모형은 브릭 130만 개, 무게만 1.5톤이 나가며 여기에 들어간 미니피겨가 무려 3만 개다. 경기장 내부 단면을 통해 스타디움 안이 어떤 모양인지 보여준다. 여기에는 장비실, 언론취재실, 고급관람석, 심지어 서비스 차량의 차고지까지 있다. 밤에는 화려한 색상의 조명이 실제 스타디움처럼 비추고 있다.

천사 상

시애틀에 사는 소프트웨어 엔지니어 데이빗 윙클러가 만든 천사 상은 단지 잘 만든 모형 그 이상이다. 많은 측면에서 21세기의 기술이 창작가들이 꿈꾸는 '드림 프로젝트'를 어떻게 이룰 수 있게 하는지 보여준다.

윙클러는 스탠포드대학에서 운영하는 특수 3D 스캐너로 이탈리아 조각상 '빛의 사자 Bringer of Light'를 스캔한 복사본을 바탕으로 작품을 만들었다. 스탠포드대학 웹사이트에서 스캔 파일을 내려받은 후 따로 제작한 소프트웨어로 3차원 모형을 조립하기 쉽게 잘랐다. 그리고 레고로 조각상을 만들려면 어떤 부품이 들어가는지 일일이 파악했다.

스탠포드대학이 보여준 관용 정신에 맞춰 윙클러 자신도 자신이 만든 천사 상의 청사진과 조립안내서를 공개하여 다른 창작가도 자신의 모형을 재현해볼 수 있도록 했다.

접착제로 붙인 레고

대형 모형을 만드는 창작가들은 단순히 미적인 성취를 이루거나 돈 문제만 겪는 게 아니라 기계공학적으로 풀어야 하는 문제에 부딪히기도 한다. 레고의 전형적인 스터드와 튜브 연결 시스템 안에서 브릭의 그립강도는 대형 작품을 지지할 만큼 충분히 강하지 않다. 그래서 모형을 몇 미터 이상 이동시켜야 할 경우 많은 창작가들은 어쩔 수 없이 접착제를 이용하기도 한다. 물론 레고 이외의 부품을 사용하거나, 브릭에 변형을 주거나 훼손하는 것에 분노하는 팬들이 아주 싫어하는 방법이긴 하다. 그러나 매번 주저앉은 모형을 다시 조립하기에 시간이 부족한 전문 창작가에게 접착제 말고는 별다른 대안이 없다.

■ 컴퓨터의 도움을 받아 디자인한 데이빗 윙클러의 천사 상은 마치 진짜 조각상 같이 보인다.

실물 크기의 레고

■ 헨리 림이 자신의 아기 공룡 스테고사우루스 모형 옆에서 포즈를 취하고 있다. 왜 이렇게 큰 모형에 매료되느냐는 질문에 그는 이렇게 반문한다. "미쳐서 그런다고 하면 답이 될까요?"

헨리 림은 실물 크기의 공룡을 만들고 싶었다. 아무 공룡이나 원한 게 아니고 오직 스테고사우르스만을 원했다. 이 공룡은 길이만 30피트(9.1미터)다. 자신의 거실에서 모형을 만들다가 공간이 부족해서 할 수 없이 아기 공룡 스테고사우르스를 만드는 선에서 타협해야 했다. 이 모형을 조립하는 데 브릭 12만 개와 7개월이라는 시간이 들어갔다.

단순히 부품을 사는 데 드는 경제적 측면을 넘어 실물 크기, 즉 1:1 비율의 모형을 만든다는 것은 또 다른 도전이다. 게다가 지금 만들려고 하는 재료라는 것이 플라스틱 브릭이다. 곡선을 정교하게 살린다거나 피부 빛깔 또는 솜털의 질감을 살리는 건 불가능하다.

창작가들도 제 아무리 머리를 쓴다 해도 실물처럼 정교한 레고 모형은 만들 수 없다는 걸 안다. 그저 최대한 실물처럼 만들고 난 후 보는 사람들마다 이 창작가가 얼마나 예술적 기교를 살리려고 몸부림 쳤는지 느낄 수 있기만을 바랄 뿐이다.

아마도 살아있는 생물체를 조립하는 것 중에서도 가장 어려운 게 사람 모형일 거다. 3장에서 소개한 미니피겨로 실제 인물을 묘사하는 데 몰두한 창작가들처럼 전문 레고 창작가 중에서도 아주 극소수만이 실물 크기의 사람 모형을 만든다. 그중에 눈에 띄는 작가는 벨기에 출신의 레고 공인 전문가LEGO Certifed Professional인 더크 드노이엘일 것이다. 그는 상반신과 모자이크 전문 창작가다.

그러나 이 분야에서 가장 유명한 창작가는 네이선 사와다. 그는 텔레비전 쇼에만 수차례 나와 레이첼 레이와 스티븐 콜베어 같은 유명인의 모형을 소개했다.

사와야는 부유한 레고 애호가를 위해 돈을 받고 이들과 닮은 레고 모형을 만든다. 고객이 사와야에게 자신의 사진과 신체 사이즈를 보내면 사와야는 자신의 뉴욕 스튜디

■ 네이선 사와야가 실물 크기의 스티븐 콜베어 모형 옆에서 포즈를 취하고 있다.

오에 있는 150만개의 레고 브릭 중 일부를 써서 제작에 들어가고, 모형이 완성되면 접착제로 붙여서 상자에 포장한 다음 배송한다. 가격은 복잡도에 따라 다르겠지만, 보통 5만 달러 정도 붙는다.

■ 자신의 모습을 본떠 실제 크기로 만든 레고 조형물을 마주하고 있다.

레고 기록

■ 높이 95피트(29미터)에 달하는 이 타워는 2007년 캐나다 토론토에서 열린 캐나다 국내 전시회 Canadian National Exhibition에 설치되었는데 이때 최고기록을 세웠다.

레고 팬들에게는 마이크로스케일 모형은 레고 조립 기술에 있어서 최고봉을 의미한다. 그러나 대부분의 일반인은 작고 단순한 것보다는 더 크고 비싼 것에 끌리기 마련이다. 브릭 12개로 조립했다고 하면 만만하게 보지만 10만 개로 조립했다고 하면 입을 쉽게 다물지 못한다. 당연히 이렇게 최고기록에 온통 관심을 집중하는 사람들이 있다. 다음에서 소개할 내용은 레고 구조물의 부문별 세계최고기록이다. 모든 기록이 그렇듯 기록은 깨지기 마련이다. 가장 최근 레고 신기록은 http://www.recordholders.org/en/list/lego.html에서 볼 수 있다.

최고 높은 타워

레고그룹은 최고로 높은 타워가 지니는 홍보 효과를 익히 알고 있었다. 그래서 2002년 이후로 수십 개의 레고타워를 세웠다. 각각의 구조물은 1피트(30센티미터) 남짓 차이로 최고 기록이 뒤바뀌었으며, 현재 레고 타워로 최고 높이를 기록한 타워는 2011년 4월 브라질 상파울로에 세운 레고 타워로 높이가 102피트 3인치(31미터)다. 모든 타워는 모두 모양이 같으며 수직

■ 앨빈 브란트가 만든 최고 높이의 크레인. 이동하다 자칫하면 망가질 수 있어 한 번도 컨벤션에서 공개된 적이 없다.

구조를 유지하기 위해 브릭 주변에 설치한 금속 지지대와 당김줄이 모형을 지탱하고 있다.

최고로 긴 열차트랙

일직선으로 늘어놓으면 3,343피트 또는 1킬로미터가 넘는 이 열차트랙은 2000년 8월 태평양 연안 북서부 레고 열차 클럽 회원들이 만들었다.

가장 높은 크레인

앨빈 브란트가 기록을 경신한 최고 높이의 크레인 모형은 리페르 사의 크레인 모델 LR-111 200의 축소 모형으로 높이가 20피트(6미터)까지 올라간다.

■ 3천 피트(915미터)가 넘는 길이의 열차트랙은 아주 촘촘하게 휘감아야 컨벤션 홀에 다 들어갈 수 있다.

■ 테드 미촌의 현수교 축소 모형은 양방향 열차트랙을 갖췄다.

최장 철교

테드 미촌이 만든 20피트(6미터) 길이의 철교는 루이지애나에서부터 포틀랜드에서 열리는 2009 브릭페스트 컨벤션장으로 이동하는데 특별 컨테이너가 동원됐다. 동작하는 2층 열차가 다니는 완전한 철교다.

최대 크기의 성

브릭 140만 개, 미니피겨 2,100개로 이뤄진 이 성은 오하이오 벨라르 장난감과 플라스틱 브릭 박물관에 전시돼 있다.

제일 큰 자동차

시카고에 있는 레고 수퍼카는 레고그룹 소속 디자이너가 만든 작품이다. 실물 크기의 이 자동차에 들어간 부품 수만 65만 개며, 무게는 1톤이 넘는다. 사실 이 자동차는 레고 테크닉 모형의 10배 크기로 확대 재현한 것으로 보통 큰 모형을 작게 만드는 데 반해 이 모형은 원래 작은 것을 크게 제작했다는 특징이 있다.

가장 긴 체인

이 체인은 스위스 초등학생들이 2003년에 만든 것으로 길이가 1,854피트(565미터)이며 2,000개 이상의 연결고리와 42만4천 개의 브릭이 들어갔다.

최대 크기의 배

르네 호프마이스터가 지도한 3천5백 명의 초등학생이 만든 이 모형은 브릭 51만3천 개가 들어갔다. 이 컨테이너 선박은 길이가 25피트(7.6미터)에 호프마이스터 자신의 최고 기록이었던 2009년의 컨테이너 선박과 2008년 퀸 메리 2호 모형의 기록을 갈아 치웠다.

■ 엄청나게 큰 〈시팅 불〉은 덴마크 빌룬트에 있는 레고랜드에 있으며 세계 최대 조각상 기록을 보유하고 있다.

최대 조각상

덴마크 빌룬트 레고랜드에 있는 〈시팅 불Sitting Bull〉은 높이가 25피트(7.6미터)에 브릭 150만 개가 투입됐다.

마이크로스케일 모형과 매크로스케일 모형을 언뜻 비교해보면 완전히 다른 종류라는 생각이 들것이다. 그러나 잘 생각해보면, 꼭 그렇지만도 않다. 창작가 입장에서는 양쪽 모두 기술적으로 한쪽은 최대한 작게, 다른 한쪽은 최대한 크게 만들려고 온 힘을 기울였다는 점에서 서로 비슷하다. 그리고 양쪽 다 어떻게 하면 재치 있고 아름답게 모형을 만들까 고민했다는 점에서도 둘의 입장은 같다. 유일한 차이점이라고 한다면 작품에 들어간 브릭의 개수 정도가 될 것이다.

디지털
브리키지

지금까지 레고 제품이 어떻게 우리의 삶 구석구석까지 파고들었는지 들여다봤다. 작품이 전시된 미술관부터 아이팟 거치대가 놓인 책상 위까지 없는 곳이 없다. 그런 점에서 레고가 디지털 세상에도 발을 들여 놓았다는 건 그리 놀라운 일이 아니다.

레고그룹 창립 시점부터, 회사 경영진은 끊임없이 기술혁신을 추구하며 새로운 제품 발굴에 혼신을 다했다. 심지어 유통되는 성공작을 복제하기도 했다. 그중에 꾸준히 탐색해온 분야가 컴퓨터 프로그램과 게임이다.

1997년 레고그룹은 처음으로 컴퓨터 게임을 출시했다. 레고 아일랜드LEGO Island는 혁신적인 비선형 경주 게임[1]으로 조립이란 요소와 커스터마이즈 요소(게이머가 직접 원가를 바꿀 수 있도록 하는)가 있어 레고그룹과 아주 잘 어울리는 테마였다. 게다가 해를 거듭하면서 꾸준히 출시되는 게임이다.

물론 브릭을 조립하는 것이 레고그룹의 핵심 역량이다. 레고그룹과 서드파티 업체가 꽤 많은 소프트웨어 프로그램을 내놓는 덕분에 사용자들은 가상세계에서도 레고 모형을 설계하고 조립한다. 이런 디자인 프로그램에는 방대한 레고 브릭 라이브러리가 들어있다. (희귀한 부품, 개조된 부품, 레고그룹에서는 만들지 않아 팬들이 자체 제작한 브릭까지 있다.) LDraw나 레고그룹의 디지털 디자이너Digital Designer 같은 프로그램이 있으면 누구나 가상 모형을 만들어, 회전도 시켜보고 이미지 파일을 내보내기도 하여 웹에서 사용하거나 인쇄도 할 수 있다.

레고그룹이 가장 최근 개발한 디지털 제품인 레고 유니버스Universe[2]는 '멀티플레이어 온라인게임(이하 MMORPG)'으로 월드 오브 워크래프트World of Warcraft와 비슷하다. 이 게임에는 여러 개의 미니피겨 아바타가 있어서 다른 MMORPG처럼 사용자가 모험을 떠나 다양한 퀘스트를 수행하고 다른 사용자와 상호작용도 할 수 있다.

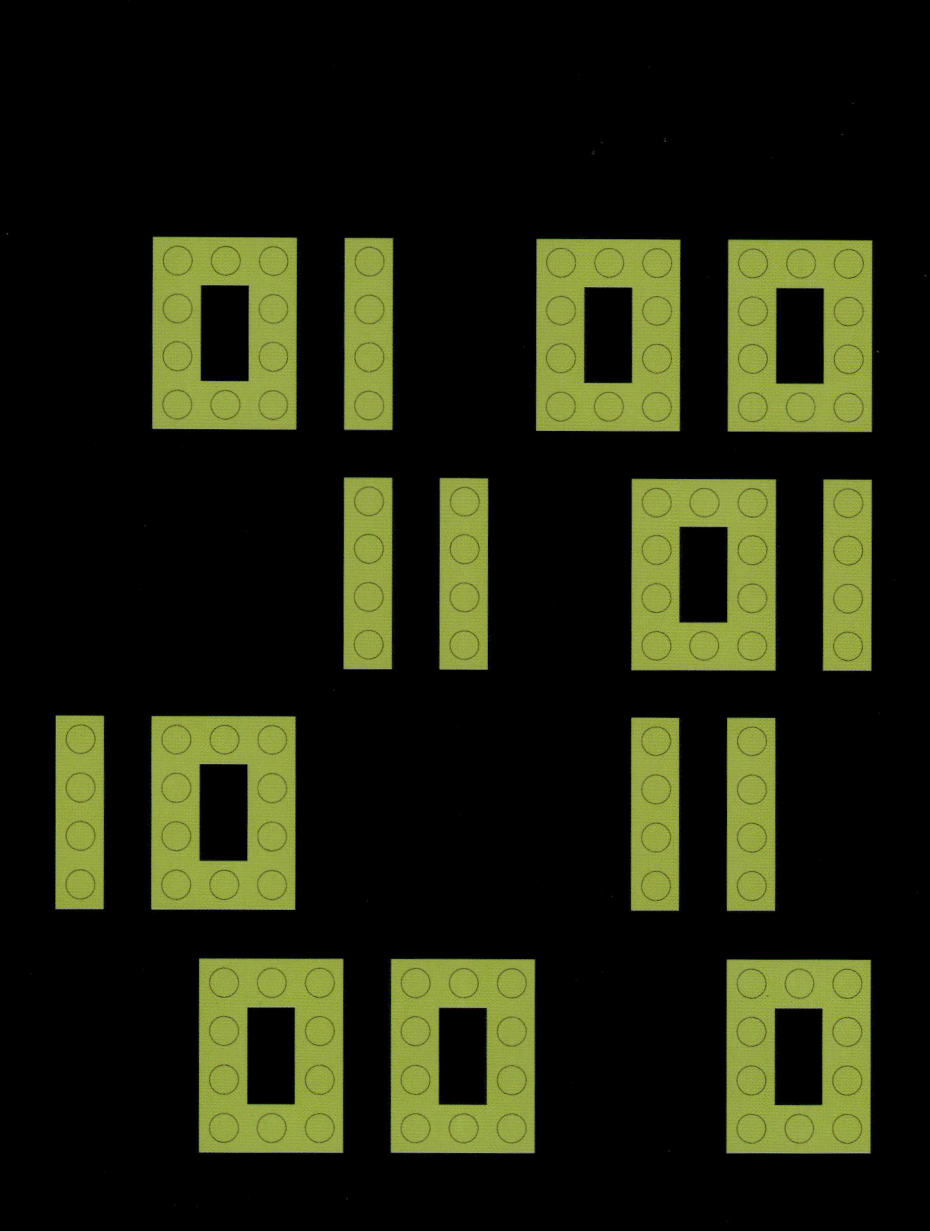

비디오게임

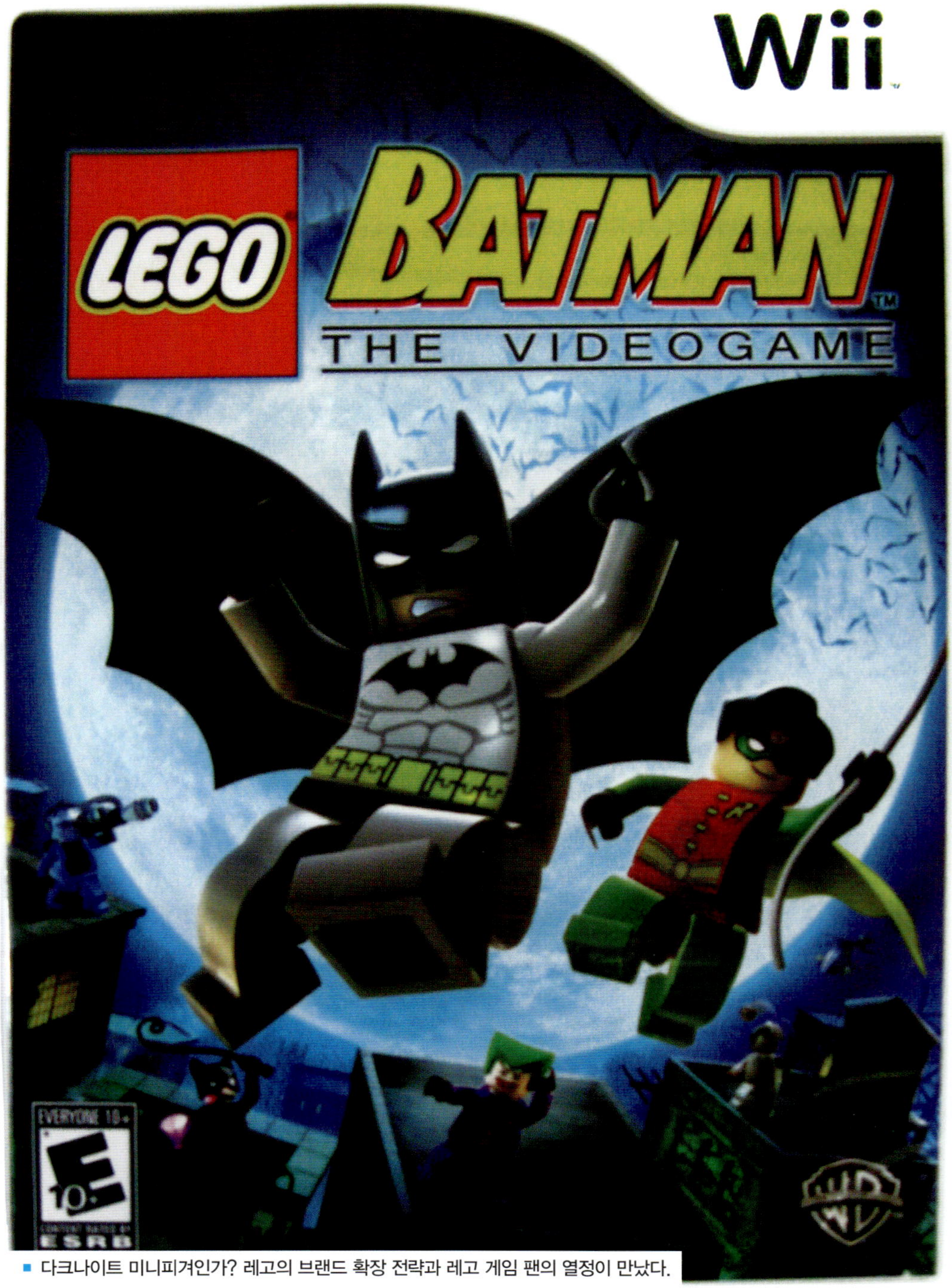

■ 다크나이트 미니피겨인가? 레고의 브랜드 확장 전략과 레고 게임 팬의 열정이 만났다.

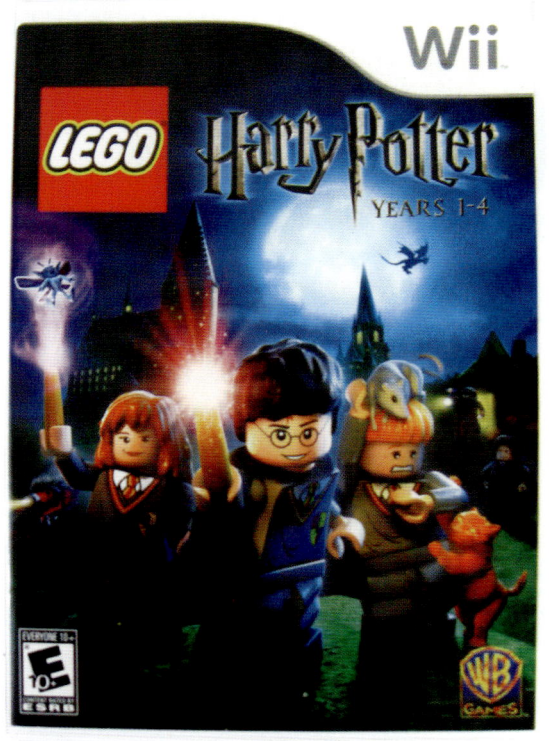

■ 레고 스타워즈에서 누구나 가상 미니피겨 부품으로 스타워즈 캐릭터를 만들 수 있다. 그럼, 다스 그리도 Greedo를 만들어 볼 사람 누구 없을까?

■ 레고 해리포터에서 사용자는 호그와트 마법학교를 졸업하기 위해 고군분투하면서 실제 영화의 장면을 재현해야 할 때도 있다.

지금까지 레고그룹이 출시한 비디오게임만 30종이 넘으며, 게임의 테마도 무척 다양하다. 이 중에는 자동차 경주나 스포츠 같이 레고가 다루지 않았던 테마가 많다. 레고 부품이 들어간 그래픽을 틈틈이 삽입했는데, 예를 들어 1999년 레고 레이서 LEGO Racers 에서는 사용자가 자기만의 레이서 미니피겨를 만들고, 경주용 자동차는 레고 부품으로 만든 것처럼 보인다. 2008년 출시한 레고 배트맨 LEGO Batman 은 각 단계를 통과할 때마다 사용자가 찾아낸 레고 브릭에 따라 점수가 올라간다. 일례로 파워를 올리기 위해 쓰레기통 같은 특정 물체를 파괴하면 폭발과 함께 레고 부품이 우수수 떨어진다. 한편, 사용자는 반드시 단계마다 숨겨진 부품 더미를 찾아내서 부품으로 도로 경사면이나 윈치, 기어를 만들어 장애물을 헤쳐나가야 한

다. 여러 단계를 통과하면 보너스로 얻은 미니피겨 부품을 써서 자기만의 히어로를 만들 수 있다.

바이오니클을 테마로 한 게임도 여러 번 출시됐다. 보통 바이오니클 주제의 책과 만화에 나오는 내용을 토대로 좀 더 보완했다. 바이오니클 게임은 모형과 상당히 비슷하지만 조립보다는 액션에 더 치중한다. 예를 들어 바이오니클 히어로(T 등급, 십대 이상 게임 가능)는 개연성이 전혀 없는 살육 액션도 문제지만, 레고를 연상시킬만한 배경이 부족하다는 비판을 받았다.

한편, 레고그룹은 커스터마이징이 가능한 레고 장난감의 특징을 잘 살린 게임을 내놓기도 했다. 주로 커스터마이징은 코믹한 효과를 줄 목적으로 활용된다. 일례로 레고 체스 LEGO Chess 에서 사용자는 와일

드웨스트 테마의 카우보이와 잔뜩 변장을 한 인디언 캐릭터를 골라 게임을 한다. 레고 스타워즈에서는 사용자가 미니피겨 부품을 바꿔 낄 수 있다. 그리도의 머리를 한 솔로Han solo의 몸에 끼우고 광선검을 들게 하는 식이다. 레고 풋볼 마니아LEGO Football Mania에서 사용자는 아무 레고 테마에서 맘에 드는 미니피겨를 가져와 축구팀을 꾸릴 수 있다. 해골 미니피겨가 닌자와 한 팀이 되어 해적 미니피겨와 시합을 벌일 수도 있다.

　레고 스포츠 게임을 하면서 날쌔게 움직이는 미니피겨를 가지고 노는 것도 재미있지만 이런 게임에는 레고의 영혼이라 할 수 있는 '조립'이 빠져 있다. 레고그룹은 그래서 비디오게임마다 어떻게든 액션과 조립 요소를 모두 넣으려고 애를 쓴다. 레고 스턴트 레이서LEGO Stunt Racers는 사용자가 자기만의 경기 트랙을 만들기 위해 루프와 다른 장애물을 설치할 수 있다. 맥시스 소프트웨어Maxis Software의 심시티SimCity와 비슷한 레고랜드 게임에서는 가상 테마 공원을 짓고 공원을 운영한다. 레고 배틀LEGO Battles은 플레이어가 브릭으로 요새를 세우고 캐슬이나 스페이스 테마 같은 클래식 레고 테마 시리즈를 활용하여 전투를 벌이는 게임이다. 해적과 마법사, 외계인이 한편이 되고 우주인과 용이 반대편이 되기도 하는 등 전혀 어울리지 않는 테마끼리 묶고 섞을 수 있다.

　레고그룹이 비디오게임 시장에 진출한 주된 목적은 일반 조립 제품을 팔기 위해서다. 해리포터, 배트맨, 인디아나 존스, 스타워즈 시리즈 같은 라이선스 제품군은 모두 이들 모형 세트와 짝을 이루는 비디오게임도 같이 출시된다. 레고 해리포터 비디오게임을 좋아하는 아이는 분명히 레고 해리포터도 조립해보고 싶을 것이기 때문이다. 그러나 레고그룹은 레고 게임 자체만으로도 좋은 평가와 인기를 얻었다. 레고 배트맨은 게임 평론가들로부터 호평을 받으며 지금까지 7백만 카피 이상을 팔아치웠다.

조립 게임

■ 레고 크리에이터Creator는 팬들이 실제로 브릭을 사지 않고도 조립을 즐길 수 있는 게임이다.

레고그룹은 조립할 기회가 가뭄에 콩 나듯 생기는 '액션' 게임도 만들었지만, 아예 사용자가 화면상에서 모형을 조립하고 조종할 수 있는 크리에이터Creator 시리즈도 만들었다. 게임 제품으로 분류되어 있긴 하지만 크리에이터는 주로 조립 자체의 즐거움을 위해 만들어진 게임으로 이야기나 액션, 퀘스트는 아주 조금 들어있다.

크리에이터를 시작하면, 일단 맨 처음에는 아무것도 없는 기본 공간과 브릭 메뉴가 주어진다. 사용자는 브릭 메뉴에서 브릭을 골라 가구나 영역, 기타 모형을 만들 수 있다. 사용자가 클릭하기 전까지 미니피겨와 동물은 화면 안에서 돌아다닌다. 최초 크리에이터 게임은 가상의 영역에서 해보는 샌드박스 같은 기능이 주였지만 레고 크리에이터 해리포터 시리즈가 나오면서 약간의 퀘스트도 들어갔다. 또 마법사나 빗자루를 타고 다니는 마녀, 커스터마이징할 수 있는 날씨, 호그와트 급행열차를 몰 수 있는 기회 같은 상호작용 성격도 게임에 담겨 있다.

이 비디오게임과 이름이 같은 레고 크리에이터가 있긴 하지만 이 제품은 크리에이터 게임과는 아무런 관련이 없다. 크리에이터 모형 세트는 일반 시스템 브릭 한 세트로 다양한 모형을 만들 수 있는 제품이다.

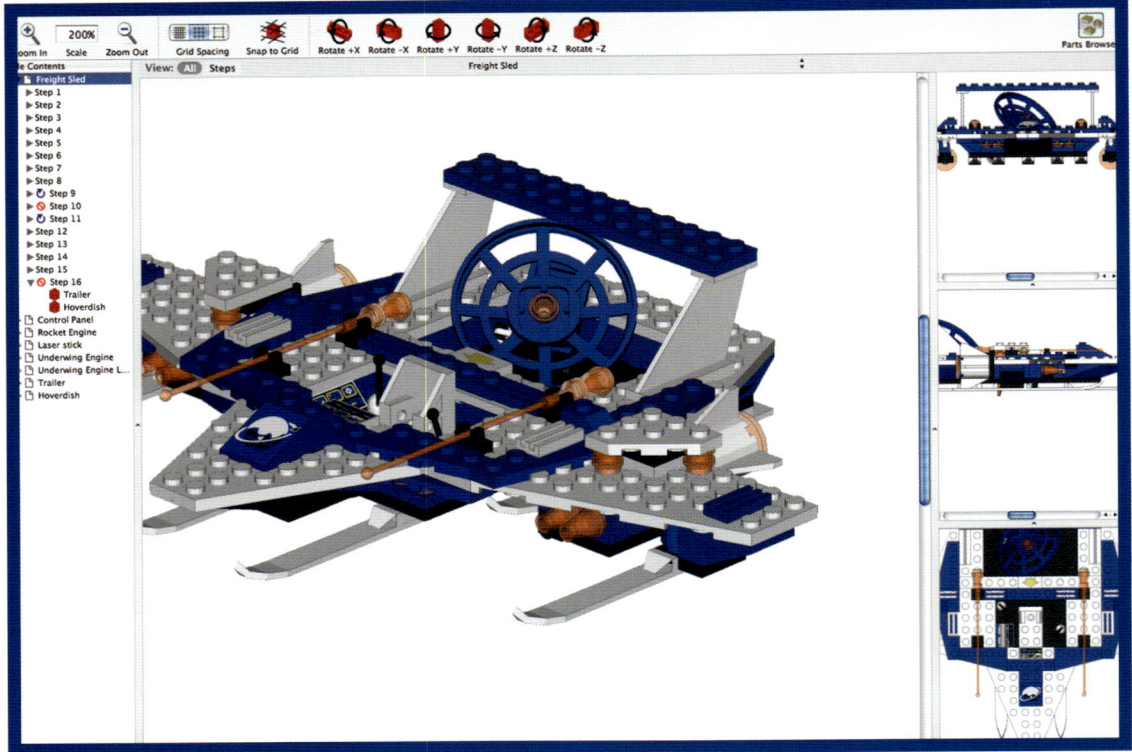

■ 앨런 스미스의 브릭스미스Bricksmith는 제임스 제시맨이 시작한 LDraw 라이브러리를 사용하기 편리한 매킨토시에서 돌아가게 했다.

레고의 크리에이터 프로그램에는 성인 레고 팬을 사로잡는 진지한 구석이 있다. 일부 창작가는 보통 엔지니어와 건축설계사가 쓰는 것과 비슷하긴 하나, 레고 팬에게 최적화된 CAD 프로그램으로 디지털 모형을 만든다. 이런 CAD 프로그램은 브릭의 3차원 모양에 관한 라이브러리가 있어 사용자가 화면에서 모형을 조립할 수 있다. 주로 완성 모형을 프로토타이핑하거나 비용, 크기, 브릭의 개수 부족으로 실제로 만들 수 없는 모형을 가상 공간에서 만들 때 활용한다. 이러한 가상 브릭은 실제 레고 부품과 똑같이 만든 3D 브릭을 조작할 수 있는 소프트웨어를 이용해서 완성 모형을 시뮬레이션 해볼 수 있다.

레고 CAD의 원조, LDraw

1995년 호주 출신 제임스 제시맨이 처음으로 레고 모델링 프로그램인 LDraw(www.ldraw.org)를 막 개발하기 시작했다. 오늘날 기준으로 보면 그의 첫 시도는 원시적이었다. 그래픽 사용자 인터페이스도 없었고, 조립 명령어를 한 줄씩 쳐넣어야 하는 데다가 프로그램을 실행하기 전까지는 결과를 알 수 없었다. 무엇보다도 라이브러리에는 2×2, 2×3, 2×4 이렇게 딱 3종류의 브릭만 있을 뿐이었다.

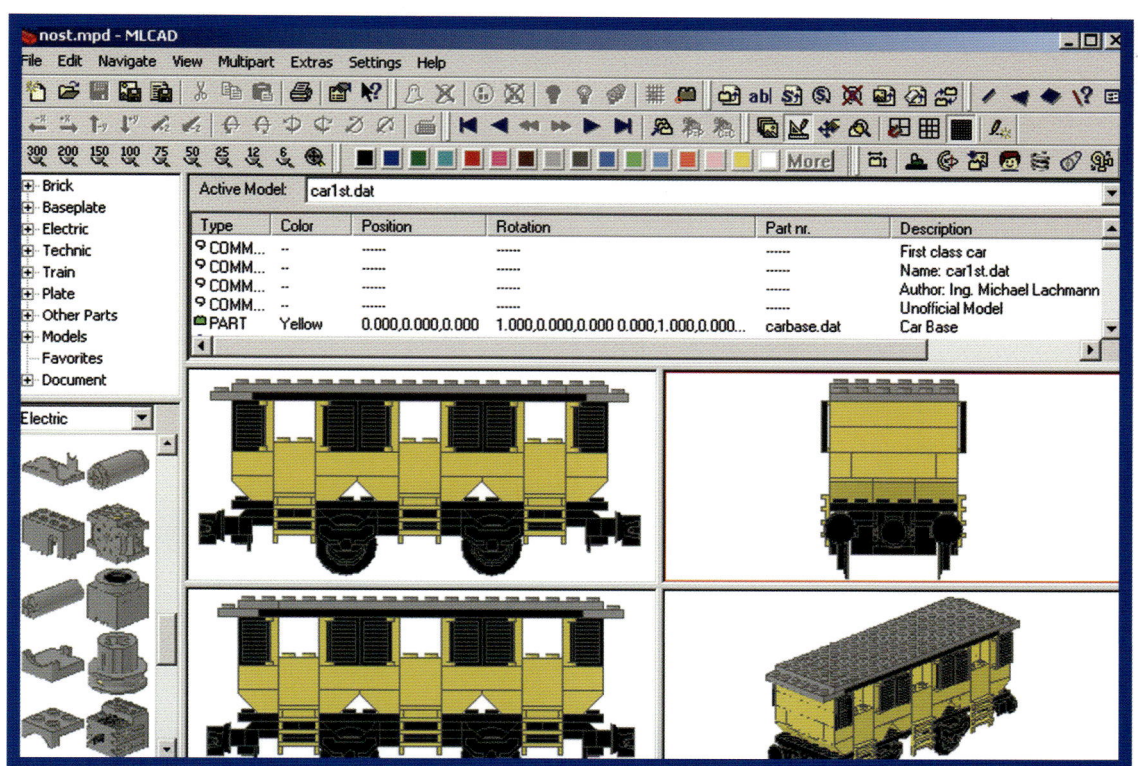

■ MLCad의 인터페이스에는 모형을 보여주는 창과 커스터마이징이 가능한 브릭들의 라이브러리까지 보여준다.

그러나 제시맨이 만든 이 프로그램은 레고 조립방식에 큰 변화를 가져온 첫 발걸음이었다. 해가 바뀌면서 LDraw 라이브러리에 수백 개의 브릭이 천천히 그러나 아주 주도면밀하게 추가됐다. 브릭을 LDraw 라이브러리에 등록하려면 LDraw 자원봉사자들의 까다로운 심사를 거쳐야만 했기 때문이다. 이렇게 어렵게 라이브러리에 추가된 부품은 대부분 공식 레고 제품이었지만, 팬들이 직접 제작해서 일반 판매점에서는 살 수 없는 브릭도 있다. 바로 여기서 디지털 매체가 지닌 강점을 확인할 수 있다.

라이브러리 규모가 늘어나자 Mac OS, 리눅스, 윈도 버전도 개발됐다. 앨런 스미스의 브릭스미스 Bricksmith(bricksmith.sourceforge.net)는 매킨토시 스타일의 훌륭한 인터페이스에 LDraw의 라이브러리를 갖춘 프로그램이다. 이 프로그램을 쓰면 창작가는 부품 메뉴를 스크롤하다가 마음에 드는 게 있으면 간편하게 조립 영역에 끌어다놓기만 하면 된다.

LDraw 모형이 완성되면 렌더링을 하거나 조립설명서(케빈 클라그가 개발한 LPub 프로그램을 사용)를 생성하게 되고, 마침내 모형 하나가 완성된다.

오스트리아 출신 소프트웨어 개발자 마이클 라흐만의 MLCad(mlcad.lm-software.com)도 LDraw 라이

■ 레고 디지털 디자이너는 일반 사용자들이 개발한 CAD 프로그램의 모든 기능을 갖추고 있다. 게다가 더 세련됐다.

브러리를 활용하기 위해 고안된 인터페이스 프로그램이다. 브릭스미스와 마찬가지로 LDraw 브릭 라이브러리에 그래픽 인터페이스로 접근이 가능하다. 메뉴에서 부품을 선택하면 이 브릭이 다른 부품과 연결하여 어떤 모양이 될지 미리 볼 수 있다. 그러고 나서 브릭을 끌어다가 조립 영역에 둘 수도 있고, 회전하거나 뒤집어 보기도 하고, 색깔도 바꿔보고, 괜찮으면 모형에 갖다 붙일 수 있다. 커스터마이징이 가능한 네 개의 창은 각기 다른 각도에서 창작품의 모양을 확인할 수 있다. 이로써 간단하게 부품을 드래그하여 적절한 창에 가져다놓고, 봐가면서 모형의 옆이나 뒤에 붙일 수 있다. MLCad는 윈도와 호환이 가능하며 8개 언어를 지원한다.

레고 디지털 디자이너

레고그룹도 이런 흐름에 뒤질세라 자체적으로 디지털 디자이너(ldd.lego.com)를 발표했다. 윈도와 Mac OS 버전이 나오며 1,000개 이상의 부품 라이브러리를 갖추고 있다. 줄여서 LDD라 부르는 이 프로그램은 레고 홈페이지에서 무료로 내려받을 수 있다. MCLad나 브릭스미스처럼 드래그앤드롭방식으로 메뉴의 부품을 가져와 가상으로 모형을 만들 수 있다. 모형을 뒤집거나 회전할 수도 있고 다양한 크기로 만들어볼 수 있으며 렌더링한 후 공유도 가능하다. LDD에는 팬들이 개발한 소프트웨어가 절대 따라할 수 없는 기능이 몇 가지 있다. 하나는 부품을 조립할 때 실제 스터드를 맞추는 듯한 느낌을 준다는 것이다. 그리고 자기가 만든 가상 모형의 조립설명서를 만들고 싶어하는 창작가를 위해서, 온라인상에서 조립을 하면 각 단계별로 설명서도 같이 생성된다. 절차를 수정하거나 뭔가 바꾸면, 즉시 설명서에도 반영된다. 당연히, LDD는 LDRaw 자원봉사자들이 새로운 부품을 라이브러리에 등록하는 것보다 더 빨리 새로운 부품을 즉각 브릭 라이브러리에 추가할 수 있다.

LDD는 사용자가 설계한 모형을 실제 제품으로 제공한다는 면에서 확실히 타의 추종을 불허한다. '디자인 바이 미'[3] 서비스 패키지에는 모형을 조립하기 위해 필요한 부품과 조립설명서가 같이 동봉되며, 심지어 창작가 자신이 포장상자까지 디자인할 수 있다. 물론 레고 기성품보다 가격은 높지만 제품이 훨씬 다양하며, 다른 사람이 디자인한 모형을 살 수 있다는 점에서 흥미롭다.

픽투브릭 PicToBrick

픽투브릭(www.pictobrick.de)은 지금까지 얘기한 CAD 프로그램 붐을 조금 다른 각도에서 보게 한다. 픽투브릭은 단순히 조립을 돕는 대신, 스캔한 이미지를 '브릭 픽셀'로 변환해서 실사 느낌의 모자이크 제작을 돕는다. 토비아스 라이힐링과 아드리안 쉬츠가 독일의 지겐 대학교를 다니는 동안 개발한 이 프로그램은 창작가가 최적의 부품과 이미지와 가장 유사한 색을 찾아내는 알고리즘을 이용했다. 사람이 눈으로 고르거나 픽투브릭 프로그램 자체가 색상을 선택하는 게 아니다. 라이힐링의 설명에 따르면 "인접한 정사각형들을 이용하는데 오차 범위를 자동으로 계산한다. 각각의 정사각형에 대한 색상의 결과 값이 옆의 정사각형 색상값에 비례해서 주어지고, 그런 과정을 거쳐 색이 실제와 더 가까워진다"고 한다. 이 두 사람은 수채화나 팝아트 효과도 구현했으며 브릭과 플레이트 방향까지도 고려해서 더 정밀한 모자이크를 만들 수 있게 했다. 디지털 이미지를 작은 정사각형 형태의 색상으로 변환하는 데 그치지 않고 레고 부품만을 활용해서 최적의 브릭 조합을 찾아내기까지 한다.

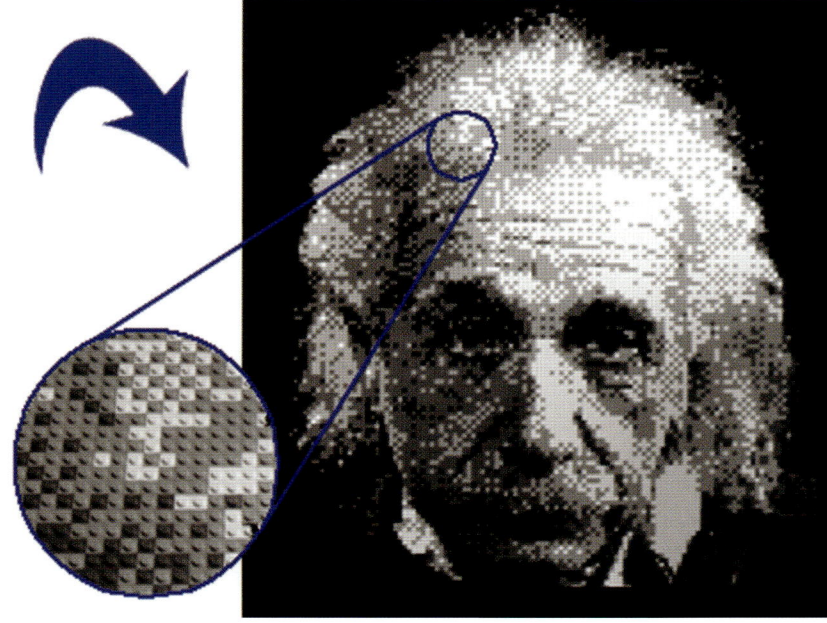

■ 자기만의 레고 모자이크를 만들고 싶은가? 픽투브릭이 가장 쉽게 만들어 줄 것이다.

자기만의 브릭 찍어내기

■ 앤드류 플럼이 3D 프린터로 찍어낸 브릭을 레고 브릭으로 착각할 사람은 없겠지만 CAD로 디자인해서 프린트하는 기술은 앞으로 그 가능성을 지켜볼 만하다.

레고 부품의 CAD 디자인과 빠르게 확산되는 3D 프린팅 기술이 결합해 앤드류 플럼 같은 팬도 이제는 레고 브릭과 유사한 브릭을 '프린트'할 수 있게 됐다. 온타리오 오타와 출신의 전기공학자 플럼은 취미용 3D 프린터 메이커봇 컵케이크 CNC를 샀다. 맨 처음 프린트한 물건은 비엔나 출신의 필립 티펜바허가 디자인한 전형적인 2×4 사이즈 유사 레고 브릭이었다. 인쇄 결과물은 울퉁불퉁하고 부서지기 쉬우며 진짜 같은 느낌은 없었지만, 실제 레고 브릭과 호환은 됐다.

프린터 기능만 갖고는 만족할 수 없었던 플럼은 재빨리 직접 브릭을 디자인하기로 마음먹고 구글 스케치업에서 2×2 사이즈의 둥근 플레이트를 디자인했다. 그리고 자신의 메이커봇 프린터로 출력했으며, 이번에는 전문 프로토타이핑 서비스업체인 셰이프웨이Shapeways의 도움을 받아 자신이 디자인한 부품을 알루미늄 구리 합금 소재로도 프린트했다.

그렇다면 뛰어난 품질로 유명한 레고 브릭과 비교했을 때 메이커봇의 결과물은 어느 수준인가? 당분간 레고 브릭을 따라잡긴 쉽지 않을 듯하다. 3D 프린터는 단단한 부품을 금형을 사용하여 한 번에 찍어내는 게 아니라 플라스틱 레이어를 겹겹이 쌓는 방식이다. 플럼은 인터뷰에서 "메이커봇으로 출력한 브릭은 진짜 브릭만큼 강해서 밟으면 아플 정도이지만 얇은 판을 겹겹이 쌓아 올리는 방식이다 보니 브릭을 고정하는 부분이 취약해서 그 부분에 압력을 가하면 쉽게 부서진다"고 말했다.

메이커봇과 레고그룹 양쪽 다 ABS 합성수지를 쓰지만, 3D로 출력한 브릭은 미적인 측면과 내구성 측면에서 레고 제품을 따라갈 수가 없다. 그렇다면 레고그룹은 이 새로운 기술을 두려워할 필요가 없다는 뜻일까? 레고 모조품인 메가블록이 힌트다. 1장에서 언급했듯이 레고그룹의 특허는 만료됐다. 이로써 경쟁사들은 레고의 상표권과 기타 저작권을 침해하지 않는 선에서 레고와 완벽히 호환되는 플라스틱 브릭을 마음대로 제조할 수 있다. 이 경험이 3D 프린팅 기술로 찍어낸 브릭에도 똑같이 적용될 것이다.

플럼도 이에 동의했다. "오래전부터 제품 양산에 활용했던 특허가 만료되면서, 이미 레고와 유사제품을 만드는 경쟁사들이 시장에 많아졌다. 물론 상표권을 침해하지는 않는다. 하지만 가격이 싼 만큼 품질은 떨어진다. 레고 브랜드는 예전처럼 건재하다."

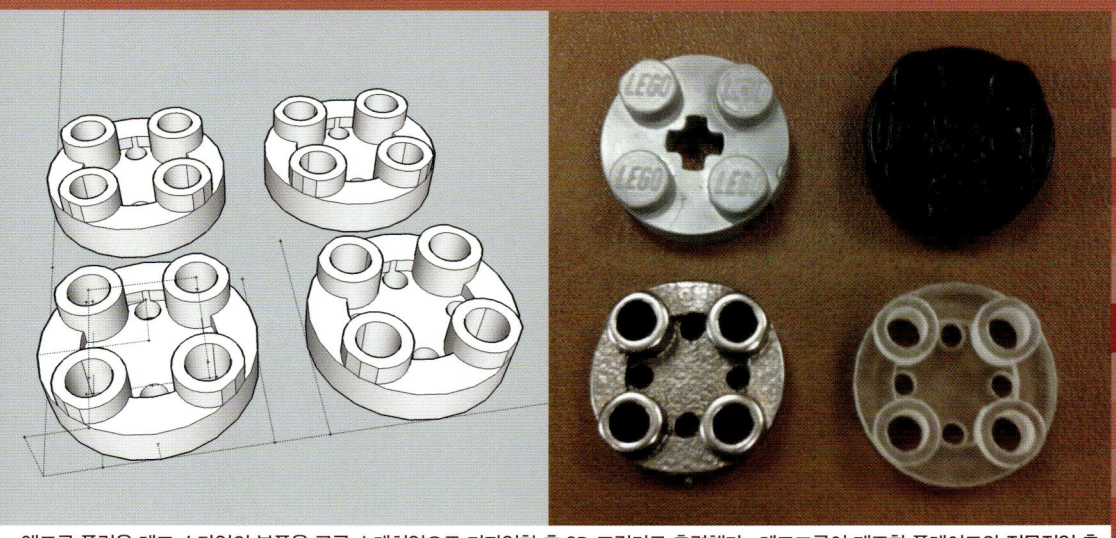

■ 앤드류 플럼은 레고 스타일의 부품을 구글 스케치업으로 디자인한 후 3D 프린터로 출력했다. 레고그룹이 제조한 플레이트와 전문적인 출력 업체가 인쇄한 것을 나란히 비교해 볼 수 있다.

레고 팬을 위한 웹사이트

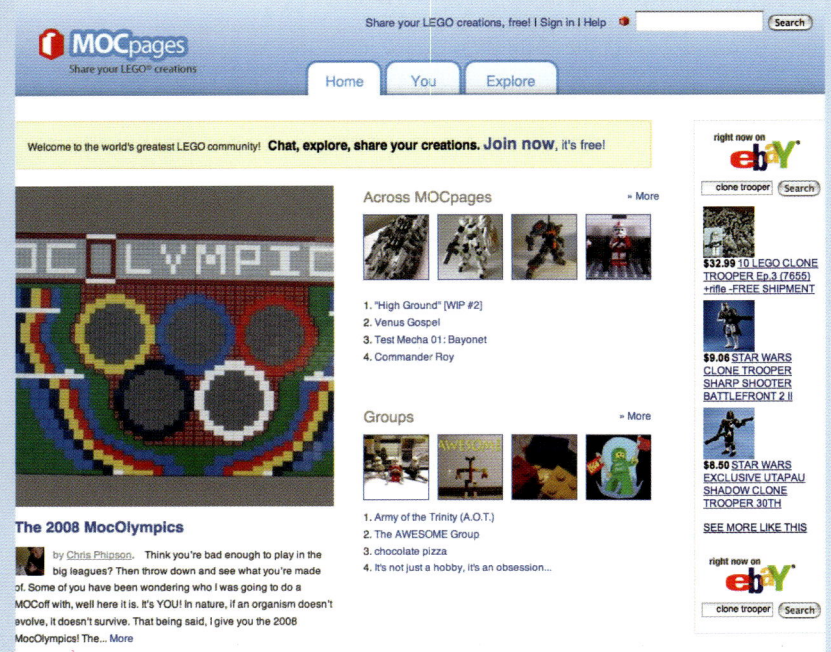

■ 목페이지스와 같은 사이트를 통해서 레고 창작가들은 먼 거리에서도 서로의 작품을 공유할 수 있다.

레고 CAD에서 3D 프린트까지 디지털 기술은 지난 몇 년 사이에 장족의 발전을 거듭했다. 그러나 절대 잊지 말아야 할 것은 컴퓨터와 인터넷이 성인 레고 팬에게 끼친 영향이 훨씬 더 크다는 사실이다. 컴퓨터와 인터넷으로 사람들은 언제 어디서나 작품과 정보를 공유할 수 있게 됐다.

인터넷이라는 디지털 공간에는 다른 이의 레고 창작품을 볼 수 있는 곳이 많다. 가장 큰 레고 모형과 레고 팬들의 사진을 볼 수 있는 온라인 갤러리는 브릭셸프(www.brickshelf.com)이다. 이 사이트는 무료 이미지 호스팅 사이트로 레고 팬들의 작품만 전문적으로 올라온다. 3백만 장 이상의 모형, 이벤트, 팬들의 사진이 20만 개가 넘는 폴더에 올라와 있다. 가장 최신 레고 세트의 사진부터 전 세계의 모형 사진이 모여 있는 이 사이트는 세계에서 가장 많은 사진을 보유한 사이트일 것이다. 이 사이트는 이미지와 태그만 있어서 자세한 설명과 만든 이의 정보는 러그넷(www.lugnet.com) 같은 곳에 올려야 한다. 이 사이트는 전 세계의 레고 사용자그룹도 인덱스해 놓았다.

브릭셸프가 오랫동안 장수하긴 했지만 기능은 목페이지스(www.mocpages.com)에서 좀 더 많이 제공한다. 이 웹사이트는 전문 레고 창작가 션 케니가 구축한 사이트로 제2세대 갤러리 가운데는 최대 규모로 트래픽이 브릭셸프를 앞선다. 커뮤니티 활동에 필요한 댓글 달기와 그룹 기능을 활용해 모형만 보여주는 데 그치지 않고 사람들끼리 토론도 할 수 있다.

그러나 좀 더 대중적인 사용자 중심의 웹사이트로는 더 브라더스 브릭TBB이 있다. 이곳에서는 레고 팬 커뮤니티에서 최고의 작품을 선별해서 블로그 형식으로 보여준다. TBB(www.brothers-brick.com)의 고정 블로거들이 여러 방면의 뛰어난 모형들을 매일 소개한다.

예술적인 모형 사진보다는 순수하게 정보 제공이 목적인 사이트도 있다. 피어론(www.peeron.com)에는 구할 수 있는 레고 모형을 어떻게든 전부 입수해서, 부품 사진을 찍고, 제품 조립설명서를 PDF로 스캔해서 올리는 사람들이 있다. 한발 더 나아가 유럽판이라 할 수 있는 브릭세트(www.brickset.com)는 뉴스 피드까지 제공한다.

마지막으로 위키사이트(사용자들이 편집하는 백과사전)의 인기에 힘입어 브리키피디아Brickipedia같은 사이트도 생겼다. 이 사이트에는 2,500개 이상의 다양한 기사가 올라온다. 여기에는 희귀한 부품부터 바이오니클 세계에서 무슨 일이 벌어지는지까지 다양한 주제를 다룬다. 다스 베이더 미니피겨가 들어있는 레고 세트는 무엇일까? 브리키피디아(www.lego.wikia.com)에 물어 보라.

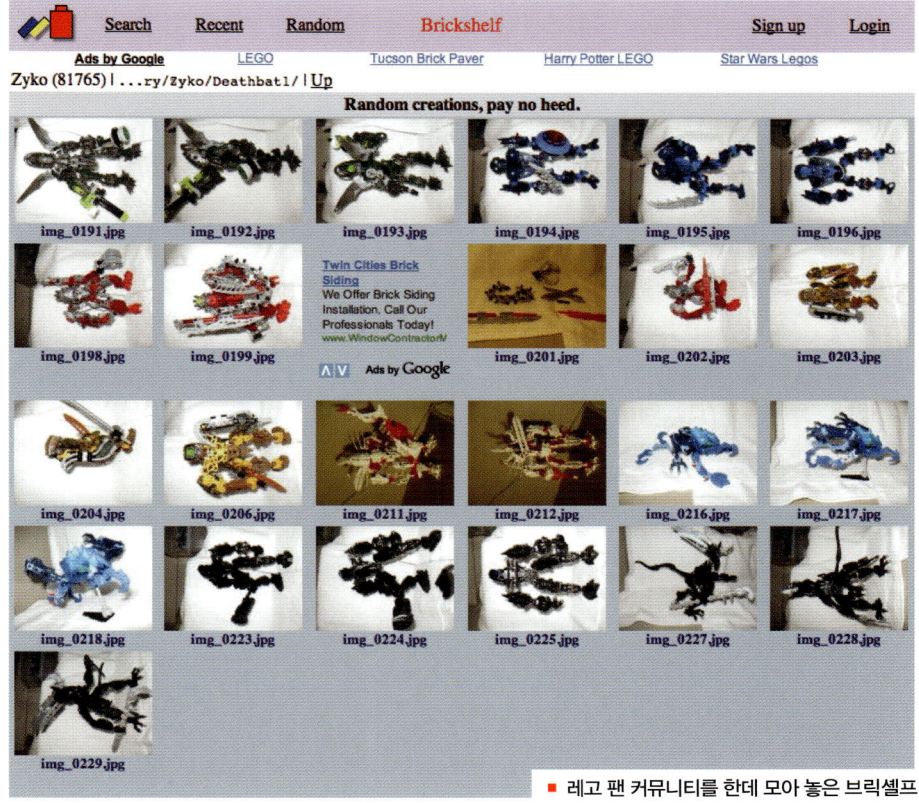

■ 레고 팬 커뮤니티를 한데 모아 놓은 브릭셸프

레고
폰트

■ 우르스 레니와 라파엘 코흐의 레고 폰트는 마치 브릭으로 글자를 만든 것처럼 보인다.

스위스 디자이너 우르스 레니와 라파엘 코흐는 레고를 보자마자 새로운 디자인의 폰트가 떠올랐다. 모듈 형태의 브릭으로 자동차나 집을 조립하듯이 알파벳을 쉽게 만들 수 있겠다 싶었다. 두 사람은 레고에서 영감을 얻은 두 종류의 서체를 만들었다. 하나는 LEGO AM, 다른 하나는 LEGO PM으로 기본적으로 같은 디자인이지만, 각도만 달리했다. 두 개의 레고 폰트는 스위스 폰트 전문 업체인 리네토Lineto를 통해 판매된다.

돈을 주고 폰트(이 폰트의 라이선스 비용은 100스위스 프랑으로 미화 90달러 정도다)를 쓰고 싶지 않은 사람들을 위해 레니와 코흐는 레고 폰트 크리에이터LEGO Font Creator를 제공한다. 이 프로그램은 디자이너이자 개발자인 위르그의 도움을 받아 제작된 웹 기반 쇼크웨이브Shockwave 응용프로그램으로 따로 설치할 필요없이 화면에서 폰트를 조작할 수 있다. 여기에는 레고 형태의 객체 라이브러리도 제공한다. 사용자가 만든 폰트는 잉크스케이프와 일러스트레이터 같은 프로그램에서 조작이 가능한 벡터 그래픽으로 내보낼 수도 있다.

레고 유니버스

■ 캐릭터들은 여행을 하면서 물건을 찾을 수 있고 이것을 상점에 팔거나 다른 캐릭터와 교환할 수 있다.

사용자가 미니피겨가 되어 게임을 하는 크리에이터 시리즈 같은 비디오게임은 시작에 불과하다. 레고그룹은 레고 유니버스를 통해 한발 더 나아가 한꺼번에 여러 사람들이 멀티플레이어 온라인게임을 즐길 수 있게 했다. 판타지 세상에서 전사들이 전투를 하는 블리자드 사의 월드 오브 워크래프트에 영감을 받아 레고그룹이 2006년에 디자인에 돌입했다.

레고 유니버스의 초기 콘셉트는 스터드없이, 거대한 초목으로 둘러싸인 길과 다리, 집으로 가득한 대자연의 풍광 위에 판타지 요소를 살짝 가미한 것이다. 레고 세트에서 가져온 테마도 들어있다. 어떤 화면에는 전통 일본식 정원에 닌자고 미니피겨가 보초를 서고 있고 다른 화면에는 레고 브릭으로 만들어진 괴물, 해적선, 환상적인 나무집이 나온다.

덴버에 있는 넷데블NetDevil이 주도적으로 시스템을 개발하고, 레고그룹의 협력 하에 팬 커뮤니티에서 사람을 뽑아 게임 콘텐츠 제작과 테스트를 했다. 넷데블이 게임 리소스와 게임 세계를 만드는 동안, 레고 팬들은 게임 환경을 설계하는 데 도움을 줬다. 실제 브릭으로 먼저 조립을 해보고, 이후에 가상 부품으로 조립하는 과정을 거치면서, 팬 커뮤니티는 게임의 시각 디자인에 큰 영향을 끼쳤다. 개발 기간 중 테스트할 때는 지역 어린이들의 도움도 받았다. 레고 유니버스가 마무리될 무렵에는, 전 연령층과 전 세계 사용자를 대상으로 베타 테스트를 수행했다.

그러나 레고 유니버스가 다뤄야 할 범위를 정

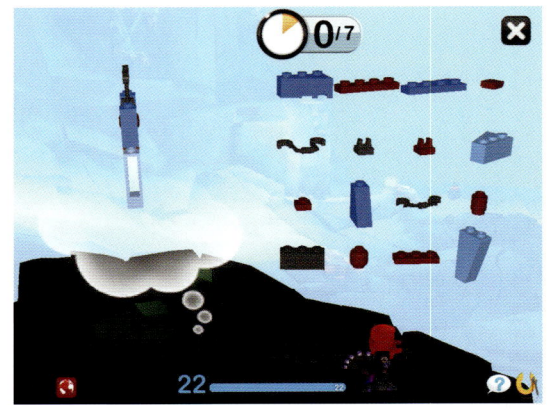

- (위쪽) 레고 게임답게 레고 유니버스에서는 진짜 레고 브릭을 써서 조립할 수도 있다.
- (중간) 전투는 게임의 일부다. 캐릭터의 주적은 스트롬링이라 불리는 좀비다.
- (아래쪽) 상대적으로 MMORPG에 후발주자이긴 하지만 레고 유니버스는 다양한 게임 세계를 보여준다. 캐릭터들은 여러 모양의 배를 타고 여러 곳을 다닌다.

하는 게 가장 큰 난관이었다. 사용자들이 쉽게 조립하고 모형을 공유하는 온라인 세상을 창조한다는 것은 실로 엄청난 과제였다. 하는 수 없이 레고 유니버스는 출시를 세 번이나 연기해야 했다. 비로소 2010년 10월 마침내 게임은 호평 속에 공식 오픈했다. 레고답게 레고 유니버스는 어린이 친화적이며, 온건하고, 상당히 재미있다는 평을 얻었다.

게임 줄거리는 마엘스트롬이라 하는 거미같이 생긴 상상속의 생명체가 희생자를 스트롬링이라 불리는 좀비로 바꿔 괴롭히는 이야기다. 주인공 미니피겨들이 힘을 합쳐 마엘스트롬의 책략에 맞서 그의 하수인과 싸우면서 보물을 모은다. 레고 유니버스 사용자는 저마다 독특한 복장과 장비, 재산을 보유한 미니피겨 역할을 맡는다. 다른 캐릭터가 경험 포인트를 얻으며 한 단계씩 올라가는 형태의 MMORPG와는 달리 레고 유니버스는 사용하는 장비에 따라 단계가 결정된다. 사용자는 더 나은 장비를 구할 수 있으며, 이에 따라 점수도 올라간다. 이런 장비를 얻으려면 퀘스트를 수행하거나 수수께끼를 풀고 싸움에서 괴물을 때려눕혀야 한다. 악당을 이기면 사용자는 코인과 가상 구슬을 얻는다. 이 코인으로 사용자는 자기 미니피겨 캐릭터에 맞는 도구와 무기로 바꿀 수 있으며, 가상 구슬은 레고 브릭으로 뭔가를 만드는 데 사용할 수 있다.

레고그룹의 온라인게임 진출은 장기적으로 비디오게임 콘솔 시장에 투자하겠다는 의지의 표현이고, 회사가 핵심 제품을 뛰어넘어 새로운 형태의 창작까지도 받아들이겠다는 결의의 표현이다.

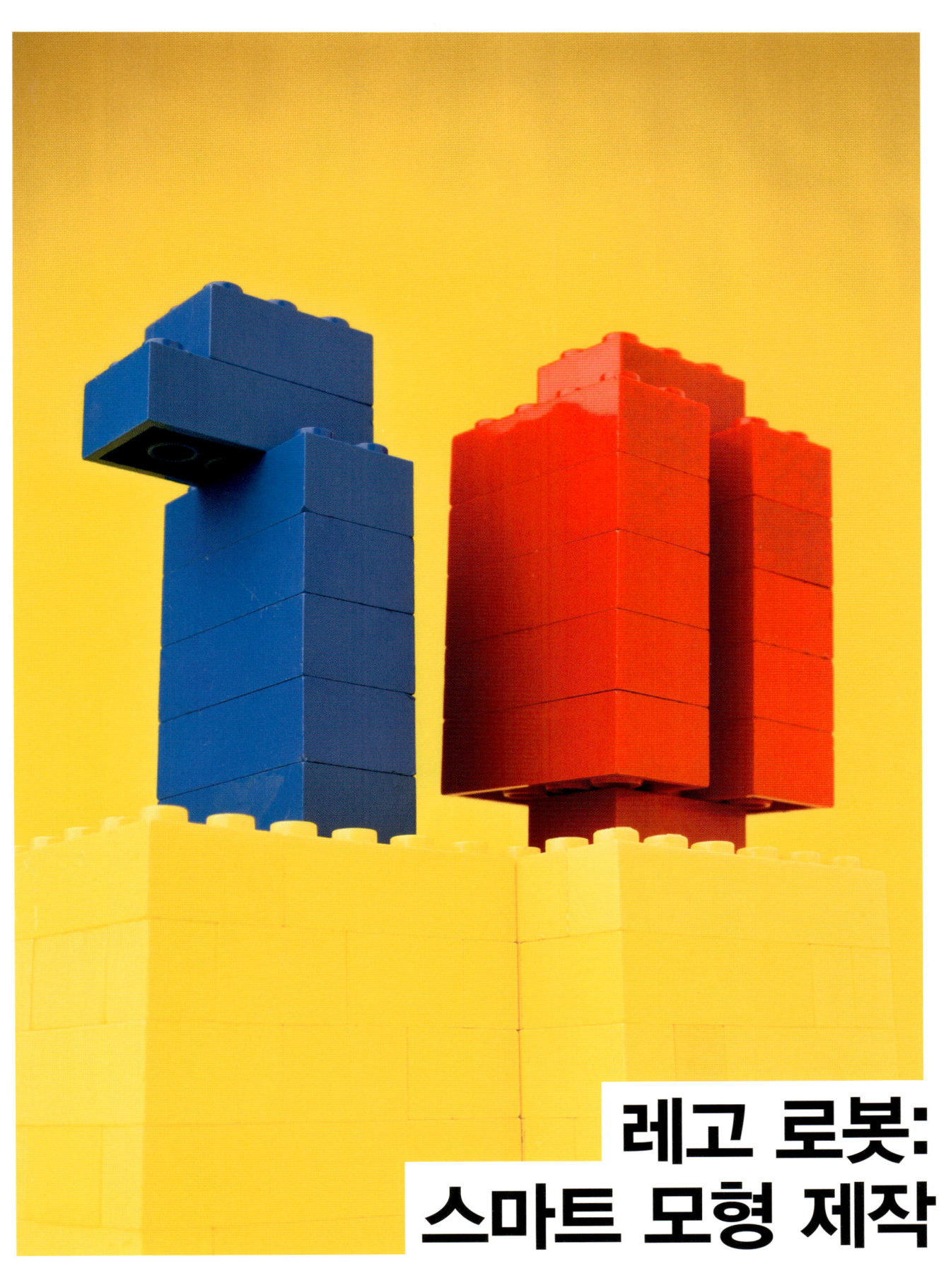

레고 로봇:
스마트 모형 제작

9장에서는 레고그룹이 어떻게 과감히 콘솔 및 컴퓨터 게임 시장에 진출하여, 레고 조립보다는 앉아서 게임하는 걸 즐기는 고객층까지도 흡수했는지 살펴봤다. 이와 유사하게 레고그룹은 레고 제품의 연장선상에 있는 로봇 제품 개발에도 상당히 적극적이었다. 그러나 단순히 레고 제품을 로봇으로 만들기보다는 아예 제품군 자체를 재정의하고 주된 부품인 브릭에서 탈피하고자 했다. 브릭이 레고그룹의 핵이었다는 점에서 보면 과감한 행보였다.

레고그룹은 다양한 로봇 제품을 내놨지만 대부분은 실패작으로 거의 1년만에 제품 생산이 중단됐다. 그런 와중에 눈부신 성공을 거둔 작품이 있었으니 바로 마인드스톰 MINDSTORMS 이다. 마인드스톰은 출시된 후 십수 년간 백만 세트의 판매고를 기록하면서 레고 로봇 제품군의 대표 상품으로 등극했다.

■ 레고 마인드스톰은 로봇 시스템으로 레고그룹의 주요 제품군과 지향점이 완전히 달랐지만 대성공을 거뒀다.

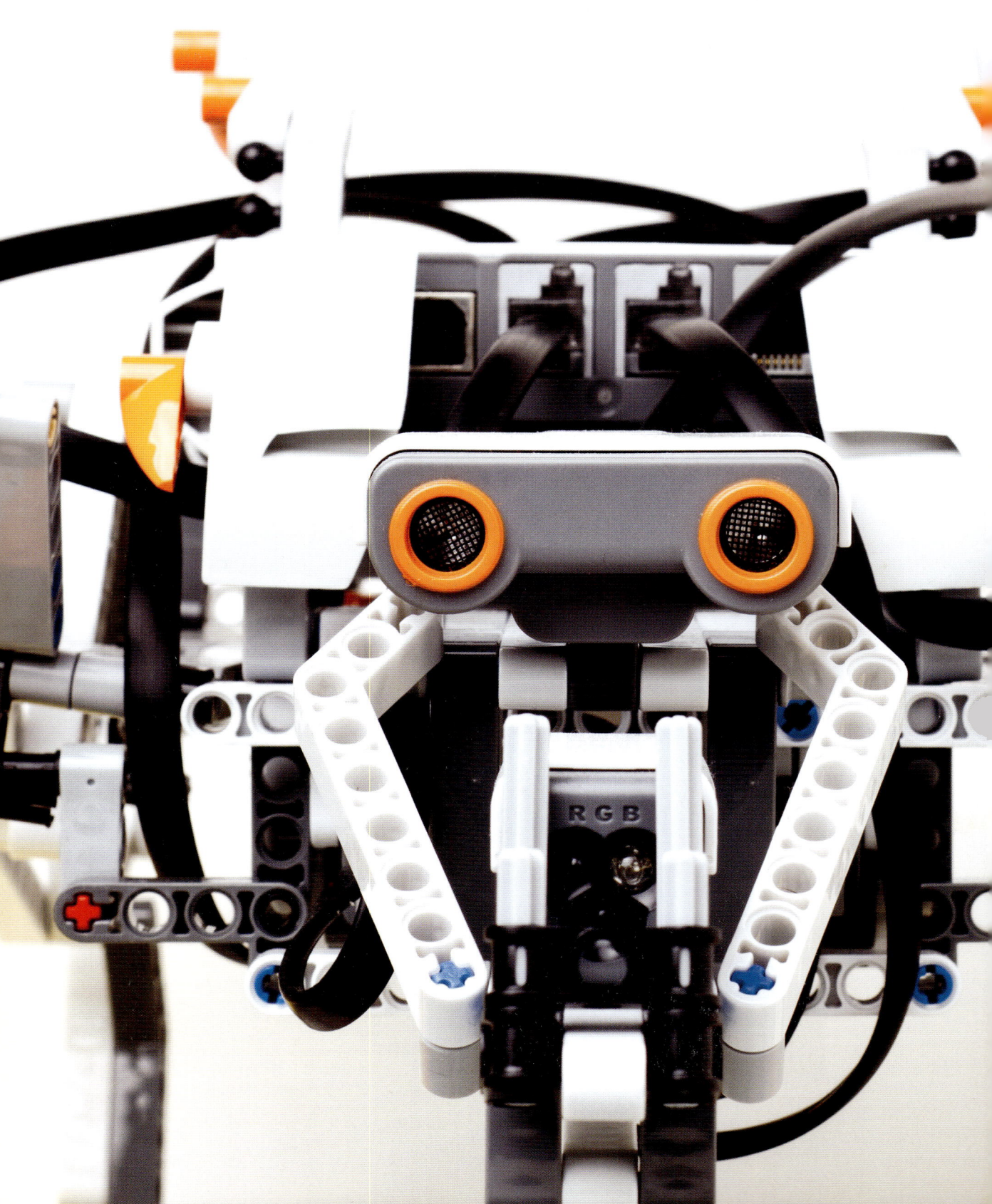

마인드스톰

지난 수년간 레고그룹은 여러 로봇 제품을 발표했지만 성공작은 레고 마인드스톰이 유일했다. 마인드스톰만이 유일하게 갖출 걸 다 갖춘 로봇 조립 세트였다.

1998년, 레고그룹이 마인드스톰을 출시했을 때 정식 제품명은 마인드스톰 로봇 발명 시스템MINDSTORMS Robotics Invention System이었다. 이 제품의 핵심은 RCX[1] 브릭이다. RCX는 사용자가 직접 프로그램을 짜서 작동시킬 수 있는 마이크로 컨트롤러로 겉은 레고 스터드로 덮여 있었다.

2006년, 마인드스톰 NXT가 나왔다. 이번 제품의 핵심은 NXT라 불리는 한층 강력해진 브릭이었다. 그리고 2009년, 레고그룹은 마인드스톰 NXT 업그레이드 버전인 NXT 2.0을 발표하고 대대적으로 홍보했다. (혹자는 제품을 비판하면서 버전 1.2로 표시하는 게 더 정확할 거라고 했다.)

마인드스톰은 단일 제품으로는 레고그룹 제품 가운데 최대 성공작이었다. 심지어 마인드스톰만 다루는 컨벤션과 대회, 관련 기술서적, 조립 안내서, 마인드스톰 성인 팬까지 있을 정도다. 두 말할 것도 없이 마인드스톰은 레고에는 관심이 털끝만큼도 없지만, 로봇은 좋아하는 소비자층을 고객으로 끌어들이는 데 혁혁한 공을 세웠다. 그러나 무엇보다도 마인드스톰이 로봇 초보자나 기술에 문외한인 사람을 쉽게 접근시켰다는 점에서 그 성공에 큰 의미가 있다.

10 레고 로봇: 스마트 모형 제작 265

■ 레고그룹의 최대 성공작인 마인드스톰의 NXT 2.0에는 센서, 모터, 마이크로컨트롤러와 다양한 모형을 만들 수 있는 테크닉브릭이 들어있다.

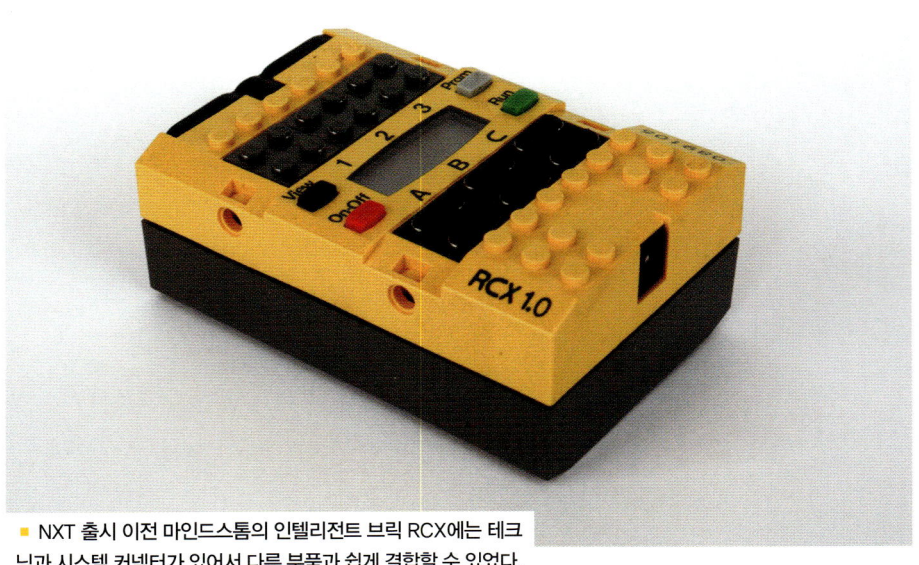

■ NXT 출시 이전 마인드스톰의 인텔리전트 브릭 RCX에는 테크닉과 시스템 커넥터가 있어서 다른 부품과 쉽게 결합할 수 있었다.

테크닉 부품

NXT 세트에서 로봇과 관련이 없는 부분은 거의 테크닉 부품들로만 구성돼 있다. 활발히 움직이는 동적인 모형이 무너지지 않도록 단단하게 받쳐줄만한 힘이 전통적인 스터드와 튜브 방식의 시스템 브릭에는 없다. 그러나 여러 개의 빔을 여러 개의 핀으로 연결해서 고정하는 식으로 테크닉 부품을 쓰면 최소한 시스템 브릭으로 만든 모형보다는 운반도 편리하고 훨씬 견고하다. 무엇보다도 테크닉은 로봇이 하나의 기계로 작동하는 데

■ 레미 가녜는 티라노사우르스 로봇의 구조를 만들고 꾸미는 데 테크닉 부품을 활용하여 멋지게 완성했다.

필요한 요소를 갖췄다는 점에서 더 중요하다. 움직이고, 물건을 움켜쥐고 집어 올리는 등의 로봇 기능을 구현하려면 다양한 기어, 벨트, 차축 같은 것이 필요하기 때문이다.

NXT 인텔리전트 브릭

마인드스톰에서 테크닉 부품이 큰 부분을 차지하는 건 사실이지만 뭐니 뭐니 해도 NXT 세트에서 가장 중요한 부품은 NXT 브릭이다. NXT 브릭은 건전지로 움직이는 마이크로컨트롤러로 입력 포트와 출력 포트가 있고 블루투스 연결도 가능하며, 다양한 센서로부터 데이터를 받거나 모터를 제어하는 서보servo 장치에 명령을 보낼 수 있는 단추가 있다.

누구라도 드래그앤드롭방식의 프로그래밍 소프트웨어 NXT-G를 이용하면 NXT 브릭 프로그램을 짤 수 있다. 일단 NXT로 만든 창작품은 기본적으로 몇 개의 명령을 따르고 자극에 반응하며, 자동으로 작동할 수 있도록 프로그래밍 되어 있다. 서드 파티 업체들도 가속도계에서부터 적외선 센서에 이르기까지 별도 모듈을 개발했고, 이들 모듈을 잘 동작하는 기존 프로그램에 추가해서 사용할 수 있다. NXT 브릭에는 테크닉 핀들을 꽂을 수 있는 구멍이 여기저기 뚫려 있어서 다른 테크닉 모형을 만들 때 NXT 브릭을 마치 별도 부품처럼 연결할 수 있다.

로봇이 완성되면 NXT 브릭을 컴퓨터에 연결해서 프로그램을 전송하면 된다.

■ 센서로 둘러싸인 NXT 브릭. 브릭의 아래에는 컨트롤러를 연결하고, 위에는 모터를 끼워 모형에 로봇 기능을 추가할 수 있다.

NXT-G

NXT-G가 프로그래밍을 처음 배우는 사람들에게 나쁘진 않지만, 전문 이용자들은 좀 더 강력한 프로그램을 위해 NXT-G를 쓰지 않기도 한다. 예를 들어 프로그래밍 환경의 하나인 넥스트 바이트 코드NeXT Byte Codes(이하 NBC)는 어셈블리어를 이용해서 브릭 프로그램을 짜지만, Not eXactly C(이하 NXC)와 RobotC 같이 강력한 C 프로그래밍 언어를 약간 변형한 언어를 사용한다.

센서와 작동기

NXT 브릭은 로봇의 두뇌이자, 실제 로봇 동작을 구현하는 다양한 모듈 사이에서 연결자 역할도 한다. 기어를 제어하는 서보에서부터 명암을 구분하는 빛 감지 센서에 이르기까지 다양한 모듈이 로봇 기능을 할 수 있도록 해준다.

NXT 세트에는 전통적인 테크닉 센서가 들어 있지만 별도 업체들이 시스템 확장성을 높이기 위해 온도, RFID, 적외선 감지기 등과 같은 특수 모듈을 제공하기도 한다.

예를 들어 하이테크닉HiTechnic은 마인드스톰과 호환이 되는 모듈을 개발하는 회사로 로봇이 기울어지면 NXT 브릭에 기울기 정보를 보낼 수 있게 평형계가 달린 평형 센서 모듈 등을 만든다. 평형 센서가 있으면 울퉁불퉁한 곳을 지나갈 때 로봇이 스스로 평형을 유지할 수 있다. 하이테크닉의 터치 센서 멀티플렉서가 있으면 로봇에 터치 센서를 추가로 달 수 있다. 이렇게 되면 보통 개당 최대 4개까지 센서를 달 수 있는 NXT 브릭의 제약에 매이지 않아도 된다.

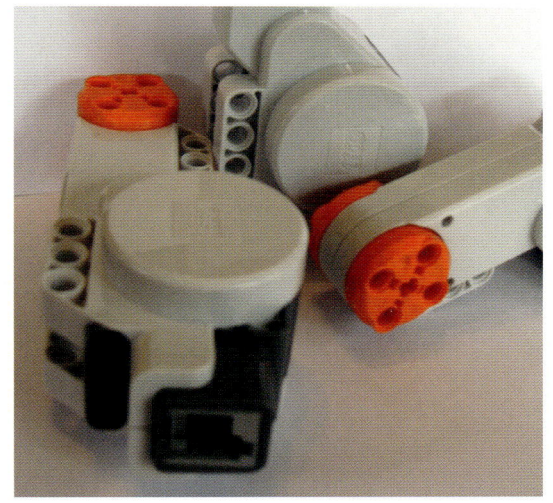

- (위쪽) 다양한 색상의 아이콘으로 표현된 NXT-G 명령어를 라이브러리에서 선택한 후 바로 드래그앤드롭 할 수 있다.

- (가운데) NXT 브릭이 로봇의 뇌라면 서보라고도 불리는 모터는 근육에 해당한다.

- (아래쪽) 하이테크닉의 컬러 센서는 반사되는 빛을 감지해서 색상을 알아낸다. 로봇이 빨간 공은 놔두고 녹색 공만 집어 올리게 하고 싶은가? 그렇다면 컬러 센서가 필요할 것이다.

낙오된 로봇 세트

지금은 마인드스톰이 잘 나가지만 예전부터 레고그룹은 로봇제품군을 계속 내놨었다. 제품들이 대부분 나쁘진 않았지만 뭔가 중요한 게 하나씩은 부족했다. 다음은 그중 대표적인 제품들이다.

스파이보틱스

스파이보틱스Spybotics는 어린 연령층을 대상으로 레고 로봇을 좀 더 단순하게 만든 제품이다. 아이들은 스파이보틱스의 빛감지 센서와 터치 센서를 이용해서 장애물을 넘는다거나 물건을 쥐는 등의 미션을 수행할 수 있는 로봇을 만든다. 레고그룹은 인터넷에서 창작가로 하여금 새로운 미션을 내려받기도 하고 자신의 성과를 올리게도 했지만, 단 4개의 모델만 발표하는 데 그쳤다. 그리고 실제로 반응도 그리 좋진 않았다.

사이버마스터

사이버마스터Cybermaster는 어린이들을 대상으로 만든 컴퓨터 제어하는 모형이었다. 이 제품군은 비디오게임이 담긴 CD-ROM이 같이 들어있어 마인드스톰보다 배우긴 쉬웠지만 옵션은 더 적었다. 사이버마스터에는 Pbrick이라는 중앙처리 상자가 있었다. Pbrick은 모터 두 개와 회전속도계, 속도계를 장착한 자동차의 차대같이 생겼으며 저전력 무선링크를 통해 제어가 가능했다. 컴퓨터와 연결하면 무선링크 상태에서 Pbrick의 프로그램을 실행할 수 있다. 사이버마스터는 미국에서만 아주 제한적으로 판매됐으며, 출시된 지 1년만에 시장에서 사라졌다.

스카우트

스카우트Scout는 별도의 컴퓨터 인터페이스가 없어도 되는 간단한 프로세서 브릭을 제공했다. 불행히도 이 브릭은 RCX와 같은 범용성이 부족한 나머지 생산이 중단됐다.

마이크로 스카우트

마이크로 스카우트Micro Scout에는 자동차 차대 모양의 단순한 프로세서 브릭에 내장 빛감지 센서와 모터가 같이 들어있다. 각 프로세서에는 7개의 프로그램이 설치되어 있었지만 추가적인 지시사항은 빛감지 센서를 통해 펄스부호로 전송할 수 있었다. (마이크로 스카우트가 빛 감응 프로그램을 시도한 최초의 레고 세트는 아니다. 최초는 코드 파일럿Code Pilot의 바코드로, 코드 파일럿 세트에 들어있는 트럭 모형에서 처음으로 적용됐다.)

파워펑션

파워펑션Power Function 제품군에는 NXT 제품군과 관련된 모터, 배터리, 조명 같은 부품이 전부 들어있다. 그러나 마이크로컨트롤러는 없다. 이 같은 명백한 단점에도 불구하고 파워펑션은 여전히 로봇 창작가 사이에서는 인기가 있다. NXT 세트에는 빠져 있는 전용 배터리 팩과 적외선 수신장치가 들어있기 때문이다. 하지만 NXT 세트와 어느 정도 겹치는 부분이 있음에도 파워펑션 컴포넌트들은 NXT 인텔리전트 브릭으로 제어할 수 없다는 약점 때문에 같은 로봇을 제작하더라도 파워펑션과 NXT 세트 부품을 모두 활용할 수 없다는 제약이 있다.

위두

위두WeDo는 초등학생을 대상으로 만든 간단한 로봇 조립 세트다. 위두에는 모터, 기어, 레버와 동작 및 평형 센서가 들어있다. 위두에서 가장 큰 단점은 마이크로컨트롤러가 빠졌다는 점이다. 이 때문에 로봇이 컴퓨터와 연결된 상태로 아이들이 마인드스톰의 NXT-G 같은 프로그램을 이용해서 드래그앤드롭 방식으로 프로그래밍해야 한다. 위두는 주로 교육용 로봇시장을 타깃으로 하며, 아이들에게 12시간짜리 조립 세션으로 구성된 학습 계획서까지 제공한다.

■ 파워펑션 모터는 로봇이 동작할 수 있게 해준다. 그러나 NXT 브릭으로 쉽게 제어되지 않는다는 제약 때문에 몇몇 프로젝트에서는 그리 유용하지 않다.

레고 로봇 프로젝트

■ 넥스트스톰의 춤추는 로봇은 눈을 깜박이고 머리를 까닥거린다. 자신의 뮤직비디오도 만들었다.

마인드스톰은 평범한 레고에 모터를 부착한 제품이 아니다. 기본적으로 마인드스톰은 컴퓨터로 제어가 가능한 기계를 만들고 시험해볼 수 있는 플랫폼 역할을 한다. 다음 예에서 보듯이 NXT 시스템만 있으면 누구나 웬만한 건 거의 다 만들 수 있다.

오토파일럿

와이어드Wired의 편집장 크리스 앤더슨은 하이테크닉의 평형 센서에 대해 듣자마자 취미로 조립하는 무인항공기에 적용해야겠다고 생각했다. 그는 비행기 동체에 들어갈 정도로 아주 작은 로봇을 조립했다. 무선조종장치로 로봇을 작동시키면 NXT 브릭이 비행기의 방향키를 조작하여 원래 있던 자리로 비행기를 돌렸다. 평형 센서(하나는 좌우, 하나는 상하 감지)를 사용해서 비행기의 평형을 유지했다.

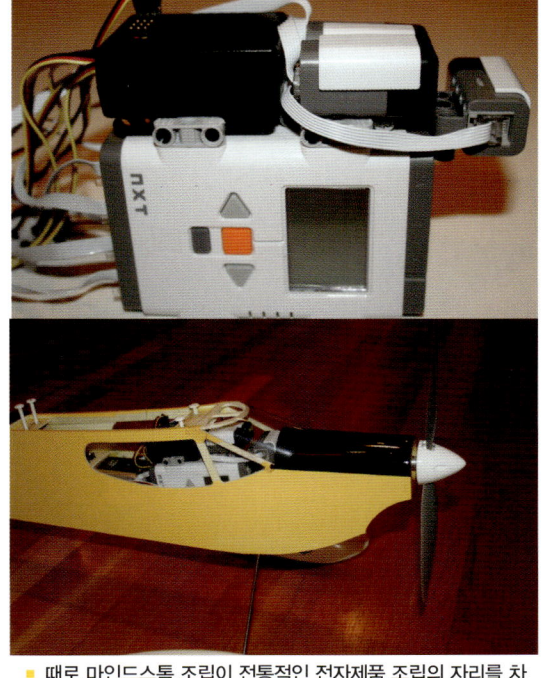

■ 때로 마인드스톰 조립이 전통적인 전자제품 조립의 자리를 차지하기도 한다. 크리스 앤더슨의 오토파일럿이 그 예다.

10 레고 로봇: 스마트 모형 제작 273

자기 평형 로봇

딘 카멘이 만든 자기평형 개인이동장치 세그웨이에 대해서 누구나 한 번쯤 들어봤을 거다. 마인드스톰 팬인 스티브 하센플러그는 세그웨이의 레고 버전인 레그웨이LegWay를 만들었다. 레그웨이는 RCX로 서보를 제어한다. 그리고 하이테크닉의 근접 센서를 두 개 써서 레그웨이가 얼마나 땅에서 떨어졌는지를 알아낸다. 5만분의 1초마다 체크해서 레그웨이가 균형을 잃으면 다른 쪽으로 돌려 균형을 조정한다.

자동현금인출기

론 맥레이의 레고 자동현금인출기(www.youtube.com/watch?v=L0Z-ym0k89Q)는 실제 ATM 기기와 똑같은 기능을 구현한다. 지폐를 받으면 이미 저장된 지폐를 가지고 진위 여부를 판별한다. 플래시 메모리에 고객 데이터를 저장하고 비밀번호로 인증하는 RFID 칩이 내장된 현금카드를 사용한다. 카드가 없다고? 그러면 지폐를 넣으면 된다. 그러면 기계가 알아서 동전으로 바꿔준다.

맥레이는 4개월에 걸쳐 이 모형을 만들었다. 코딩 1,800라인 프로그램이 내장된 NXT 브릭 2개와, 서보 5개, 터치 센서 3개, 빛감지 센서 6개, 코다텍스 RFID 센서 1개와 일반 레고 부품 8천 개 이상을 사용했다.

루빅스 큐브 맞추는 로봇

한스 안데르손이 만든 틸티드 트위스터(tiltedtwister.com)위에 흐트러뜨린 루빅스 큐브를 올려놓으면 이 로봇이 빛감지 센서로 큐브의 단면들을 스캔한다. 그리고 답을 계산한 후 큐브를 이리저리 돌려가며 맞춘다. 트위스터의 알고리즘은 보통 큐브를 60번 움직여서 맞추며, 약 6분이 소요된다. 더 빨리 큐브를 맞추

■ 스티브 하센플러그의 레그웨이는 근접 센서를 이용해 평형을 유지한다.

■ NXT 센서와 구동장치가 잔뜩 들어간 이 ATM 기기는 거의 똑같이 모방했다.

는 것도 많으며, 1분 안에 맞추는 것도 있다. 이 같은 수준의 성능을 내려면 노트북 컴퓨터보다 월등한 계산 능력을 갖거나, 상용 웹캠 수준의 속도로 스캔이 가능해야 한다. 아니면 NXT 브릭과 서보를 여러 개 갖다 쓰면 된다. 안데르손의 트위스터는 마인드스톰 한 세트만 가지고 만들었지만, 다른 비슷한 로봇과 견줘봐도 손색이 없다.

■ 많은 레고 팬들이 루빅스 큐브 맞추는 로봇을 만들었다. 이 로봇은 흐트러진 큐브를 맞춘다.

- 레고 마인드스톰 프린터에 잉크가 더 필요하다고? 펜을 하나 더 사면 된다(위쪽).
- 필로의 3D 스캐너는 반사된 레이저 빛을 이용해서 3차원 물체의 크기를 측정한다(아래쪽).

펜 플로터

안더스 쇠보르그의 펜 플로터(www.norgesgade14.dk/plotter.php)는 마인드스톰 서보를 활용하고 RobotC 프로그램으로 상용 펜을 제어한다. 상용 펜은 그림을 그리며 NXT 브릭이 계산한 경로를 따라간다.

3D 스캐너

프랑스 출신 전기 엔지니어 필리페 위벵(www.philohome.com/scan3dlaser)은 방대한 분량의 부품을 디지털화해서 LDraw 라이브러리에 올림으로써 많은 기여를 한 사람이다. 특이한 모양이나 기하학적으로 딱 떨어지지 않는 모양의 부품 파일을 생성해야 할 때마다 난감했던 위벵은 레이저로 부품을 스캔하는 마인드스톰 로봇을 만들었다. 물건을 올려놓으면 이리저리 돌려가면서 레이저로 스캔한다. 여기에는 반사된 빛을 감지하는 웹캠도 사용했다. 스캔해서 얻은 데이터는 노트북 컴퓨터로 전송된다. NXT 브릭의 메모리에는 저장이 안 되기 때문이다.

비봇: 춤추는 로봇

그리스 아테네 출신의 바실리느 크리산타코파울로스는 넥스트스톰으로 레고 팬 사이에서 더 많이 알려진 사람이다. 이 사람은 마인드스톰과 파워펑션, 써드파티 부품으로 서보 8개, 하이테크닉의 IRLink, 음향센서, 초음파센서를 혼합해서 컴팩트한 로봇 3i3ot(발음은 '비봇'이라고 읽음)을 만들었다. 이 로봇은 뮤직비디오 상에서 춤을 추며, 세련된 시각효과와 클럽음악이 나온다.(web.me.com/NeXTSTORM)

자동판매기

포르투갈 출신 레고 팬 히카르도 올리베이라의 마인드스톰 자동판매기는 음료수와 스낵, 사탕 등 13개 제품을 판매한다. 유로화 동전을 넣으면 거스름돈을 주며 서보 8개를 제어하는 RCX 2개가 사용됐다.(www.brickshelf.com/cgi-bin/gallery.cgi?f=229618)

■ 감자 칩이 먹고 싶다고? 여기 마인드스톰 자판기에서 살 수 있다.

■ 스티브 하센플러그의 대형 체스 세트는 32개의 로봇 체스 말이 자동으로 게임을 한다.

몬스터 체스 세트

스티브 하센플러그와 그의 팀이 레고 부품 십만 개로 커다란 체스 세트(www.teamhassenplug.org/monsterchess)를 만들었다. 각 체스 말에는 색상감지센서와 서보, NXT 브릭이 하나씩 달려 있다. 이 세트는 유명한 체스 경기를 자동으로 복기하기도 하고 혼자 게임도 하며 2인 게임모드 전환도 가능하다. 체스 프로그램을 노트북 컴퓨터에서 실행시켜 놓으면 블루투스 명령어가 32개의 NXT 브릭에 전송되어 각각의 체스 말을 제어한다.

스도쿠 푸는 로봇

네덜란드 엔지니어인 비탈 반 리벤의 로봇(http://www.youtube.com/watch?v=ReRSCSrtr58)은 스도쿠 문제집을 들고 첫 장을 스캔한 다음 스캔한 이미지를 근처의 컴퓨터로 전송한다. 그러면 그 컴퓨터에서 스도쿠를 풀게 된다. 로봇이 책장을 넘기면 다음 스도쿠가 나온다.

금고

프랑크 드 니즈의 레고 금고(www.bouwvoorbeelden.nl/home_eng.htm)보다 더 튼튼한 금고야 많겠지만 그의 로봇도 금고로서 갖추어야 할 기능은 모두 갖추고 있다. 이 금고를 열려면 5개의 2자리수 코드를 넣어야 하며 가능한 조합만 3천5십억 개다. 금고가 움직이면 가속도계 트리거가 경보음이 울리고, 코드를 정확히 입력하면 동력장치가 금고문을 자동으로 연다.

- 어려운 수 계산은 노트북 컴퓨터가 하고 마인드스톰 로봇은 스도쿠 퍼즐 문제집의 책장만 넘긴다.

- 프랑크 드 니즈의 완벽한 금고(단단한지는 확신할 수 없지만)는 3천5십억 개의 조합이 가능한 코드를 제공한다.

튜링머신

찰스 배비지의 디퍼런스 엔진(뒤의 12장에서 설명할 것임)처럼 1930년대 수학자 앨런 튜링이 만든 튜링기계(tinyurl.com/turing1)는 초창기 원시 컴퓨터처럼 작동하며 종이테이프에 데이터를 저장하기도 했다. 데니스 쿠지뉴 몬트리올 대학 인지학과 교수는 이 튜링기계를 시뮬레이션할 목적으로 레고 로봇을 만들었다. 다른 점은 종이테이프 대신에 흑백의 레고 부품을 사용했다는 점이다. 빛감지센서가 두 개의 색상을 구별할 수 있으며, 각 스택에 숫자 값을 할당한다.

■ 원시 컴퓨터 엔진을 레고보다 더 잘 재현해낼 수 있는 게 어디 있을까?

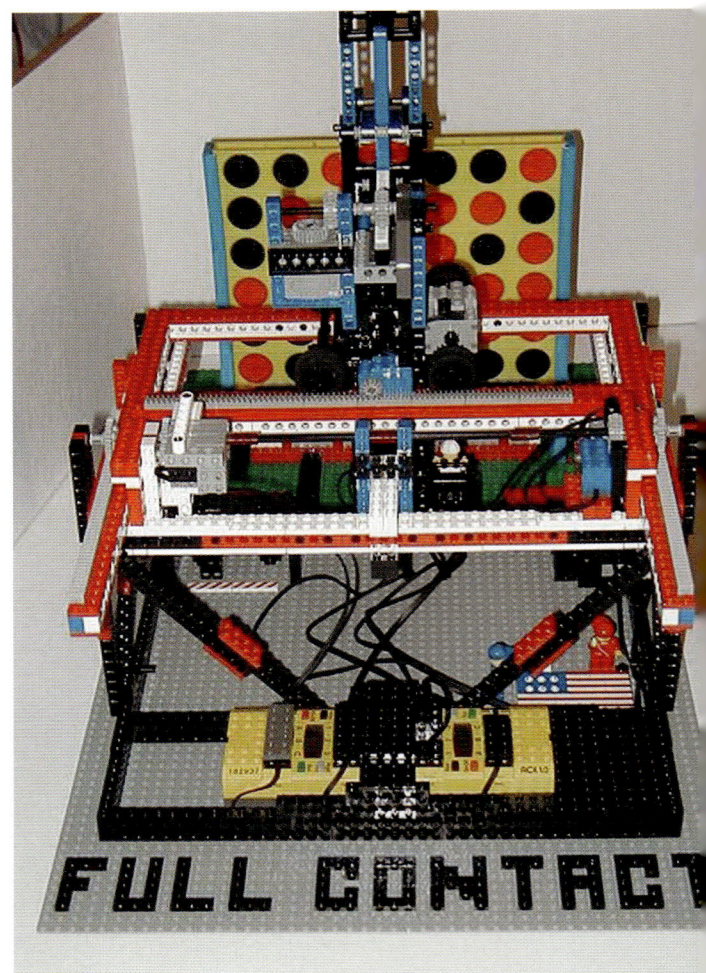

■ RCX로 작동하는 커넥트 포 플레이어는 90%의 승률을 자랑한다.

커넥트 포 플레잉 로봇

스티브 하센플러그의 로봇 풀 컨택트(www.teamhassenplug.org/robots/fullcontact)는 체계적으로 커넥트 포 게임[2] 보드를 스캔하고 수를 계산한 후, 움직인다. 승률 90% 이상을 자랑하는 풀 컨택트는 다른 로봇이나 사람과도 게임할 수 있다.

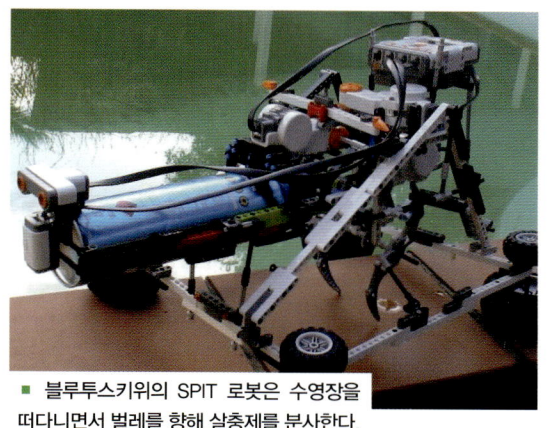
■ 블루투스키위의 SPIT 로봇은 수영장을 떠다니면서 벌레를 향해 살충제를 분사한다.

수영장 곤충 터미네이터 SPIT

3인으로 구성된 뉴질랜드 레고 팀 블루투스키위는 당시 그들을 짜증나게 했던 문제를 해결하려고 로봇을 만들었다. 수영장 물에 녹아 있는 염소 성분에 내성을 가진 벌레들이 문제였다. 이들의 해결책은? 스프레이 살충제를 탑재하고 물 위를 떠다니는 로봇이다. SPIT은 테크닉 바퀴를 부낭으로 삼고 빛감지센서로 벌레 떼의 위치를 추적해, 서보로 스프레이를 분사한다. 그리고 수차가 죽은 벌레들을 물밑으로 가라앉히고, 나머지는 수영장 필터가 알아서 처리한다.

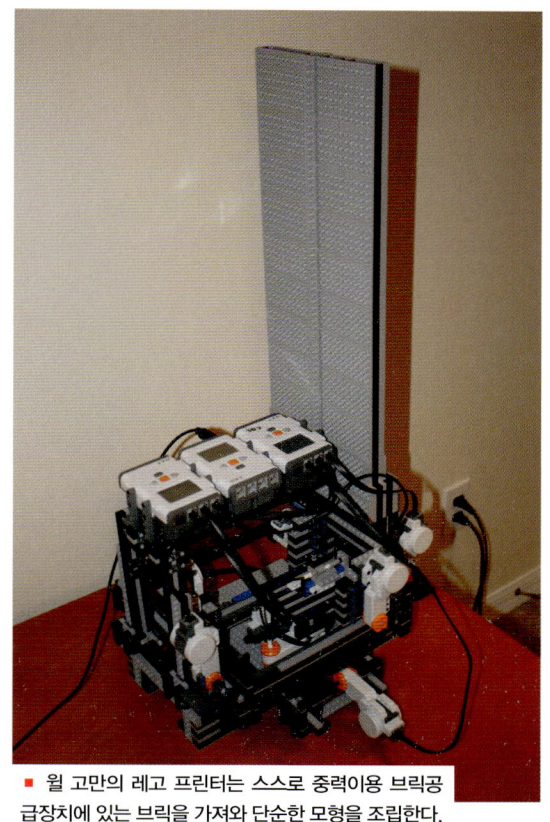
■ 윌 고만의 레고 프린터는 스스로 중력이용 브릭공급장치에 있는 브릭을 가져와 단순한 모형을 조립한다.

레고 모델 메이커

윌 골만의 레고메이커봇LegoMakerBot은 레고 모형을 조립하는 로봇이다. 이 로봇은 다섯 종류의 레고 부품이 35개씩 들어있는 중력이용 브릭공급장치에서 브릭을 꺼내어 조립한다. MLCad 파일을 스캔하고 해당 조립 안내서를 알아낸 다음 그 안내서를 로봇에 전송하여 그대로 모형을 조립하도록 프로그래밍 되어 있다. 레고메이커봇의 NXT 브릭 3개와 서보 9개는 정확한 브릭을 골라 해당 조립 안내서에 맞게 조립한다.

퍼스트 레고 리그

■ 퍼스트 레고 리그 참가자가 열심히 로봇을 세심하게 튜닝하고 있다. 이런 행사에서 흔히 볼 수 있는 광경이다.

1998년 레고그룹의 도움을 받아 퍼스트 레고 리그FIRST LEGO League(이하 FLL)가 처음 시작됐다. FLL은 로봇을 활용한 로봇경진대회다. FLL 참가팀은 9세에서 14세 연령 어린이 중 레고 마인드스톰 NXT 브릭과 서보, 센서를 장착한 마인드스톰 로봇을 다룰 줄 아는 아이들로 팀을 구성한다. 참가자들은 특정 물체를 가져온다거나 특정 방향을 따라가는 등의 과제를 해결할 수 있는 로봇을 만든다. 출전 로봇들은 자동으로 작동해야 하며 로봇이 작동 중일 때 손을 대면 점수가 깎인다.

FLL은 단순히 경진대회 차원 이상의 의미를 지닌다. 협동심, 인내력, 정정당당한 스포츠 정신의 원리를 가르치기 때문이다. FLL은 이제 50개국에서 출전한 1만3천 개 팀, 참가자 수만 14만 명에 육박하는 세계적인 대회로 성장했다. 수십 개의 팀이 한 리그에 참가할 수 있으며, 조지아주 아틀랜타에서 열리는 FLL 세계대회를 끝으로 한 해의 FLL 행사는 막을 내린다.

FLL은 생산자와 사용자 모두에게 좋은 기회를 주었다. FLL을 통해 참가 팀과 개인은 다양한 제품군과 기술 노하우를 접하게 되었던 반면 레고그룹으로서도 이 행사는 더할 나위 없이 좋은 홍보의 장이었다. 학교와 각종 모임에서 FLL 팀을 구성하면서 마인드스톰을 구매하였고 FLL을 후원하면서 시장 인지도를 넓힐 수 있었다. 한마디로 누이 좋고 매부 좋은 상황이 되었다.

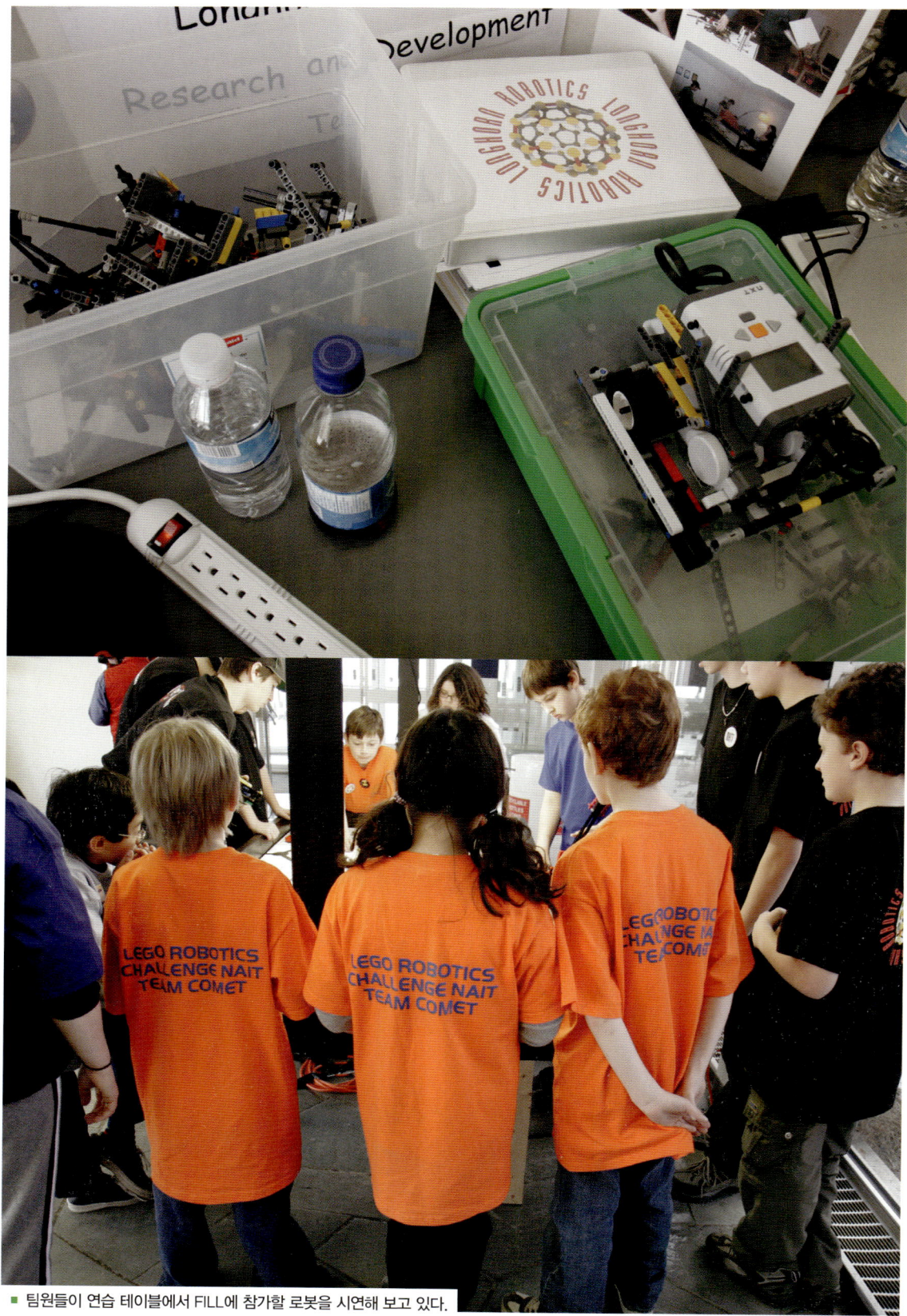
■ 팀원들이 연습 테이블에서 FLL에 참가할 로봇을 시연해 보고 있다.

시작은
미약하였으나…

레고 로봇 제품군은 레고그룹이 자사의 핵심 제품군을 색다른 영역으로까지 확대할 단순한 목적으로 시작했을지 모르지만 마인드스톰이 대성공을 거두면서 위상이 달라졌다. 레고 로봇 팬과 전문 블로그, 서적, 회원제 조직 등이 생겼다. 레고 제품 가운데 역대 최고의 베스트셀러의 위치에 오르면서 마인드스톰은 전통적인 레고 제품군의 낙오자가 결코 아니라는 인상을 확실하게 각인시켰다. 확연한 차이에도 불구하고, 이번 장에서 소개한 레고 로봇들을 보면 전통적인 시스템 브릭과 레고 로봇 제품 간의 중요한 공통점을 확인할 수 있다. 기술과 상상력만 있으면 무엇이든 만들 수 있다는 무한한 가능성 말이다.

레고
모임

2008년은 레고 브릭 탄생 50주년을 맞는 해였지만, 막상 성인 레고 팬 행사는 이제 막 걸음마 단계였다. 처음 팬모임이 열리기 시작한 건 1990년대 중반부터였고, 그것도 가정집에서 소규모로 열렸다. 그러나 해가 지나면서 컨벤션은 양적, 질적으로 급성장했으며 참가자 수도 급속도로 증가했다. 시카고에서 열린 2009 브릭월드에는 수백 명의 유료 참가자와 레고그룹 소유주 키엘 키르크 크리스티얀센도 참석했다. 전 세계 팬들이 컨벤션에 참석해 아이디어를 나누고 자신들이 만든 최신 작품을 뽐냈다.

성인 레고 팬이 처음 모임을 가지기까지 왜 그토록 오랜 시간이 걸렸던 걸까? 그래도 레고그룹은 레고 트럭 투어LEGO Truck Tours와 상상축전Imagination Celebrations 같은 이벤트를 꾸준히 진행하면서 자사가 지원하는 마스터 모델 창작가의 작품을 순회 전시하거나 선보였다. 그러나 이 같은 레고그룹이 후원하는 행사는 성인보다는 주로 어린이를 대상으로 열렸다. 어른들도 좀 재미있게 놀고 싶었는데 말이다.

■ 소규모 팬모임에서 시작한 레고 컨벤션은 큰 발전을 이뤘다.

■ 인터넷에서 올린 모형 사진을 보는 것도 좋지만 거대한 모형을 직접 보는 것만큼 짜릿한 것도 없다.

레고 사용자그룹

■ 미니아폴리스와 세인트 폴 지역의 레고 사용자그룹의 모임 현장

1994년에 레고 전문 온라인 뉴스그룹이 막 발돋움하기 시작한 인터넷상에서 만들어졌다. 러그넷(레고 사용자그룹 네트워크)의 출현과 더불어 처음으로 세계 레고 팬들이 서로 연락을 취하고 소통할 수 있게 됐다.

기록에 의하면 최초의 팬모임은 1995년 8월 일리노이주 시카고에서 열렸다. 소위 레고페스트 프라임LEGOFest Prime이라 불리운 이 모임은 콜린 켈리(그녀의 온라인상의 페르소나는 깍쟁이 켈리 레고, 포보스 여신이었다)가 온라인 rec.toys.lego 그룹에서 처음으로 시작했고 약 스무 명이 참석했다. 다른 컨벤션인 레고 페스트는 1996년 영국 윈저에 있는 레고랜드에서 처음으로 열렸다. 양쪽 다 규모는 작았지만, 이 모임들을 필두로 모임의 규모가 점점 커졌다.

1990년대 말로 가면서 레고 사용자그룹(이하 LUGs)은 북미와 유럽을 중심으로 점차 확산되면서 참가자들로 북적대기 시작했다. LUGs는 1970년대와 80년대 퍼스널 컴퓨터 혁명이 일어났던 시기에 갑자기 생긴 사용자그룹을 원형으로 삼았다. 본디 사용자그룹은 컴퓨터 문화 마니아들이 공공도서관이나 대학 회의실에 모여 자신이 실험 삼아 해본 경험을 공유했다. LUGs는 레고 클럽들을 한데 묶은 것이지만, 원형이 된 본래 사용자그룹 모델에 따라 운영되므로 레고그룹이 지원하는 어린이들 위주의 레고 클럽과는 다르다.

BayLUG(샌프란시스코 연안 지역), WAMALUG(워싱턴 DC와 메트로폴리탄 지역), NELUG(뉴잉글랜드 지역)처럼, 대부분 LUGs는 지역을 중심으로 조직된다. 누구나 찾아오기 쉬운 곳에서 정기적인 모임을 열며, 회원들은 서로 부품을 교환하기도 하고 공동 프로젝트를 한다거나 조립 기술을 놓고 토론을 벌이기도 한다. 자동차 모형에 집중하는 사람들의 모임인 LUGNuts나, 전미열차쇼에 대형 레고 열차 모형을 전시하는 인터내셔널 레고 열차 클럽(ILTCO) 같은 LUGs는 특정 테마나 관심 분야를 중심으로 형성된 사용자그룹이다. LUGs는 주로 인터넷을 통해 모형을 공유하고 신입회원을 모집한다.

지역 단위 중심의 LUGs는 사람들이 손쉽게 만날 수 있다는 장점이 있지만, 그 어떤 모임도 대신할 수 없는 궁극의 모임이 있으니 바로 전국 규모의 레고 컨벤션이다.

■ 오레건 주 포틀랜드 지역 그룹 PortLUG의 창립 멤버들

■ LUGs라고 모두 지역 단위로 조직되는 것은 아니다. ChiefLUG의 회원들은 라이언 우드(사진 앞줄 가운데)의 친구들과 팬으로 이뤄져 있다. 라이언 우드는 2008년 브릭콘에서 배틀스타 갈락티카 테마 전시를 조직했다.

성년이 된 레고 컨벤션

■ 수많은 팬들이 2009 브릭콘에 와서 아름다운 모형을 감상하고 있다.

소규모로 산발적으로 열렸던 초창기 레고 컨벤션은 더 큰 규모의 대형 행사로 발전한다. 1995년, 소규모 레고페스트 프라임이 시카고에서 열렸다. 1996년에는 레고페스트가 영국 윈저에 있는 레고랜드에서 열렸다. 1997년에는 rtlToronto(캐나다 레고 로봇 클럽)가 마인드스톰 RCX 시스템을 활용한 레고 로봇 연례행사를 시작했다.

컨퍼런스이자 교육모임인 제1회 마인드페스트의 주된 테마는 RCX였다. 마인드페스트는 1999년 메사추세츠 캠브리지에 있는 MIT 공대에서 첫 모임을 가졌다. 마인드페스트의 행사 조직자이자 LUGNET의 공동 설립자인 수잔 리치는 성인 레고 창작가와 NELUG 회원들에게 마인드페스트에서 각자의 모형과 작품을 전시해달라고 요청했다. 결과는 대성공이었다. 미국과 유럽 각지에서 온 교사, 어린이, 레고 직원을 포함해 300명 이상이 참석했다. 마인드페스트는 레고 팬 행사의 새로운 기준점을 제시했다.

그러나 브릭페스트만한 행사는 없었다. 크리스티나 히치콕의 아이디어로 2000년에 버지니아주 알링톤에서 제1회 브릭페스트가 열렸으며, 전적으로 레고 팬들을 위한 최초의 컨벤션이었다. 세미나는 팬들이 관심 가질만한 주제로 열렸고 레고 임직원이 기조연설을 한 후에 청중들로부터 질문도 받았다. 창작가들은 자신의 모형을 전시할 공간을 확보하고 LUGNET에서 사귄 친구들을 현장에서 만나기도 했다. 레고 입문자들에게 브릭페스트는 레고에 대한

정보를 최고의 창작가들로부터 들을 수 있는 훌륭한 장이었다.

이제 브릭페스트는 미동부지역의 주요한 레고 팬 행사로 자리매김했다. 그리고 브릭페스트 행사 조직자들이 힘을 모아 준비한 2002년 브릭웨스트가 캘리포니아 칼스배드에 있는 레고랜드에서 처음으로 열렸다. 브릭페스트 행사 조직자들의 지원 덕분에 브릭웨스트는 레고그룹으로부터 공식 후원과 공식 레고 행사 인증을 받았다. 출시될 세트가 선보이고, 신제품을 미리 만나 볼 수 있게 되면서 레고 팬의 성지가 되었다. 그리고 레고그룹은 이 행사에서 팬들과 교류하며 팬들의 성원에 감사를 표하기도 했다.

그러나 2003 브릭웨스트가 끝나고부터 레고 팬 행사는 후퇴를 겪어야 했다. 재정적 부채와 행사 장소 문제가 해결되지 않자 행사 조직자가 레고 팬 커뮤니티에서 자취를 감췄던 것이다. 결국 2004 브릭웨스트는 계획조차 세우지 못했으며 그해에 브릭페스트가 오레곤(BrickFestPD라는 명칭으로 열림)과 버지니아 주에서 열렸다.(서부 해안 지역 행사로는 브릭콘이 2002년부터 매년 시애틀에서 열린다.)

레고 컨벤션은 빠른 속도로 다른 나라에까지 확산됐다. 2001년 네덜란드 즈볼레에서 처음으로 레고월드 LEGOWORLD가 열렸다. 이 행사는 다른 행사들과는 좀 달랐다. 레고그룹이 행사 조직에 참여했기 때문이다. 신제품이 전시되고 레고그룹 직원들이 참가자들과 어울렸다. 레고 세트 디자이너들이 출시될

■ 노련한 창작가와 일반 창작가 모두 마크 샌들린의 볼트론 모형을 보면 경탄하지 않을 수 없다.

■ 컨벤션에 가면 온갖 테마와 아이디어를 표현한 모형을 볼 수 있다. 사진의 모형은 스페이스 테마에 있는 '집게손을 활용한 인형 뽑기 게임'이다.

세트들을 맛보기로 미리 공개하기도 했다. 지역클럽 회원들은 행사 자원봉사자로 초대받기도 했다. 2002년 독일 베를린에서 1,000 스타인랜드 행사가 처음 열렸다. 곧바로 이 행사는 독일의 주요 레고 팬 행사로 자리잡았다. 2002년에는 LMO 재팬이 열리기 시작했으며 이곳에서 레고 팬들은 먹고 마시며, 자기들의 군사 테마 모형을 전시했다.

2000년대 말까지 미국 4대 레고 컨벤션(브릭월드, 브릭페어, 브릭콘, 브릭페스트)은 각 행사에서 수백 명의 참가자와 수천 명의 일반 관람객을 끌어모았다. 2010년에는 2002 브릭웨스트 이후로는 처음으로 캘리포니아에서 레고 팬 행사 브릭스 바이 더 베이Bricks by the Bay가 열렸다. 이런 행사가 열리는 나라로는 독일, 프랑스, 덴마크, 네덜란드, 포르투갈, 러시아, 호주, 이탈리아가 있으며 일본, 폴란드, 대만, 홍콩에서는 꾸준히 레고 클럽이 증가하고 있다.

레고와 상표권

레고라는 이름이 왜 초창기 이벤트 명칭에는 쓰이더니 점차 사라지고 브릭을 더 많이 쓰게 된 걸까? 다른 회사들처럼 레고그룹도 자사의 상표권을 지키기 위해 노력한다. 레고그룹은 창작가 수십 명 정도가 모임을 할 때만 해도 기껏 몇 명이 모여서 자기 모형을 전시하는 것이겠거니 하며, 별 다른 관심을 보이지 않았다. 그러나 성인 레고 팬들의 활동 반경과 컨벤션 규모가 커지자, 허가 없이 자사의 상표가 쓰이는 데 따른 리스크를 인식하기 시작했다. 그러자 컨벤션 측에서는 좀 더 일반화된 용어인 '브릭'을 쓰기 시작했던 것이다. 브릭은 팬들 사이에서는 여전히 레고를 나타내는 단어이다.

컨벤션 활동

■ 2009 브릭월드에서 발표를 듣는 사람들

레고 팬 컨벤션도 다른 팬 컨벤션과 비슷하다. 토론회가 있고 발표가 있고 기조 연사와 벤더들이 있다. 다른 점이 있다면 아무리 사소한 것이라 하더라도 레고 취미활동과 관련 없는 것은 절대 볼 수 없다는 점이다. 벤더들이 부품, 세트, 조립설명서, 주문제작 부품, 셔츠들을 팔지만 모든 게 브릭하고 관련된 것들뿐이다.

미국에서 열리는 일반적인 레고 컨벤션은 전시공간과 레고 팬들끼리 교류하는 공간으로 나뉘어 있다. 일반인을 대상으로 전시회를 공개하는 날은 벤더와 컨벤션 주최측이 수익을 거두기도 한다. 그러나 행사 운영비용은 참가 등록비와 입장권 판매비로 충당하기 때문에 금전적 리스크가 제법 높다. 장소 준비에만 수천 달러가 들 수 있으며 참가등록비는 비용의 극히 일부만 만회한다.

참가자들은 컨벤션에서 새로운 친구를 사귀고 기존의 친구들과는 근황을 이야기한다. 레고 조립이 혼자 하는 취미이긴 하지만 레고 팬들은 서로 할 이야기가 많다. 조립 테크닉이라든가 진행 중인 프로젝트 등 모두 레고 관련 이야기다.

컨벤션 기간 동안 주제별 원탁회의도 열린다. 이곳에서 팬들은 조립 아이디어를 놓고 토론을 벌인다. 때로 그룹 프로젝트가 이곳에서 시작될 때도 있다. 2003 브릭페스트에서 스페이스 테마 창작가들은 달기지 모형의 모듈 조립 규칙을 세웠다. 이 같은 규칙 수립 활동은 여러 사람이 각자 만든 모형을 하나로 합칠 때 모듈 간의 호환성을 보장한다는 점에서 중요한 발전이다. 캐슬 창작가와 타운 창작가들도 이와 비슷한 규칙을 만들었다. (기차 창작가들도 테이블 위에

■ 발표를 듣지 않을 때는 모형 전시실에 있는다.

전시하는 기차 모형에 대해서는 자기들만의 가이드라인이 있지만 대부분 타운 창작가들의 규칙이나 상위 규칙을 따른다.) 기계공학 특성이 강한 테크닉 창작가들은 그레이트 볼 컨트랩션[1]의 표준 시작점과 끝나는 지점에 대한 규칙을 세웠다. 그레이트 볼 컨트랩션은 레고 축구공을 A지점에서 B지점으로 옮기는 모듈이 여러 개가 하나로 이어진 기계로, 완성하려면 각 모듈과 모듈의 연결 부분을 통일시켜야 한다.

　레고 컨벤션 기간 중 가장 즐거운 시간은 컨벤션 참가자들이 각자의 레고 모형 작품을 일반 팬들에게 공개하는 순간이다. 대부분은 컨벤션마다 '공개 기간'이 있어서 입장료만 내고 전시된 모형을 구경하고 사진을 찍기도 한다. 이 시간을 신입 창작가 모집 기회로 삼을 수도 있지만, 그저 작품을 보러온 관람객을 만나는 것만으로도 즐거운 시간이 된다.

　그러나 뭐니 뭐니 해도 컨벤션의 꽃은 기조연설과 레고그룹의 발표다. 이런 프로그램에서 레고그룹 연사들은 출시를 앞둔 세트에 대해 이야기하거나 어떤 때는 그 이상의 정보를 주기도 한다. 이제 레고그룹은 이런 행사에서 참가등록자뿐만 아니라 일반인에게도 신제품을 발표하거나 출시 예정인 세트를 공개한다. 어느 모로 보나 컨벤션은 누구에게나 윈윈인 행사다. 참가자들은 다음에 나올 제품을 미리 볼 수 있고 회사 입장에서는 자사 제품에 대한 시장조사를 자연스럽게 할 수 있으니 말이다.

■ 레고 컨벤션의 인기가 높아지자 레고그룹도 주목하기 시작했다. 이제 레고 컨벤션을 마케팅과 매출 신장의 기회로 활용한다.

■ 컨벤션 장 바깥에서 팬들이 어울리고 있다.

브릭에도 파벌이 있다

팬들 간의 교제는 컨벤션에 발을 들여놓는 순간부터 시작된다. 신참들은 좀 더 연륜 있는 참가자들과 빨리 사귀길 바라지만, 대부분은 같은 테마를 조립하는 사람들끼리 만나게 된다. 그러다 보니 테마를 중심으로 한 그룹들 간에 선의의 긴장감이 조성된다. 가장 대표적인 예가 열차와 타운 창작가 그룹과 스페이스 테마 창작가 그룹 간의 경쟁이다. 이런 긴장감은 아주 독특한 방식으로 표출되기도 한다. 창작가들끼리 서로의 레이아웃 영역을 침범하는 식이다! 정말 우습지만 우주선과 로봇이 캐슬에 침공해서 캐슬의 레이아웃을 파괴한다. 그러면 캐슬 창작가들이 기사와 말 그리고 양떼(?)를 몰고 가서 스페이스 레이아웃에 보복공격을 가한다. 이런 식으로 공격(과 반격)이 하루 종일 벌어지며, 모두 재미있어 한다.

컨벤션이 닫히는 밤이면 본격적으로 사교의 장이 펼쳐진다. 주로 근처 주점으로 사람들이 모인다. 대다수 팬들에게 컨벤션은 온라인상의 친구들을 오프라인에서 볼 수 있는 거의 유일한 기회다.

유럽에서 열리는 행사도 미국과 비슷하지만 분위기는 좀 더 느긋하다. 마치 잘 아는 동창이나 가족, 친지들과 재회하듯이 편한 느낌으로 사람들이 만난다. 커뮤니티 센터와 교회, 쇼핑몰에 이르기까지 다양한 종류의 공간에서 행사가 열리지만 저녁식사 때는 단체로 한 식당에 모여 같이 식사한다.(그러나 미국의 성인 레고 팬들은 주로 자기가 속한 그룹원들과 만나 식사한다.)

분위기는 달라도 레고 팬들이 만나고 상대방으로부터 배운다는 점은 유럽이나 미국이나 같다. 레고가 세계인의 취미가 되면서 해외에서 열리는 컨벤션에 참석하는 팬들도 있다. 다른 나라 컨벤션에 가더라도 레고 조립에 대한 보편적인 애정을 공통분모로 하여 이질적인 문화와 언어를 극복한다. 또한, 일부 유럽 행사가 미국 방식을 따라가기 시작했다. 2010년에 잉글랜드 맨체스터에서 처음 시작된 컨벤션인 AFOLcon은 일반인 공개 행사 일정이 끝나면 바로 성인 레고 팬들만을 위한 행사를 진행한다. 커뮤니티가 발전하면서 레고 컨벤션도 같이 성장하게 된 것이다.

진지한
레고

지금까지 우리는 레고 모형을 조립하게 만드는 갖가지 동기 부여 요인을 살펴봤다. 자신의 레고 모형을 유화나 대리석 조각품과 같은 수준의 순수한 예술작품으로 보는 창작가가 있는가 하면, 어떤 창작가는 단지 유명한 건축물을 재현하고 싶어서 레고 모형을 만들기도 하고, 세계 신기록을 깰 목적으로 거대한 레고 모형을 조립하는 이들도 있었다. 반면에 아직 레고를 단순한 장난감으로 여기는 사람들도 많았다. 어쨌든 대부분의 레고 조립 동기는 오락이나 취미로 즐기려는 목적에서 오고 있다.

그러나 다른 한쪽에서는 레고를 진지한 시각으로 보는 사람들이 있다. 이들에게 레고는 타인을 돕고, 아이들을 교육하며, 새로운 아이디어를 시험해보거나, 자사 제품의 매출 신장에 활용할 수 있는 도구가 된다. 이런 경우 레고는 장난감이라기보다는 삶에 영향을 미치는 중요한 도구가 된다. 레고를 중요하고, 진지하게 여기는 사람들이 여기 있다.

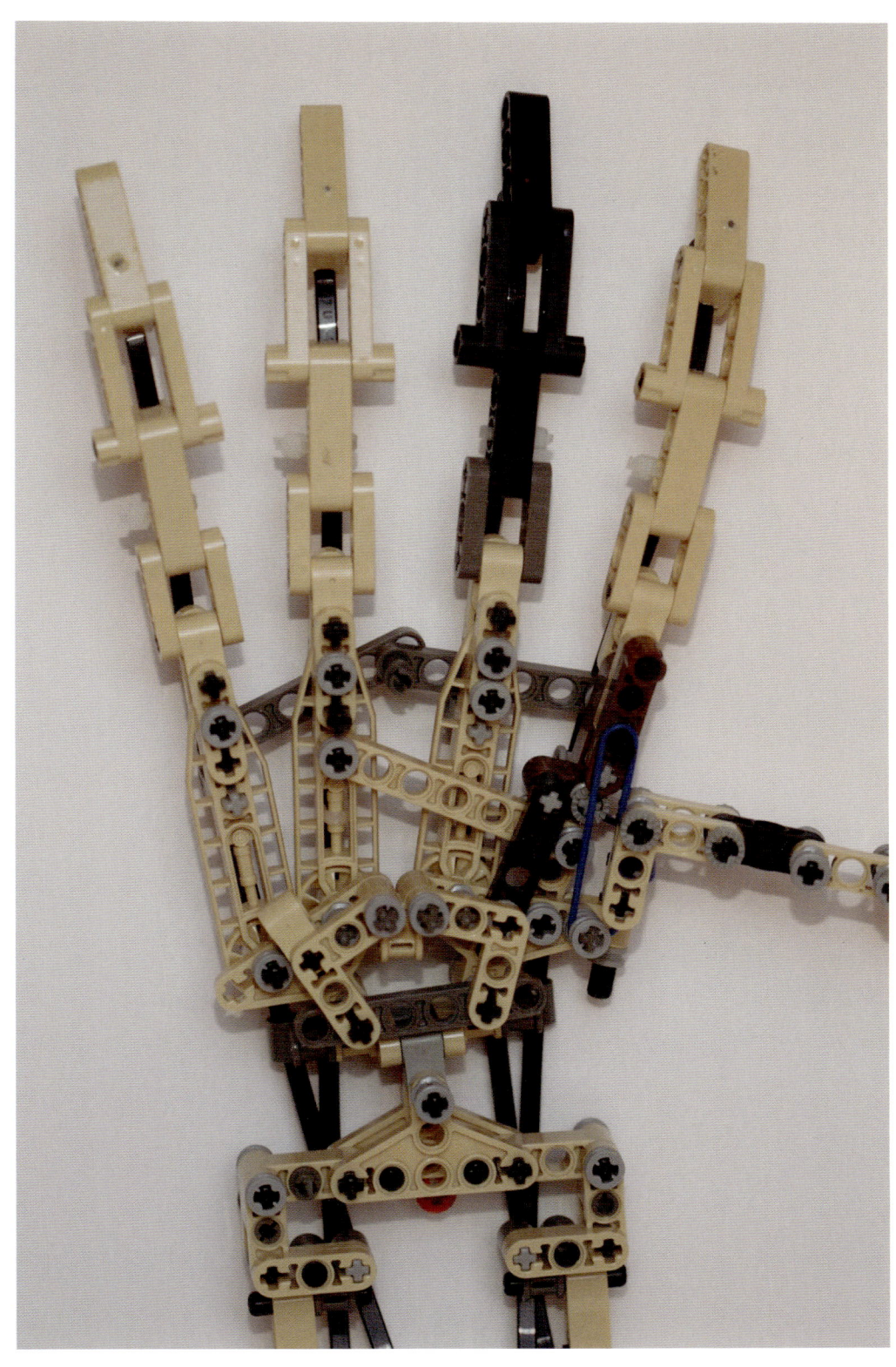

자폐증 치료

■ 거의 모든 어린이들이 레고 놀이를 좋아하지만 자폐아들은 레고로 놀이를 하면서 두 개의 브릭을 맞추는 것 그 이상을 배우게 된다.

보통 아이들은 레고 조립을 좋아하지만 어떤 아이들에게 레고 조립은 단순한 놀이가 아니라 레고 조립을 하면서 다른 아이들과 어울리는 법을 배우는 공간이 된다.

자폐아는 다른 아이들과의 상호작용 능력이 떨어진다. 억지로 사람들과 어울리게 한다고 해서 자폐아의 사회성이 길러지는 건 아니다. 다른 아이들과 사귈 수 있도록 부드럽게 구슬려야 한다. 평범한 아이들이 자연스럽게 터득하는 사회성을 자폐아가 익히려면 적절한 동기가 필요하다. 자폐아에게 부족한 사회성을 길러주기 위해서는 이 아이들이 가장 잘하는 활동을 하면서 자연스럽게 다른 아이와 상호작용할 수 있는 여건을 조성해주는 게 가장 좋다.

자폐증을 앓는 아들을 둔 아버지, 트로이 드샤노는 자신의 블로그(www.strongodors.com)에서 다음과 같이 썼다. "솔직히 말하면, 레고만한 게 없다! 다른 활동과는 대조적으로 억지로 부모가 갖은 방법을 동원해서 아이에게 레고를 조립해보라고 설득할 필요가 없다."

멋진 레고 모형을 보면, 자폐아들도 조립해보고 싶어한다. 게다가 브릭으로 이것저것 만들어 보는 건 이미 아이들이 좋아하는 놀이다. 그러나 레고 놀이는 조립설명서라는 형식을 통해 구조물을 완성하도록 해야 한다. 그러면서 레고 조립 과정은 단순히 놀이라기보다는 끊임없이 난관을 헤쳐가고 문제를 해결해 나가는 과정이 된다. 모형을 완성하고 나면 이 아이들에게 가장 중요한 심리적 보상이 주어진다.

드샤노는 "모든 부품을 다 조립하자, 아들은 자기 힘으로 뭔가를 해냈다는 사실과 스스로 문제를 해결했다는 성취감을 느끼지 않을 수 없었다"라고 블로그에 썼다.

레고 치료가 상당히 효과적이라는 사실은 이미 정통 의학계도 주목했었다. 뉴저지 주 부어히에 소재한 신경의학 및 신경발달 건강 센터CNNH는 뇌장애 환자치료에 주력하는 기관으로, 15년 이상 의사와 전담 치료사들이 자폐아동을 대상으로 레고 치료를 했다.

드샤노의 경우와는 달리 CNNH의 레고 치료세션에는 여러 아이들이 그룹으로 참여한다. 자폐아들은 또래 아이들과 상호작용해야 할 때 가장 힘들어 한다. 매일 나누는 대화와 놀이에 끼지 못할 때 자폐아들은 좌절감을 맛보게 되고 마음을 닫아버린다. 레고 치료는 자폐 아이들이 좋아하는 놀이를 통해서 다른 아이들과 협동하도록 이끈다.

CNNH의 웹사이트에는 다음과 같이 설명했다. "자폐 아이들 간의 상호작용을 촉진하고 아이들 스스로 해결책을 찾도록 하기 위해서 성인 조력자가 각 아이에게 임무를 할당해서 아이들이 함께 상호작용하도록 유도한다." 조력자는 아이들마다 제각기 다른 역할을 맡는 팀을 구성한다. 한 아이는 설명서를 읽는 데만 집중하고 다른 아이는 부품을 배열하는 동안 다른 아이는 브릭을 조립하는 방식이다. 셋 중 한 명만 없어도 모형을 완성할 수 없다. 아이들이 각자의 역할에 익숙해지면, 조력자는 아이들의 역할을 바꾼다. 나이가 더 많고 기술을 능숙하게 다루는 아이들이면, 돌아가면서 감독, 촬영, 모형 조립을 하면서 레고로 스톱모션 비디오까지도 완성한다. 이런 과정을 통해 아이들은 점점 더 어려운 도전 과제를 해결해 나감과 동시에 사회성을 기른다.

브릭으로 마케팅하기

■ 아주 드물긴 하지만 창작가들 중에는 돈을 받고 레고 모형을 만들어 주는 사람들이 있다. 션 케니의 레고 DSi는 2009년 휴대용 게임기기 출시를 앞두고 주문 제작한 것이다.

■ 네이션 사와야의 캐리어 에어컨은 실제로 돌아간다. 제품 안의 팬이 환기구를 통해 바람을 내보낸다.

자폐아를 돕는 것보다는 중요도가 떨어질지는 모르겠지만 기업들도 신제품 출시나 행사를 앞두고 홍보가 필요할 때면 레고에 의지할 때가 있다. 어떻게든 자사 제품이 뉴스에 나오기를 바라는 마케팅 담당자로서는 뉴스거리가 되기 쉬운 독특한 레고 모형에 주목하지 않을 수 없다.

레고 공인 전문가로 앞에서 소개한 션 케니는 닌텐도 DSi 제품 출시를 앞두고 이 제품의 대형 모형 제작을 요청받았다. 철을 용접해서 연결한 골조 위에 브릭 51,324개로 완성한 모형은 엔가제트Engadget과 기즈모도Gizmodo 같은 기기 전문 웹사이트 수십 군데에 소개된 한편, 조립과정을 저속촬영한 영상이 보잉보잉Boing Boing에 공개됐다. 결국 이 작품은 뉴욕시 록펠러센터의 닌텐도 월드 매장에 전시됐다.

대형 레고 모형은 언론 매체들뿐만 아니라 컨벤션에서도 인기다. 어떤 경우에는 창작가가 스폰서의 부스에서 직접 모형을 제작하고, 사람들이 모형 제작 과정을 구경하기도 한다. 2005년 시애틀 국제선박쇼 행사 조직자가 프로 창작가인 네이션 사와야(6장에 소개됨)에게 모형 제작 쇼를 해달라고 의뢰했다.

사와야는 인터뷰에서 이렇게 말했다. "고객이 내게 시애틀 선박쇼가 열리는 열흘 간 전시할 모형을 제작해야 한다고 했다. 그래서 좋다고 했다. 좀 있더니 20피트 길이의 크리스 크래프트 사의 스피드 보트를 2분의 1 축소모형으로 만들어달라고 했다. 그러겠다고 했다. 만약에 오먼 트위즐러[1]는 공짜라기에 곧장 비행기표를 끊었다." 사와야는 실제 쇼 현장에서 스피드보트를 매일 18시간씩 9일 동안 작업하여 완성했다. 수십만 개의 브릭이 모형에 들어갔고 수천 명의 관람객들이 그가 직접 만드는 모습을 구경했다. 그의 작업은 컨벤션에서 큰 화젯거리가 됐고, 레고로 만든 선박으로는 세계 최대 기록을 세웠다.

우주 엘리베이터 프로토타이핑

일본 우주 엘리베이터 협회JSEA 회원들은 자신들의 프로젝트에 정부의 관심을 촉구하기 위해 테크닉 빔으로 우주 엘리베이터 모형을 만들었다.

우주 엘리베이터는 지구 정지궤도 위성에서 지상으로 케이블을 연결한 후 클라이머라 부르는 엘리베이터를 이용해 지구궤도에 오르는 방법으로 이론으로만 존재한다. 이 엘리베이터를 이용하면 로켓연료가 아니라 전기를 사용하게 된다. 이론상으로는 상당히 대단한 기술이지만 정부는 우주 엘리베이터를 만드는 데 실제로 백년 이상은 걸릴 거라며 연구에 열의를 보이고 있지는 않다. 이 같은 정부의 무관심 속에서 (어쩌면 그러한 무관심 때문에) 이 협회 회원들은 이 기술을 끝까지 포기하지 않고 협회를 만들고 컨퍼런스를 개최하여 연구결과를 공유했다.

2008년 이 협회는 우주 엘리베이터 컨퍼런스를 마이크로소프트와 우주과학기술연구소의 후원을

받아 개최했다. 컨퍼런스는 소규모로 조용한 분위기 속에서 열렸다. 참가자도 60~70명 가량밖에 안 되었는데, 그때 JSEA의 대표단 중 한 명이 레고 모형을 들고 나타났다.

우주 엘리베이터 블로그 편집자 테드 세몬은 인터뷰에서 다음과 같이 회상했다. "우주 엘리베이터 모형을 만든 것은 주의를 끌기 위해서였다." 실제로 효과가 있었다. 테크 블로그인 기즈모도에 JSEA의 프로토타입 모형이 게재되자 협회의 컨퍼런스가 단박에 조명을 받았다. 우주탐험 같은 분야도 주목을 끌기 위해 레고 모형의 도움이 필요하다는 사실을 다시 한 번 확인한 셈이다.

창공 위의 레고

■ 미국에서 실험을 시행하던 날: LUXPAK과 다른 실험장치들이 하늘을 날았고 장비는 풍선이 터지면서 회수되었다.

레고의 유명세를 활용해서 마케팅 효과를 노리는 회사들도 있지만 레고그룹이 레고로 직접 자사 홍보에 나설 때도 있다. 든든한 자금력과 예리한 마케팅 감각을 활용해 자사의 제품 라인을 홍보하기 위함이다. 2008년 레고그룹은 에너자이저 배터리 회사Energizer Battery Company 와 내쇼널인스트루먼트 사National Instruments, 네바다대학교 리노캠퍼스, 네바다 스페이스 그랜트Nevada Space Grant 와 공동으로 두 개의 기상관측기구를 활용해 수행하는 과학실험을 지원했다. 이 실험의 명칭은 HALE 프로젝트High Altitude LEGO Extravaganza 로 www.unr.edu/nevadasat/hale에서 볼 수 있다. 관건은 모든 실험을 마인드스톰의 로봇 시스템(10장에서 소개했음)을 기반으로 수행해야 한다는 점이었다. 레고 마인드스톰 출시 10주년 홍보행사였기 때문이었다.

전 세계 학교를 대상으로 마인드스톰으로 제작한 기상 실험장치를 기구에 띄어 창공에서 실험할 참가자를 모집했다. 최종적으로 미국, 대만, 룩셈부르크, 스웨덴, 덴마크 출신 학생들로 꾸려진 아홉 개 팀

의 실험도구가 기구에 실려 최고 고도인 30킬로미터 상공으로 올라갔다.

　클로드 바우만과 교사 세 명이 지도하는 룩셈부르그 팀은 LUXPAK 실험장치를 만들었다. 이 장치는 오존의 농도와 기압, 기온, 반사광을 학생들이 제작한 전자기기로 측정하는 기구이며, 이 모든 전자기기는 마인드스톰 RCX 마이크로컨트롤러로 조종한다. 학생들은 직접 풍선으로 장비를 날리는 자리에는 참석지 못하고 실험장치만 상자에 담아 네바다 주로 보냈다. 일단 모든 기능이 활성화 되면 실험장치에 장착한 원격 측정기를 구글맵의 APRS 서비스를 통해 추적할 수 있다. APRS 서비스는 기상과 위치 데이터를 아마추어 무선 통신기로 수신한 다음 지도에 표시한다.

　물리학과 교수 브라이언 데이비스는 제안서 두 개를 제출했다. 먼저 집시Gypsy라 명명한 프로젝트는 마인드스톰 서보가 달린 레고 섀시에 디지털 카메라를 장착한 실험장치다. 마인드스톰 서보는 디지털카

■ 실험 당일 LUXPAK 실험 장치 준비에 박차를 가하고 있다.

메라의 전원과 셔터 버튼을 누르거나 동영상 또는 정지 영상 모드로 전환하는 토글식 버튼을 조작한다. 다른 하나는 작은 조$_{\text{Lil' Joe}}$라고 이름을 붙인 실험장치로 하이테크닉 사의 가속도계와 등반가들이 사용하는 GPS 송신기, 낙하산을 한데 모은 것이었다. 이 실험장치는 대기권까지 올라갔다가 기구가 터지면 낙하산이 펴질 때까지 자유낙하했다. 낙하하는 동안의 모든 궤적을 GPS 신호로 추적할 수 있었다.

또 다른 H.A.L.E. 프로젝트로는 스웨덴에서 참가한 REEL-E라 불리는 로봇으로 고도가 높아질수록 센서가 받는 중력을 측정하는 실험, 대만에서 참가한 Brix-Catcher 라는 로봇으로 대기 중의 미세입자를 수집하는 실험, 그리고 초등학교 4학년 반 친구들이 참가한 프로젝트로 고도가 높아질 때마다 마시멜로 사탕에 어떤 변화가 생기는지를 측정하는 실험이 있었다. 레고그룹 마인드스톰 팀이 수행한 비밀 실험도 있었지만 임무 수행 중 사라졌다.

실험 당일 기구는 하늘 높이 올라갔다. 고도 25킬로미터 상공에서 작은 조$_{\text{Lil' Joe}}$는 기구에서 떨어지자마자 자유낙하를 시작했다. 그러는 동안 H.A.L.E. 프로젝트 기구는 계속해서 거의 고도 30킬로미터 상공까지 (풍선이 터질 때까지) 올라갔다. 30킬로미터 상공에 다다랐을 무렵 하늘은 검은색이었고 지구의 둥근 곡선이 선명하게 드러났다. 사실상, H.A.L.E. 프로젝트는 우주에서 시행된 실험이었다. 60초 간 자유낙하하던 작은 조는 낙하산이 전부 펴지지 않았지만 다행히 안전하게 착륙했다. 다른 실험들은 모두 잘 끝났지만, 마인드스톰 팀의 실험장치는 아직 행방이 묘연한 채 찾지 못하고 있다.

H.A.L.E. 프로젝트는 초등학생들이 참가한 최초의 기상 실험은 아니었지만 이 실험은 수많은 기기, 기술, 장난감 사이트에서 한동안 큰 화제가 되었다.

마천루 모형

레고의 마인드스톰 컨트롤러를 실험도구로 활용하지 않았더라면, 과연 LUXPAK 실험장치와 다른 H.A.L.E. 프로젝트 실험이 이처럼 화젯거리가 될 수 있었을까? 닌텐도 DSi를 대형 레고 모형으로 재현하지 않았다면 이 제품이 대서특필 될 수 있었을까? 그렇다고 답하기 어려울 것이다. 과학실험이나 게임기에 관심이 없는 사람들이라도 일단 '레고'하면 떠올리는 친근한 느낌을 마케팅 전문가들이 아주 잘 활용했다고 볼 수 있다.

그러나 레고를 활용하는 것이 단순한 마케팅 효과 이상이 될 때도 있다. 덴마크 코펜하겐 소재 건축회사 비야케잉겔스그룹(이하 BIG)이 고층빌딩 건축프로젝트를 홍보하려고 전통적인 모형 재료가 아닌 레고로 건축모형을 만들었다. 미니픽 스케일로 만든 건축모형은 전시실 전체를 가득 차지할 정도로 거대했다. 이 모형에만 브릭 25만개와 미니피겨 1,000개가 들어갔다. 이 건축모형과 BIG의 다른 건축모형 4개가 2007년 가을 뉴욕시의 예술과 건축을 위한 스토어프런트Storefront for Art and Architecture에 전시됐다.

그렇다면 왜 BIG는 건축모형 재료로 레고를 사용했던 걸까? 1장에서 봤듯이 덴마크라는 나라는 레고와는 떼려야 뗄 수 없는 나라다. 전시회 안내장에는 "전 후 덴마크 재건을 위한 마셜플랜이 실행 중이던 기간에 덴마크는 모든 건축물에 조립식 콘크리트 사용을 장려했다"고 적혀 있다. BIG는 같은 안내장에 "현대 덴마크는 국가 전체가 레고 브릭으로 만들어졌다"라고 밝혔다.

대부분의 덴마크 건물이 조립식 모듈을 사용한다는 점에서, 이런 조립식 모듈을 레고 브릭으로 치환해 생각해보는 건 쉬운 일이었다. BIG는 설계 모형을 레고로 제작한다는 사실을 마뜩잖게 생각하는 고객을 레고그룹의 디지털 디자이너 서비스를 이용해서 설득하기 시작했다. BIG는 다음과 같이 말했다. "프레젠테이션을 마치고 우리는 고객에게 레고로 제작한 설계 모형을 선물했다. 고객은 그 모형을 아들에게 줬고, 우리에게는 설계를 의뢰했다."

스칼라 타워를 설계할 때는 또 다른 문제가 기다리고 있었다. 코펜하겐시가 고층건물을 선호하지 않는다는 사실이었다. 역사적으로 소방차 사다리가 약 21미터까지밖에 도달할 수 없었던 20세기 초까지 거슬러 올라간다. 말도 안 되는 이상한 전통 때문에 다수의 괜찮은 건축 프로젝트가 무산돼곤 했다. 무조건 반대하는 사람들과 고층건물에 비판적인 사람들을 설득하기 위해서 BIG는 넓은 대지에 다양한 편의시설이 서로 이웃하고, 빌딩의 상층부를 향해 좁아지는 부분까지 여러 개의 평지와 발코니가 있는 설계 모형을 제작했다.

레고를 설계모형에 활용함으로써 친근하고 익살스러우면서도, 미니피겨를 곳곳에 배치하여 인간적인 느낌까지 주는 데 성공했다. 레고를 설계 모형 재료로 활용해서 덴마크인들의 레고에 대한 애정에 호소한 것도 나쁘진 않았다.

■ OPP 일원인 존 버그만이 실험적인 로봇 손을 만들었다.

인공기관

오픈 프로스테틱스 프로젝트OPP는 사지절단 수술을 받은 사람들과 이들을 보호하는 사람들로 구성된 약간은 느슨한 조직이다. 이들은 자신에게 맞는 인공보철이나 인공기관에 드는 높은 비용과 의료계의 오랜 관료주의를 피하기 위해 이 프로젝트를 시작했다. 오픈소스 프로젝트의 성격상 이 그룹은 연구 결과를 원하는 사람이면 누구에게나 공개하며, 필요한 사람이면 국적을 불문하고 자신들의 기술을 공유한다.

OPP 웹사이트를 대강 훑어보면 이들의 관심 분야가 위팔과 아래팔 인공보철임을 한눈에 알 수 있다. 이 프로젝트의 위키사이트에 따르면, 미국에 살고 있는 2백만 명가량이 사지절단 수술을 받았지만, 이 중 손이나 팔이 없는 사람의 비중은 5%에 불과했다. 이러한 수적 열세로 영리 목적의 인공보철 제조업체들은 자연스레 인공보철 팔에 대한 연구를 등한시하게 됐고, 그런 이유로 OPP가 시작됐다.

구식 인공보철물인 트라우트만 훅Trautman Hook을 역설계한 첫 번째 프로젝트는 꽤 좋은 반응을 얻었다. OPP는 이 프로젝트의 결과물인 CAD 설계도를 온라인상에 공개해 누구라도 내려받을 수 있도록 했는데, 이러한 조치는 〈사이언티픽 아메리칸〉에서 특집으로 다뤄지기까지 했다. 그러나 OPP의 최종 목표는 갈고리가 아니라 손 모양 기관으로 진짜 손 같은 인공보철을 만드는 것이었다. 바로 이 부분에 레고가 활용되었다.

전문적인 프로토타이핑 모형을 제작하기 위해 드는 엄청난 비용을 낮추고자 이 프로젝트 자원봉사자 존 버그만은 레고로 손을 만들어 보면 어떨까 생각했다. 그는 인터뷰에서 "스타워즈 드로이드 키트에 있는 부품을 사용하는 데 거의 몇 주가 걸렸다"고 말했다.

버그만은 보철의 엄지손가락을 실제 사람의 손가락처럼 동작하도록 개발하는 게 가장 힘들었다고 했다. "엄지손가락의 관절을 그대로 모방하는 건 정말 어려웠다. 이 인공보철물에 딱 맞는 강도를 지닌 구체 관절이 레고에는 없었다"고 버그만은 말했다.

미 해군 소속 해병인 버그만은 근전성筋電性 레고 인공보철물을 키트 형태로 만들어내는 게 최종 목표다. 근전성 기술은 수의근이 수축할 때 나오는 아주 미세한 전기신호를 감지하는 기술로, 전력이 들어올 때 보철물을 작동시키는 트리거다. 물론 근전성 기술은 엄청나게 비싸다. 그렇다고 걱정할 필요는 없다. OPP가 자체적으로 개발 중인 오픈소스 버전이 있으니까.

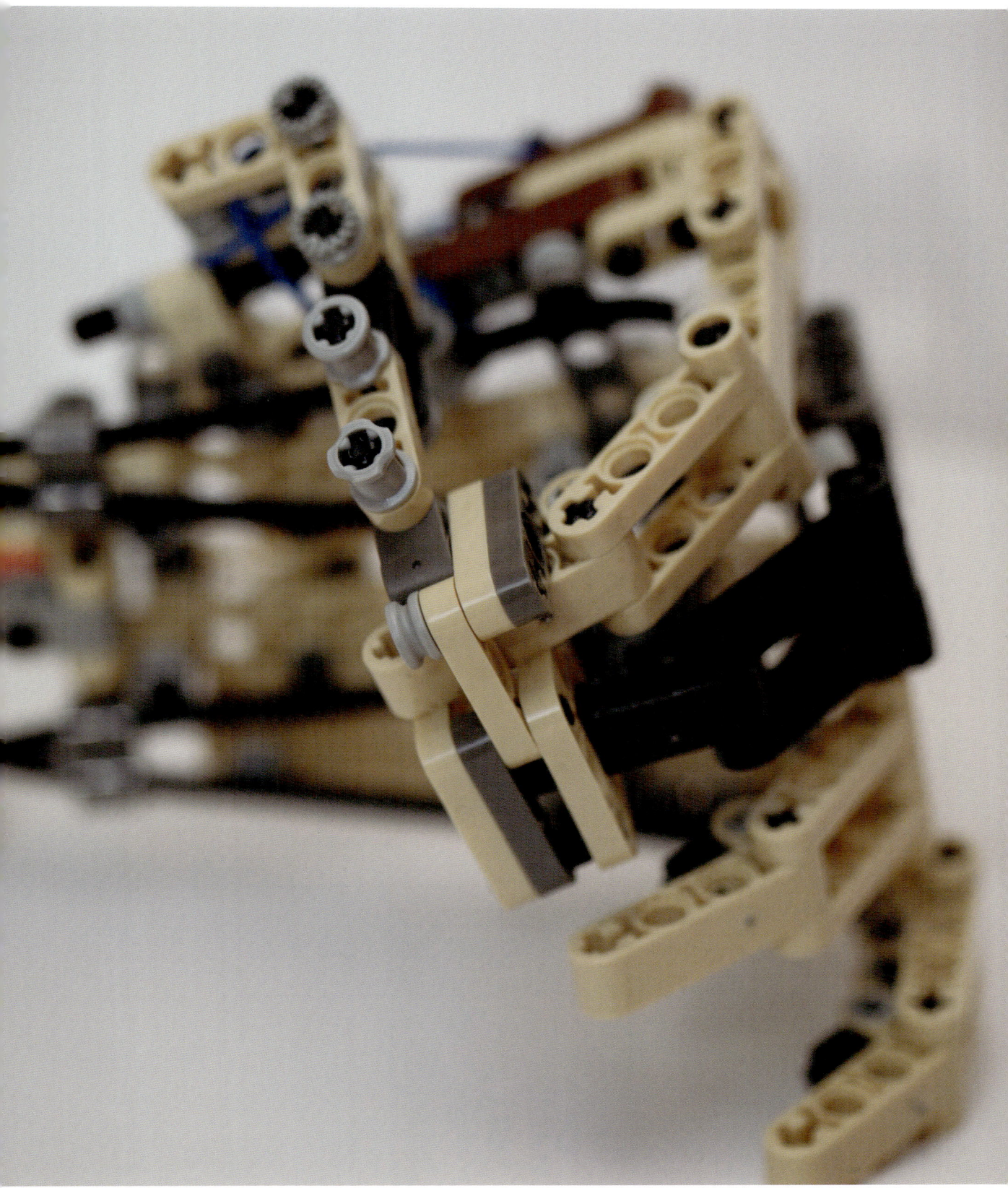

■ '진지한 놀이' 참가자들이 자신이 만든 작품에 대해 이야기 하고 있다.

진지한 놀이

앞에서 어떻게 자폐아동이 사회성을 기르기 위해 각자의 역할을 맡아 그룹으로 레고 모형을 조립하는지 알아봤다. 레고그룹의 '진지한 놀이Serious Play' 분과에서는 자폐아들의 레고 치료방법과는 다르긴 하지만 관련 기술을 활용해서 직원들의 협동심과 의사소통 능력을 키우고, 업무 혁신을 도모할 수 있도록 돕는다. 직원들에게 레고 모형을 만들어 보라고 한 다음 만든 모형을 놓고 이야기를 시키는 것이다.

진지한 놀이는 세션별로 진행하는 팀빌딩 훈련이다. 세션은 의사소통, 경영자 교육, 기업 정신 교육이라는 명목으로 운영되지만 실제로는 참가 직원들끼리 그룹별로 커뮤니케이션하고 연대의식을 갖도록 하는 데 있다. 그룹별로 레고를 조립하면서 사람들이 사적인 차원과 공적인 차원의 언어를 모두 사용한다는 사실이 밝혀졌다. 그룹별 레고 조립 세션에는 각 세션마다 한 명의 조정자가 있고, 레고그룹이 제공하는 진지한 놀이 키트가 제공된다.

진지한 놀이 조정자 데이빗 건틀렛은 인터뷰에서 이렇게 말했다. "모두가 조립하고, 모두가 자기 이야기를 한다. 바로 여기에 이 방법이 지니는 중요한 강점이 있다. 진지한 놀이 세션에는 참가자면 누구나 발언권이 주어지며 모두가 동등한 위치에 있다. 회사에서의 지위고하는 여기에서 무의미하며, 평상시에 회의석상에서 말이 많은 사람이건, 조용했던 사람이건 여기에서는 상관없다."

참가자들이 모형 조립을 끝내면, 조정자는 조립한 사람에게 모형에 대해 질문한다. 여기서 조정자는 참가자가 가능한 한 길게 얘기하고, 문제점을 짚어내고, 해결책을 제시하도록 독려한다. 예를 들면 조정자가 세션 참가자들에게 동물 모형을 조립해보라고 한다. 그리고 모든 팀원이 자신의 모형에 대한 이야기를 끝내면 사람들에게 2분 간 월요일 아침의 느낌을 비유적으로 표현한 모형을 만들어 보라고 한다. 거기서부터 돌아가며 자기가 만든 모형을 놓고 자신이 만든 것에 대해 이야기하기 시작한다.

진지한 놀이는 레고그룹의 공식 프로그램이긴 하지만 이 회사의 주 상품인 레고 세트 범주에는 들어가지 않는다. 참가자들에게 판매되는 개별 키트는 일반 제품 가격에 훨씬 못 미친다. 그렇다면 왜 이렇게 하는 걸까?

건틀렛은 자신의 저서 『창의적 탐구Creative Explorations』(Routledge, 2007)에서 다음과 같이 그 이유를 기술했다. "레고의 진지한 놀이 세션은 레고그룹의 자체 문제를 해결하고자 개발됐다. 1996년과 97년 키엘 키르크 크리스티얀센 레고그룹 회장은 자신이 주재하는 회의 중에는 회사 미래를 위한 창조적인 전략이 나올 수 없다는 사실을 알고 크게 실망했다. 회장은 직원들에게 재능보다는 이들의 상상력과 창의력을 밖으로 끄집어낼 뭔가가 필요하다고 생각했다."

회사 문제를 해결하기 위해 불러들인 컨설턴트들은 실질적으로 직원들이 상상력을 표출하기 위해 가장 좋은 도구는 레고그룹의 제품 자체라고 밝혔다. 그리고 아이디어를 내도록 적극 권장하려면 약간은 놀이 같고 아무도 잘잘못을 가리지 않는 분위기가 조성되어야 한다고 했다.

　건틀렛은 같은 책에서 "레고가 수십 년간 어린이들에게 '꿈을 만들라'라고 말해왔 듯이, 어른들도 미래를 위한 비전을 만들라는 주문을 받을 수 있다"고 썼다. 이 프로젝트 이름이기도 한 '진지한 놀이'라는 말에서 알 수 있듯이 놀이 행위도 진지한 목적을 달성하는 데 이용할 수 있다. "학술저널과 대중서적들마다 사람들은 '놀이' 상태일 때 창의성을 발휘하기 쉽다는 주장을 점점 더 많이 하고 있다. 놀이는 자유를 강조하는 반면 책임감이나 자의식, 수치심을 억누르기 때문이다."

　'진지한 놀이' 세션을 잘 들여다보면 전 세계 성인 레고 팬이 어린 시절에 했던 놀이로 회귀하면서 어떤 변화를 겪는지 보인다. 물론 레고 팬들이 자신의 암흑기를 깨고 나오는 것만큼 진지한 놀이 참가자들이 극적으로 변하진 않겠지만 이 세션이 표방하는 개인의 상상력과 창조력 발휘만큼은 수년 간 레고 팬들이 말해왔던 '레고를 통하면 상상력과 창조력이 발휘된다'는 말의 의미를 단번에 알 수 있게 한다.

앤드류 캐롤의 기계식 컴퓨터

■ 앤드류 캐롤이 레고 브릭으로 재현한 옛날식 전자계산 기계

■ 안티키테라 메커니즘은 현대의 엑스레이와 CT 촬영기술이 이 녹슨 장치를 투시하기 전까지는 수수께끼로 남아 있었다.

소프트웨어 엔지니어 앤드류 캐롤은 레고 테크닉 기어를 활용해서 원시 컴퓨터를 재현할 수 있다는 놀라운 사실을 발견했다.

캐롤은 자신의 웹사이트(acarol.woz.org)에 이렇게 밝혔다. "나는 전자계산 기계와 레고가 만나는 접점을 알아보기로 했다. 여기서 레고는 장난감도 아니며, 레고와 전자기기를 섞어 놓은 듯한 마인드스톰도 아니다. 오히려 스팀펑크와 레고의 조우에 가깝다. 수작업으로 직접 계산장치를 만들고 싶었다." 캐롤의 첫 번째 프로젝트는 영국의 수학자 찰스 배비지가 고안한 미분기 1호 Difference Engine #1였다. 이 미분기는 1822년 배비지가 기계적 도움이 없이는 오류가 생기기 쉬운 다항식 함수를 계산하기 위해 세운 개념과 원리를 토대로 만든 최초의 전자계산기다.

7차 방정식을 31자리 수까지 정확히 계산할 수 있는 배비지의 미분기는, 기술적인 어려움과 정치적인 문제로 1991년이 되어서야 완성됐다. 그럼에도 불구하고 역사가들은 이 미분기가 오늘날 컴퓨터가 개발되기까지의 과정 중에 탄생한 중요한 기념비적 발명품이라 여겼다. 이제 미분기 제작만 세 번째인 캐롤의 미분기 모형은 테크닉브릭으로 만들었으며 사용자는 3차 방정식을 4자리 수까지 정확하게 계산할 수 있다.

캐롤은 레고로 안티키테라 메커니즘이라 불리는 고대 기계 컴퓨터도 재현했다. 이 기계장치는 기원전 150년경의 것으로 추정되는 난파선에서 발견됐다. 이 기계는 해와 달의 위치와 일식과 월식을 계산할 목적으로 고안됐다. 1900년에 발굴된 이 기계장치는 당시 녹슬 대로 녹슨 톱니바퀴 뭉치로 남아 있다가 기술이 발전하면서 과학자들이 기계장치를 스캔하면서부터 정체가 드러나기 시작했다. 톱니바퀴의 톱니 비율이 일식과 월식을 예측하는 데 사용한 공식과 일치했으며 기계 위에 적힌 글자가 그리스의 도시 코린트가 사용했던 점성술 용어와도 일치했다. 캐롤은 이 기계장치를 재현하면서 테크닉의 톱니바퀴 100개와 모양이 다른 기어박스 7개를 사용했다. 정확도는 실제보다 1일에서 2일 정도 차이가 난다.

캐롤은 이 원시 컴퓨터를 레고로 훌륭하게 재현하면서 비록 장난감 부품으로 만들긴 했지만, 레고가 진지하고 과학적인 목적을 성취하는 데도 쓰일 수 있음을 다시 한 번 입증하였다.

레고가 어린이용 장난감인 건 사실이다. 그러나 수없이 많은 성인의 상상력을 끌어내고, 능력의 한계를 확장시키고 현대인의 삶에 확연하게 결핍된 장난기를 발동하게 만드는 이 장난감은 여전히 성인에게도 중요하다. 발명가, 치료사, 건축가, 과학자들에게까지 도움을 주는 레고는 그 어떤 장난감도 감히 견줄 수 없는 위치에 있다.

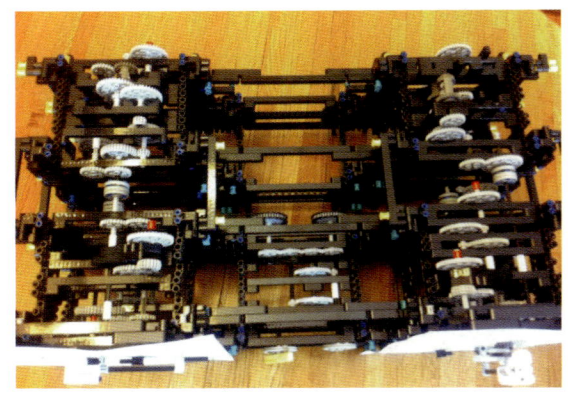

■ 백 년도 훨씬 전에 발견된 안티키테라 메커니즘의 원형을 추정하여 복원한 것. 레고로 만들어졌다는 것만 다르다.

나오는 글

진지한 레고

　이 책의 마지막 장의 제목은 어떤 면에서 이 책 전체 내용을 아우른다 할 수 있다. 아이들은 레고를 하면서 즐거워하지만 그래봐야 결국 아이들에게 레고는 장난감이다. 반면에 성인들은 레고를 하며 소중한 시간과 엄청난 돈을 쏟아 붓는다. 공들여 모형을 조립한 후에 인터넷에 올리고 칭찬에 으쓱해 하다가도 누가 뭐라도 지적하면 괜히 움츠러들기도 한다. 이들은 발명품을 만들며 로봇을 조립하고, 집안의 절반을 레고가 차지하기도 한다.

　레고를 사랑하는 사람들에게 레고 하나하나는 진지한 대상이다. 브릭 여러 개를 'LEGOs'(LEGO는 LEGO일뿐 절대 LEGOs가 될 수 없다)라고 하는 걸 참을 수 없어 한다. 메가 블록과 KRE-O 같은 가짜 레고를 보면 분노한다. 브릭 색상을 놓고 논쟁을 벌이고, 공을 들여 창작품 경연 대회를 준비하기도 한다.[1] 비공식 레고 부품을 사용하거나 브릭에 변형을 주거나 브릭을 접착제로 붙인 창작가들은 레고 순혈주의자들에겐 호된 비난의 대상이 된다.

　우리 같은 사람들은 성인 레고 팬이 뿜어내는 창조적 기운에 휩쓸리기 쉽다. 이 책 『컬트오브레고』의 책장을 넘기다보면 멋진 레고 모형이 연이어 나온다. 어떤 창작 모형은 너무나 커서 엄청난 양의 브릭을 사는 데 돈이 많이 들어 한번 해보겠다는 꿈은 아예 꾸지도 못 하게 하지만, 스무 개 남짓되는 부품으로 만든 멋진 모형을 보면서, 사람들을 놀래키려고 굳이 크기에 연연할 필요가 없다는 사실도 깨닫는다.

　성인 레고 팬의 창의성과 위트의 원천이 이들이 사랑해 마지않는 장난감이라고 생각하기 쉽다. 레고의 뛰어난 적용성, 다양한 부품과 색상, 다른 장난감 제조사들이 따라올 수 없는 품질 때문이라고 보기 쉽다는 뜻이다. 그러나 이런 질문을 먼저 하지 않을 수가 없다. 레고의 성공에 성인 레고 창작가가 끼친 영향력은 어느 정도일까? 분명히 아이들은 500달러짜리 대형세트를 살 돈이 없으며, 픽 어 브릭 스토어에서 주문제작 부품을 구매할 정도로 자기 모형에 애착을 느끼지도 않는다. 고가의 세트도, 픽 어 브릭 스토어도, 모두 성인 레고 창작가를 위한 것이다.

물론 레고가 성인 레고 창작가에게 영감을 불어넣었을 수는 있다. 그러나 성인 레고 창작가도 레고를 오늘날의 레고로 만드는 데 일조했다. 결국 양쪽 다 발전했다.

우리는 여러분이 이 책의 책장을 넘기다가 나도 뭔가 멋진 작품을 만들고 싶단 생각을 가졌으면 좋겠고, 성인 레고 창작가로 입문한다고 마음먹었으면 좋겠다. 그럼 두 손 들어 환영하겠다.

옮긴이 후기

일상적으로 대하던 것들이 새롭게 다가오는 경험을 컬트오브레고가 선사할 것입니다.

몇 년 전 뭐 새로운 거 없을까 하는 생각에 베이킹 클래스를 6개월 넘게 다닌 적이 있었습니다. 나에게 새로운 세상이 열렸습니다. 이전에는 '치즈 케이크'라 명명된 것들의 맛이 거기서 거기라고 느꼈으나, 이후에는 재료의 사소한 그램 수 차이만으로도 식감과 풍미가 달라진다는 것을 혀끝으로 인식할 수 있게 되었습니다. 한동안 제과점이나 카페를 다니며 새로운 케이크와 쿠키를 주문하고, 서로 다른 맛과 식감의 차이를 느끼는 즐거움에 사로잡혀 지냈습니다.

이 책을 번역하기 전에는 그저 방바닥에 굴러다니는 레고 블록(브릭도 아니고)을 신경질적으로 주워 담느라 피곤하고 정신없는 엄마였지만, 이 책을 번역하면서부터는 미니피겨의 표정과 옷매무새를 살피고, 미니피겨의 분해된 머리와 몸통을 꿰어 맞추며 미소를 짓거나, 좀 큰 이물질로 보였던 작디작은 레고 부품이나 브릭을 소중히 구출해 부품 상자에 살포시 넣어 주는 엄마가 되었습니다.

오래전부터 레고를 잘 알고 사랑했던 이들에게는 반가운 책이 될 것이며, 레고에 무심했던 이들에게는 레고를 재발견할 계기를 주게 될 것입니다.

2013년 가을,
이현경

주석

추천 글

1 Harley Earl, 1930〜60년대 GM의 자동차 디자이너, 자동차에 테일핀tail fin 스타일을 처음 적용한 사람이다.

2 뉴매틱pneumatics: 레고 테크닉 등에 쓰이는 공기의 압력을 이용하여 동력을 전달하는 부품군.

2장

1 tiddlywink: 어린이 놀이의 일종으로 작은 원반의 한쪽 끝을 눌러 튕겨서 멀리 있는 컵 따위에 넣는 놀이.

2 Forbidden Island/국내 출시명: 해적요새/제품 번호: 6270/ 처음 가져본 제법 큰 세트였음. 생각만 해도 행복한 기억이 밀려온다.

3 레고 부품의 회색은 원래 조금 노란빛이 도는 회색이었는데 2003년 즈음 그 색상은 단종되고 푸른빛이 도는 회색으로 바뀌었다. 레고를 오래한 마니아 중에는 따뜻한 색감의 옛날 회색을 선호하는 사람이 많다.

4 Bluegrass: 서부 산악지역의 음악을 전통 민속악기만으로 현대화한 형태의 음악 장르.

5 국내에 출시된 레고 제품에는 국내 출시명이 있다. (예: Neptune Discovery Lab/국내 출시명: 해저탐사기지/제품 번호: 6195) 국내 출시명이란 레고 코리아가 레고 제품을 국내에 판매할 때 사용하는 제품명이다. '넵튠 디스커버리 랩' 대신 국내 출시명인 '해저탐사기지'를 쓸 수도 있겠지만, 이 책에 소개된 제품 중에는 국내에 출시되지 않은 제품도 있다. 국내 출시명은 평범하고 특색이 없거나 간혹 엉뚱한 경우도 있다.

6 최대한의 시동 가속을 주기 위해 개인이 설계·제작한 자동차

7 Super Car/국내 출시명: 테크닉수퍼카/제품 번호: 8880/ 지나치게 특이한 테크닉 부품을 쓰지 않아도 완벽하다.

8 Green Grocer/국내 출시명: 그린 마켓/제품 번호: 10185/ 가격도 좋고, 디테일이 살아 있으며 뭔가 색다르게 이리저리 가지고 놀기에 좋은 디자인의 제품이다.

9 Rogue Shadow/국내 출시명: 로규 세도우/제품 번호: 7672

10 스타워즈 팬에게 엑스윙이 익숙한 것만큼 BSG 팬에겐 바이퍼가 익숙하다. BSG의 국내 인지도는 낮지만 해외 인지도는 높아서 레고로 만든 바이퍼 작품을 심심치 않게 볼 수 있다.

11 원문의 'sculpture'는 보통 조각상이라고 하나, 레고에서는 조형물이라고 한다. 조각에는 깎아 만든

다는 의미가 있는데 레고 작품은 붙여가는 방식으로 만들기 때문이다.

12 Gator Landing/국내 출시명: 밀림의 무법자/제품 번호: 6563/ 이 제품에는 모든 것들이 조금씩 담겨 있다. 동물, 식물, 자동차, 배, 비행기, 작은 건물, 미니피겨 세 개, 그리고 피겨마다 장비를 갖추고 있다.

13 New Holland LS 160 Skid Steer Loader, 뉴홀랜드 사가 만드는 건설 중장비. 기어박스 메커니즘(변속장치), 무게중심, 축적(스케일) 등을 고려해 가능한 한 실제 장비와 유사하게 설계했다.

14 벨빌 Belville: 남성 중심적인 레고 제품군을 탈피하여 여아들을 대상으로 1994년 출시된 제품군. 동화 속의 공주를 테마로 한 제품들이 많고, 다양하고 예쁜 소품들이 많은 제품군이다. (출처: 브릭인사이드)

15 'LEGO Shop at Home catalog' 여기서 'LEGO Shop at Home'은 한 단어로 줄여서 S@H이라고 적기도 한다. 레고에서 직접 운용하는 레고 온라인 쇼핑몰의 이름이다. 요즈음에는 사이트 제목에 'at Home'이란 단어없이 그냥 LEGO Shop이라고 적혀 있는데, 아직도 검색 결과에는 LEGO Shop at Home이 나온다. 한국에서는 2010년에 서비스를 시작하였는데, 한국 서비스의 정식 명칭은 '레고그룹 공식 쇼핑몰'이다. (http://shop.lego.com/ko-KR)

16 Guitar Hero Controller, 기타를 활용한 리듬 게임의 일종

17 Pinhole camera, 렌즈 대신에 어둠상자에 작은 구멍을 뚫은 사진기

18 Smith & Hawken, 정원이나 화원 관련 상품을 파는 소매점

19 OLPC에서 보급하는 컴퓨터 이름

20 서드파티 Third-pary: 기존 제품에 없는 각종 부품을 레고 시스템에 근거해 호환 가능하도록 만든 제3의 제조사 제품군으로 브릭암스(brickarms.com), 브릭포지(brickforge.com) 등이 대표적이다.

21 www.slashdot.org: 기술 관련 뉴스 웹사이트. 뉴스 기사 요약과 링크는 슬래시닷의 독자들이 제출하며 각 이야기는 사용자들 사이의 스레드 토론 주제가 된다.

22 www.boingboing.net: 사이버 펑크 같은 하위문화를 다루는 출판매체로 처음에는 잡지로 출발했으나 그룹 블로그 형태로 바뀌었다.

23 옳은 표현은 LEGO bricks임.

24 HISPABRICK: 히스패닉계 레고 팬들을 위한 잡지

25 기존에 나온 회색 브릭과 같은 회색이지만 최근에 나온 다른 톤의 브릭에 대한 논쟁을 다루고 있는 만화 혹은 최근 출시된 푸른빛을 띠는 회색을 폄해서 지칭하는 용어.

26 classic castle이란 성 시리즈 중에서 초기에 발매된 제품들을 말한다. 요새 출시되는 성 제품보다 인기가 많고 그래서 대개 프리미엄이 많이 붙어 있다. 국내 유저들은 일반적으로 '올드 캐슬'이라고 한다.

27 전통적으로 브릭은 아래에서 위로 쌓기 때문에 작품을 만들어 놓고 보면 스터드의 방향이 모두 위를 향하기 마련이다. 그렇게 단순히 위로만 쌓지 않는 것을 SNOT라고 한다. 스터드가 아래로 향한다는 의미가 아니라 순전히 위로만 쌓지 않고 다른 방향으로도 쌓았다면 모두 SNOT라고 한다.

28 여러 개의 관련 제품 세트나 창작품을 배치하여, 마을이나 기차역, 항구 등을 묘사한 것.

29 국내 사용자의 경우 미니피겨를 줄여서 '미피'라고 부르기도 한다. 하지만 아직 일반적으로 쓰이진 않는다.

3장

1 흑인 배우 서 호르헤Seu Jorge가 배역을 맡은 인물

2 일종의 타이머, 달걀 삶을 때 시간을 재는 도구

3 커스텀customize : 개인이 직접 제작한(레고 부품 외의 다른 요소를 덧붙이거나, 도색을 하거나 하는) 피겨나, 모델, 개인이 별도 작업을 해서 만든 맞춤이란 뜻으로 보통 제조업에서 커스텀보다는 커스터마이제이션이라고 사용하고, 전용이란 의미를 갖고 있다. (출처: 브릭인사이드)

4 로버트 루이스 스티븐슨의 소설『보물섬』에 등장하는 악당

5 찰스 디킨스의 소설『크리마스 캐롤』의 주인공

6 소설『모비딕』의 등장인물

7 Sir Francis Drake, 16세기 영국의 해적, 군인, 탐험가로 영국인으로서는 최초로 세계일주를 했다.

8 Dalai Lama, 14대 달라이라마

9 Rosa Parks, 미 흑인 민권 운동가, 몽고메리 버스 승차 거부 시위의 발단이 된 인물

10 미국 서부지역에 거주하던 두아미시-수쿠아미시 족의 추장

11 E. E. Cummings, 미국의 시인이자 화가

12 The White Stripes, 미국 미시간 주 디트로이트 출신 2인조 록 밴드

13 Adam Ant, 80년대 영국 출신 팝/펑크 뮤지션

14 fatboy slim, 영국의 전자음악 뮤지션이자 유명 디제이이기도 한 Norman Cook의 스테이지 이름이다.

15 Scott Joplin, 미국의 랙타임 작곡가이자 피아니스트

16 The Village People, 미국의 디스코 음악 그룹. 군인, 일꾼, 미국 원주민, 경찰, 라이더로 멤버들이 분장하고 활동함.

17 HMS Hood, 영국에서 제1차 세계대전 후 건조된 순양전함. 건조 당시 세계 최대의 군함이었음. 함명은 새뮤얼 후드 제독을 기리기 위해 명명함.

18 파워 펑션Power Functions : 2007년부터 레고 사가 새롭게 내놓은 무선조종 시스템, 적외선IR 방식이며 강화된 모터와 4개의 채널이 있는 조종기를 이용한다. (출처: 브릭인사이드)

19 J. 마이클 스트러진스키가 각본·총 감독을 맡은 SF 드라마이다. 미국에서 1993년 2월 22일부터 1998년 11월 25일까지 총 5시즌과 속편인 미니시리즈 한편으로 방송되었다.

20 Ringworld, 공상과학 소설에 등장하는 거대 구조물

4장

1 SNOTStuds Not On Top : 매끄러운 단면을 가진 플레이트를 활용하는 기술. 하지만 스노트 기법은 표면을 매끄럽게 하는 것과는 다르다. 표면을 매끄럽게 하는 기법을 레고 팬들은 흔히 'studless'라고 말한다.

2 Swayambhunath Stupa, 네팔의 수도인 카트만두 서쪽 언덕에 있는 불교사원. 주변에 원숭이들이 많이 살고 있어 원숭이 사원이라고 불리기도 함, 유네스코 세계문화 유산 중 하나다.

3 The Great Pyramid, 피라미드 중 가장 큰 피라미드이기에 대 피라미드라고 불린다.

4 purist, 레고에서 순혈주의자란 레고 작품을 만들 때 레고 이외의 부품을 사용하지 않는 사람, 레고 이

외의 부품을 사용하는 것을 혐오하는 사람을 말한다. 미술 분야의 순수주의와 같은 맥락에서 어떠한 창작 사조를 말하는 것으로도 오해될 수 있을 것 같다. 실제로는 레고 아닌 부품, 레고 아닌 방식을 배척하는 조금은 고지식한 입장을 말하는 것이다.

5 유럽 및 미국에서 철도 모형의 동호인 단체(MROP 등)가 통일규격을 제정하고 있는 대표적인 7종류 기준 가운데 하나이다.

6 레이아웃 layout: 기차 모형에서 기차의 선로와 그 선로를 포함한 주변 환경

7 Jawa, 스타워즈 시리즈에 등장하는 종족

8 Boba Fett, 스타워즈 시리즈에 등장하는 현상금 사냥꾼 캐릭터

9 Mandalorian, 스타워즈에 등장하는 전투력이 아주 강한 전사의 종족

5장

1 Medieval Market Village/국내 출시명: 중세 마을/제품 번호: 10193

2 Brickbeard's Bounty/국내 출시명: 해적선/제품 번호: 6243

3 『The Steam House』 국내엔 번역되지 않았으며 『나나 사히브의 최후 The End of Nana Sahib』라는 제목으로도 해외에서는 알려져 있다고 한다.

4 미래의 인간상이나 사회상에 대한 사색을 중심으로 하는 소설

5 리처드 조던 개틀링이 1862년에 발명한 세계 최초로 페달을 밟아 총을 쏘는 방식의 기관총

6장

1 Speak & Spell, 미국 텍사스 인스트루먼트 TI사가 판매하고 있는 음성발생장치가 설치된 영단어 스펠링 학습기

2 Hummer, GM의 오프로드 차량 상표. 여기서는 연비가 낮아 기름 먹는 하마라는 뜻이다.

7장

1 비그 빌더 vig builder: 비네트를 주로 만드는 빌더

2 Grunts, 군인들, 해병대원의 의미가 있다.

3 미국의 대통령 토머스 제퍼슨의 명령으로 메리웨더 루이스와 윌리엄 클락이 진행했던 탐험으로 루이지애나 매입 직후 1804년에서 1806년에 이뤄졌으며 현재 미국을 가로질러 태평양에 이르는 경로에 따라 진행됐다.

4 LEGO Studios Steven Spielberg MovieMaker Set/국내 출시명: 레고 스티븐 스필버그 스튜디오/제품 번호: 1349

8장

1 마이크로빌더 microbuilder: 미니픽 스케일의 모형을 만드는 창작가

2 MOCpages.com은 대형 포털 같은 것으로서 설립자(소유주)는 Sean Kenny(이 책에서 양키 스타디움 작품으로 소개된 사람)이다. 사용자들은 저마다 자신의 웹페이지를 하나씩 분양받아 그 웹페이지에 자신의 창

작품을 올리게 된다.

3 Message Intercept Base/ 국내 출시명: 검은별관제탑/제품번호: 6987

9장

1 게임 플레이 스타일이나 진행 방식의 한 형태로 게이머의 자유도가 높은 게임 종류

2 레고 유니버스는 2012년 1월에 서비스를 중단하였다. http://universe.lego.com/en-us/default.aspxLEGO

3 Design by ME, 지금은 서비스를 하지 않는다. http://ldd.lego.com/ko-kr/subpages/design-byme

10장

1 RCX: NXT 이전에 출시된 레고 마인드스톰의 인텔리전트 브릭, 3개의 입력포트와 출력포트, 적외선 송수신 단자를 제공한다.

2 Connect Four, 밀턴 브래들리 Milton Bradley 에서 1974년에 출시한 보드게임

11장

1 GBC Great Ball Contraption : 그레이트 볼 컨트랩션, 복잡한 구조의 장치를 조합해 단순한 일을 반복적으로 처리하게 만든 것 중에서 공을 운반하는 기계류를 통칭해서 그레이트 볼 컨트랩션 또는 GBC라고 부른다.

12장

1 쫀득이 같은 간식거리의 일종

에필로그

1 새로 나온 색상이 이상하다 이상하지 않다, 같은 노랑인데 부품마다 색상이 다르다, 같은 흰색인데 연도마다 느낌이 다르다는 등의 논쟁은 하지만 그것으로 경합이나 대회를 열지는 않는다. 레고 사용자들은 각 커뮤니티에서 서로의 창작품을 겨루는 대회를 열곤 하는데 그런 대회를 콘테스트 contest 라고 한다. 대회 출품은 물론 대회 개설, 운영까지 모두 사용자들이 하므로 대회를 열고 참가하는 데 많은 공이 들어간다는 의미에서 나온 말이다.

찾아보기

ㄱ

가이 힘버 Himber, Guy 133, 149–151
가즈요시 나오에 Naoe, Kazuyoshi 104–107
가짜 레고 17, 176
갈리도어 Galidor maxifigs 71
고트프레 크리스티얀센 Christiansen, Godtfred 6, 9, 10, 15
그래피티 67, 164–165
그런츠 191
그레이트 볼 컨트랩션 300
그렉 팔슈티 Farshtey, Greg 145
그렉 하이랜드 Hyland, Greg 51–53
기거 Giger, H. R. 125, 145
기사들의 왕국 71
기차 108–113

ㄴ

난난 장 Zhang, Nannan 142, 173
네이선 사와야 168–171, 228, 235, 241, 310
네이선 웰스 Wells, Nathan 207

ㄷ

더 브라더스 브릭 195, 197, 256
더글라스 쿠플랜드 Coupland, Douglas 162–163
더크 드노이엘 Denoyelle, Dirk 232
데니스 쿠지뉴 Cousineau, Denis 280–281
데렉 알멘 Almen, Derek 192
데이비드 윙클러 Winkler, David 231
데이빗 건틀렛 Gauntlett, David 325
데이빗 맥닐리 McNeely, David 42
데이빗 파가노 Pagano, David 204–205
덴마크 빌룬트 4–5, 10, 240
돈 레이츠 Reitz, Don 188

디 아트 오브 더 브릭 170–172, 229
디오라마 56, 197–203
디자인 바이 미 250

ㄹ

라이언 우드 Wood, Ryan 293
라이프라이츠 47–48
라파엘 코흐 Koch, Rafael 252
래리 페이지 Page, Larry 41
러그 LUGs 54–55
　　BayLUG 293
　　ChiefLUG 293
　　LUGNuts 293
　　NELUG 293
　　TwinLUG 219, 292
　　WAMALUG 293
　　인디LUG 227
　　포틀랜드 지역그룹 PortLUG 293
러그넷 LUGNET 54, 255, 292–293
레고 기록 236–240
레고 디지털 디자이너 LDD 250
레고 배트맨 LEGO Batman 244
레고 배틀 LEGO Battles 246
레고 순혈주의자 109
레고 영화 204–208
　　미니맨 힘내라 힘 206
　　스티븐 스필버그 무비메이커 세트 205
　　참고자료 208
　　파가노가 뽑은 레고 애니메이션 206
레고 체스 LEGO Chess 278
레고 컨벤션 294–302
　　공개 전시 298, 300
　　주제별 원탁회의 298
　　테마 창작 경쟁 302

레고 크리에이터 247
레고 팩토리 14
레고 폰트 252
레고 폰트 크리에이터 LEGO Font Creator 252
레고 풋볼 마니아 LEGO Football Mania 246
레고그룹
    고트프레 크리스티얀센 6, 9, 10, 15
    레고 레이서 LEGO Racers 245
    레고 사용자그룹 LUGs. LUGs를 보라
    레고 스타워즈 245
    레고 스턴트 레이서 LEGO Stunt Racers 246
    레고 아일랜드 LEGO Island 242
    레고 유니버스 MMORPG 14, 257–259
    레고 치료 308
    레고 트럭 투어 LEGO Truck Tours와 상상축전 Imagination Celebrations 298
    레고 헤리포터 245
    레고랜드 LEGOLAND 4, 10, 61, 72, 231, 240, 292, 295
    레고랜드(비디오게임) 244–247
    명함 77
    상표권 17, 254, 297
    슬로건 6,7
    아이디어 하우스 51
    역사 4–5, 1–16,
    올레 키르크 크리스티얀센 6–9
    제조공정 7
레고페스트 프라임 LEGOFest Prime 292–294
레미 가녜 Gagne, Remi 266
레일브릭스 52, 108
로보라이더 Roborider 141
로봇제품군 261–284
로이 쿡 Cook, Roy 161
론 맥레이 McRae, Ron 274
르네 호프마이스터 Hoffmeister, René 224, 239
리노 마틴스 Martins, Lino 77
리틀 아모리 토이즈 47
린지 플레이 Fleay, Lindsay 206

ㅁ

마르코 페체 Pece, Marco 118–119
마이크 둘레이 Dooley, Mike 4
마이크 리 Lee, Mike 45
마이크로 스카우트 271
마이크로디오라마
    교통 체증 217
    샤노니아 216
    양키스타디움 215
마이크로빌딩 214

공동작업 규칙 220
마이크로폴리스 219–220
모형들, "마이크로스케일"을 보라
팩토리 시리즈 214
협업 218–220
마이클 라흐만 Lachmann, Michael 249
마인드스톰 265–281
    NXT 브릭 268
    RCX 브릭 267
    서보 268
    센서 269
    테크닉 부품과 시스템 브릭 266
    프로젝트 273–281
        3D 스캐너 276
        금고 278
        기상실험 314–317
        레고메이커봇 281
        레그웨이 274
        몬스터 체스 세트 278
        수영장 곤충 터미네이터 281
        스도쿠 푸는 로봇 278
        오토파일럿 273
        자동판매기 277
        자동현금인출기 274
        춤추는 로봇 277
        튜링머신 280
        틸티드 트위스터 274–275
        펜 플로터 276
        풀 컨택트 280
마케팅 309–310
마크 보르토스 Beurteaux, Marc 206
마크 샌들린 55, 296
마크 파머 Palmer, Mark 44
마티야 그르구리치 Grguric, Matija 102
만화 52–53, 73, 141, 190–191
말 호킹 Hawking, Malle 91, 211–212
매크로스케일 222–240
매튜 칠레스 Chiles, Matthew 222–223
매트 암스트롱 Armstrong, Matt 39–40, 126, 217
매트 홀란드 Holland, Matt 222
맥시피겨 71–72
먼스터브릭 Monster Brick. '매트 암스트롱', '모자이크'를 보라 129–130
메카 141–142, 145, 150
메타 기어(만화) 193
모형 작품
    건축물 재현하기
        CN 타워 103
        바우사원 101

빌라 사보이　102
　　세계문화유산　104–107
　　양키 스타디움　100
기차　108–113
디오라마　196–198
레고로 재현한 명화
　　기억의 지속　114
　　모나리자　118
　　별이 빛나는 밤　120
　　에셔의 작품　115–117
　　최후의 만찬　119
마이크로스케일. '마이크로디오라마'도 보라
　　소방차　214
　　콜로니얼 바이퍼 (베틀스타 갈락티카)　214
　　항공모함　211
마인드스톰으로 제작함. '마인드스톰 – 프로젝트'를 보라
매크로스케일. '레고 기록'도 보라
　　T.Rex 뼈대　229
　　레고 알리안츠 경기장　230–231
　　롤러코스터　222–223
　　블랙트론 정보기지　136, 138, 227–227
　　야마토 함　224–225
　　의자　228
　　천사 상　231
복제품
　　HMS 후드호　90–92
　　T.Rex 뼈대　229
　　드릴 프레스　99
　　머리빗　98
　　미분기(찰스 배비지)　328–329
　　상자형 사진기　98
　　안티키테라 메커니즘　330
　　하프시코드　94–95
　　해리 트루먼　91, 211–212
　　현미경　97
비네트　184–185
성서　121–123
소비자 제품
　　XO 뷰파인더　45–46
　　기타 히어로 컨트롤러　42
　　북엔드　44
　　아이팟 거치대　45
　　에어플랜트 화분　45
　　컴퓨터 본체 케이스　43
　　핀홀 카메라　45–46
　　하드드라이브 케이스　41
　　회로기판지지대　44
실물크기
　　사람　233–234

　　스테고사우루스　232
　　의자　228
영감을 준 영화/TV
　　다스 몰 모자이크　129
　　메카 고질라　130
　　보바 펫 복장　128
　　볼트론　296
　　월–E　124–125
　　자와족의 샌드크롤러　127
　　캣우먼 모자이크　130
　　퀸 에일리언　125
　　타이타닉　76
　　터미네이터　125
프로토타이핑
　　우주 엘리베이터　311–313
　　인공기관　321–322
홍보용 모형
　　마천루 모형　318–320
　　캐리어 에어컨　310

목　MOC
　　꿈속에서의 절규　173–174
　　뒤틀림　173–175
　　바이오닉 냉장고　147
　　블랙트론 정보기지　136, 138, 227
　　블랙판타지　175
　　샤노니아　216
　　진귀한 물건이 든 캐비닛　133
　　캐러벨 성　135
　　코코넛 게 시계태엽 장치　149
　　쿠코라크　145
　　핏 스컬지　147
목페이지스닷컴 MOCpages.com　54, 102, 255
미 모델스　48
미니피겨("맥시피겨"와 "미니랜드 피겨"도 보라)　57–89
　　그래피티　67
　　깍쟁이 켈리 레고, 포보스 여신 (콜린 켈리)　292
　　미니랜드 피겨　72
　　미니피겨 케이크　69
　　미니픽스케일　90–92
　　시그피그　76–78
　　에그 타이머　68
　　유명인　82–89
　　징기즈 칸　59
　　할로윈 분장　70
미스터 앰퍼듀크(만화)　194

ㅂ

바이오니클　145–148, 245, 256,

바이오니클 백과사전 145
바이오니클 히어로 245
밥 번 Byrne, Bob 194
밥 큐퍼스 Kueppers, Bob 45
벨빌 30–31, 71–72
보 도난 Donnan, Beau 187
브라이스 맥글론 McGlone, Bryce 16, 22
브라이언 대로우 Darrow, Brian 136, 138, 227–228
브라이언 데이비스 Davis, Brian 315
브라이언 쿠퍼 Cooper, Brian 130
브람 램브레히트 Lambrecht, Bram 220
브랜든 포웰 스미스 121
브리에니클은 "브리앤 슬레지"를 보라
브리키피디아 Brickipedia 256
브릭 성경 121
브릭 성서 121–122
브릭셀프 54, 184, 255
브릭스미스 249
브릭스인모션 207
브릭암스 BrickArms 48, 79
브릭저널 BrickJournal (magazine) 50
브릭포지 BrickForge 79–80
브릭필름 Brickfilms.com 208
블레이 52–53, 57
블루투스키위 281
비네트 184–185
비안코 스튜디오 207
빅 대디 넬슨 185
빅벤 104

스파이보틱스 Spybotics 271
스페이스 시리즈 63, 134, 135, 138
　메시지 인터셉트 기지 226–227
　하부 주제
　　UFO 138
　　라이프 온 마스 LIFE ON MARS 138
　　블랙트론 136, 227
　　우주경찰 SPACE POLICE 138
　　인섹토이즈 INSECTOIDS 138
　　화성탐사 MARS MISSION 136–138
시그피그 76–78
시드 미드 Mead, Syd 15
시체변호사 193
시티(도시) 시리즈 91, 134

ㅇ

아드리안 쉬츠 251
아드리안 플로리 187
아만다 볼드윈 Baldwin, Amanda 79–80
아서 구직 Gugick, Arthur 101, 114, 120, 129
아틀란티스 140
아포칼레고 152–154
안더스 쇠보르그 Søborg, Anders 276
알랜 베드포드 Bedford, Allan 103
앤드류 비크래프트 Becraft, Andrew 60, 64, 77, 195, 202, 215
앤드류 서머스길 Summersgill, Andrew 142, 191
앤드류 캐롤 Carol, Andrew 328–330
앤드류 플럼 Plumb, Andrew 253–254
앨런 스미스 248–249
앨빈 브란트 Brant, Alvin 237
앵거스 맥레인 McLane, Angus 73–75
에고 레오날드 Ego Leonard 167
에릭 스미트 213
에릭 하쉬바거 Harshbarger, Eric 129
에이드리안 한프트 Hanft, Adrian 42
엑소포스 128, 143–147
예술의 정의 160
오리 모양의 끄는 장난감 8
오픈 프로스테틱스 프로젝트 321–322
온라인 쇼핑몰 픽 어 브릭 Pick a Brick 211
올라퍼 엘리아슨 Eliasson, Olafur 158–159
올레 키르크 크리스티얀센 Christiansen, Ole Kirk 6–9
와일드웨스트 63, 65
요엔 빅 크누드스톱프 Knudstorp, Jørgen Vig 13
용어사전 55–56
우르스 레니 Lehni, Urs 252
우주 엘리베이터 311–313

ㅅ

사만다 45
사이먼 맥도널드 McDonald, Simon 128–129
사이버마스터 271
샤논 영 Young, Shannon 216
서드파티 47, 79
성인 레고 팬 AFOLs
　여성 창작가 29–32
세르게이 브린 Brin, Sergei 41
션 케니 Kenney, Sean 100, 215, 255, 309, 310
수잔 리치 Rich, Suzanne 292
스노트 SNOT 101
스로우봇 THROWBOT 테마 141
스카우트 271
스티브 디크레머 DeCraemer, Steve 228
스티브 하센플러그 Hassenpflug, Steve 274, 278, 280
스팀워즈 SteamWars 151
스팀펑크 149–151, 192, 329

우주의 괴짜(만화) 192
울리크 필레고르 Pilegaard, Ulrik 4–5, 14–16,
위두 WeDo 272
윈델 오스카이 Oskay, Windell 22, 40, 44
윈스턴 쵸우 Chow, Winston 45–46
윌 골만 Gorman, Will 281
윌 채프만 Chapman, Will 79
이본느 도일 Doyle, Yvonne 30–31, 71

ㅈ–ㅊ

자폐증, 레고 306–308
잭 스톤 Jack Stone의 맥시피그 71
접착제로 붙인 레고 229
정리하기 38–40
정치적 발언 176–180, 195
제니퍼 클라크 Clark, Jennifer 29–30
제라미 스펄전 Spurgeon, Jeramy 108–113
제임스 제시맨 Jessiman, James 248
제프 란조 Ranjo, Jeff 125
조 메노 Meno, Joe 124–125
조립 규칙 298
존 버그만 Bergmann, John 322
준레고. 줌페이 미쓰이를 보라
줌페이 미쓰이 224–225
즈비그네프 리베라 Libera, Zbigniew 176–180
진지한 놀이 324–327
집단 프로젝트 158–159
집단수용소 Konzentrationslager 176–180
창의적 탐구(건틀렛) 325–326

ㅋ–ㅌ

칼 메리암 Merriam, Carl 97
캐슬 시리즈 135
케빈 클라그 Clague, Kevin 249
케빈 페드 Fedde, Kevin 134–136, 139, 154, 188, 199
콜린 켈리(깍쟁이 켈리 레고, 포보스 여신) Kelly, Colleen (Minx Kelly LEGO Goddess of Phobos) 292
큐브듀드 73–75
크리산타코파울로스 Chryssanthakopoulos, Vassilis 277
크리스 기든스 Giddens, Chris 55
크리스 앤더슨 Anderson, Chris 273
크리스티나 히치콕 Hitchcock, Christina 292
클로드 바우만 Baumann, Claude 315
키엘 키르크 크리스티얀센 Kristiansen, Kjeld Kirk 298, 326
타운 298
테드 미촌 Michon, Ted 239
테드 세몬 313

테크닉 TECHNIC 시리즈 10, 16, 30, 71, 124, 128, 149, 239, 266, 311, 329
　　와 바이오니클 145–146
　　와 스팀펑크 149–151
　　와 마인드스톰 266–271
토비아스 라이힐링 Reichling, Tobias 251
톰 베켓 Beckett, Thom 58, 81, 84
트로이 드샤노 DeShano, Troy 308
팀 고다드 Goddard, Tim 200

ㅍ–ㅎ

파라디사 72
파워 마이너스 140
파워 펑션 272
퍼스트 레고 리그 FLL, 마인드스톰도 보라 283–284
페이 로즈 Rhodes, Fay 33–37
평화의 조각들 전시회 104–107
피터 르완도프스키 Lewandowski, Peter 185
픽투브릭 251
필리페 위벵 Hurbain, Philippe 276
필립 티펜바허 Tiefenbacher, Philipp 253
핑크 레고 72
하이테크닉 센서 HiTechnic sensors 269, 274, 276–277, 317
한스 안데르손 Andersson, Hans 274
한스 츠하메르 Tscharmer, Hannes 127
해적 63, 139
헤더 브라텐 76–78
헨리, 림 Lim, Henry 94, 115, 117, 130, 233
홈메이커 Homemaker (theme) 71
히스파브릭 HISPABRICK (magazine) 52
히카르도 올리베이라 Oliveira, Ricardo 277

3D 프린팅 253–254
AFOL 만화 52–53
Ame72 164–165
CAD 프로그램 248–250
Forbidden LEGO 4
Ldraw 248–249
LPub 248–249
MLCad 249
MOC 상자 55, 185
NXT-G 프로그래밍 소프트웨어 269

사진 크래디트

cover	Derek Yee
1	Derek Yee
5	Derek Yee
8-9	"Big Daddy" Nelson Yrizarry
11	US Patent Office
15	Joel Johnson
24-26	Scott Fowler; Nathan Hale; Brendan Mauro; Hans Tolhuisen; Joriel "Joz" Jimenez; Lino Martins
25	Mik Burns
27-28	Erica Minton; Spencer Ellsworth; Ean; J.W. Yearsley; Ochre Jelly; Nathan Proudlove
29	Jennifer Clark
31-32	Yvonne Doyle
33-37	Fay Rhodes
38-40	David McNeely; Windell H. Oskay; Matt "Monsterbrick" Armstrong; Windell H. Oskay
41	Christian Heilmann
42	David McNeely; Adrian Hanft
44	Winston Chow; Mark Palmer; Windell H. Oskay
45	Bob Kueppers; Samantha
46	Mike Lee
52-53	Greg Hyland
57	Derek Yee
60-61	Amy Barker
62	Derek Yee
64	Andrew Becraft
66	Urmas Salu
67-70	Ame72; Scott McNulty; Pekka Pohjanheimo; Tim Parkinson and used under Creative Commons Attribution 2.0 Generic; Lore Sjoberg and used under Creative Commons Attribution 2.0 Generic
71-72	Tim David
73-75	Scott Clark
77	Andrew Becraft
76, 78	Heather Braaten
79	Amanda Baldwin
81-89	Andrew Becraft; Michael Jasper; Thom Beckett
90-92	Ed Diment
93	Derek Yee
95	Henry Lim
96-99	Carl Merriam
100	Sean Kenney
101	Jerry Mann
102	Matija Grguric
103	Allan Bedford
104-107	Koji Hachisu
108-113	Jeramy Spurgeon
115-117	Henry Lim
118-119	Marco Pece
120	Jerry Mann
121-123	Brendan Powell Smith
125	Jeff Ranjo; Matt "Monsterbrick" Armstrong
126-127	Hannes Tscharner
129	Jerry Mann
130	(bottom) Henry Lim
131	Derek Yee
133	Guy Himber
134-139	Kevin Fedde
140	Aaron Andrews
141	Nannan Zhang
142	Nannan Zhang; Andrew Summersgill; Adrian Florea
146-147	Breann Sledge
149	Guy Himber
150-151	Matt "Monsterbrick" Armstrong
150	"Big Daddy" Nelson Yrizarry
152-154	Kevin Fedde
155	Derek Yee
158-160	Olafur Eliasson
162-162	Douglas Coupland
164-165	Ame72
166	Ego Leonard
168-171	www.brickartist.com
172	Nannan Zhang
174-175	Raster Gallery, Warsaw
181	Derek Yee
183	"Big Daddy" Nelson Yrizarry
184-185	"Big Daddy" Nelson Yrizarry; Peter Lewandowski
186	Don Reitz
188-189	Kevin Fedde; Don Reitz; Adrian Florea
190	Derek Yee
191	Andrew Summersgill (Doctor Sinister)
192	Derek Almen
193	Lich Barrister
194	Bob Byrne
195-198	Andrew Becraft
199	Kevin Fedde
200	Tim Goddard
201	Tyler "Legohaulic" Clites
202-203	Andrew Becraft
204-205	Paganomation
209	Derek Yee
211	Malle Hawking
213	Erik Eti Smit
214	Bill Ward and used under Creative Commons Attribution 2.0 Generic; Andrew Becraft
215	Sean Kenney
216	Matt "Monsterbrick" Armstrong
218-221	Matt Holland
222-223	Matthew J. Chiles
224-225	Jumpei Mitsui
228	Steve DeCraemer
229	www.brickartist.com
230-231	Jan Vancura
233	David Winkler
233	Henry Lim
234-235	www.brickartist.com
236-237	G. Dillane; David Schilling; Alvin Brant
239	Bill Ward and used under Creative Commons Attribution 2.0 Generic
240	Arne List and used under Creative Commons Attribution-ShareAlike 2.0 Generic
241	Derek Yee
248	Allen Smith
249	Michael Lachmann
251	Tobias Reichling
253-254	Urs Lehni and Rafael Koch
261-262	Andrew Plumb
261	Derek Yee
266	Derek Yee
266	Remi Gagne
270	Derek Yee
273	Chris Anderson
274-276	Steve Hassenplug; Hans Andersson; Anders Søborg; Ron McRae; Ricardo Oliveira; Philippe "Philo" Hurbain
278-279	Steve Hassenplug; Vital van Reeven; Frank de Nijs
280-281	Denis Cousineau; Steve Hassenplug; BlueToothKiwi; Will Gorman
282-285	Grant Hutchinson
286-287	Derek Yee
296-297	Don Reitz
292-293	Jason Ruff; Max Braun; Don Reitz
303	Derek Yee
306	Pat Arneson
308	Sean Kenney
310	www.brickartist.com
311-313	Ted Semon
314-315	Nevada Space Grant
316-317	Claude Baumann
318-320	Alan Tansey
321-323	John Bergmann
324-325	David Gauntlett
328	Andrew Carol
329	Wikimedia Commons user Marsyas and used under Creative Commons Attribution 2.5 Generic
330	Andrew Carol

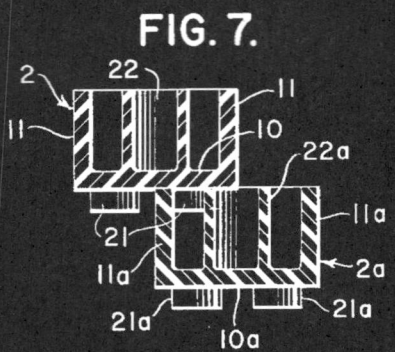
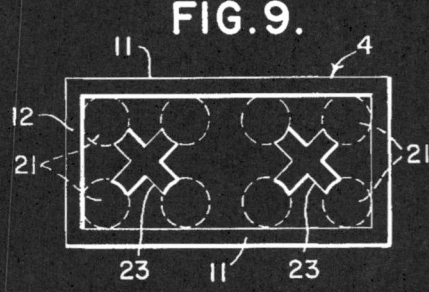
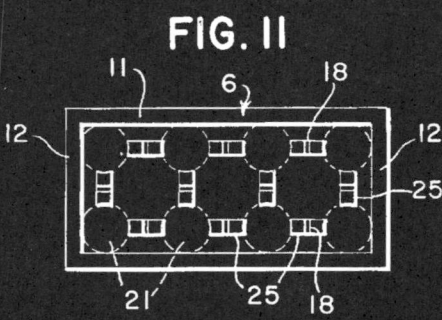
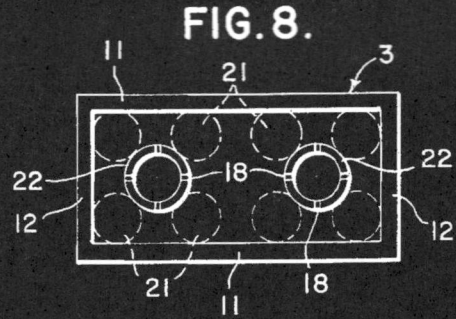
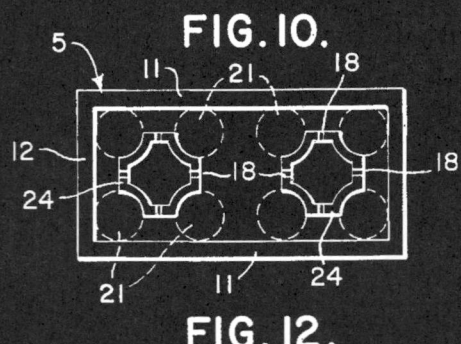
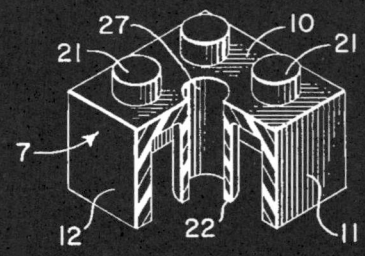

INVENTOR
Godtfred Kirk Christiansen